Jürgen vom Scheidt
Das Drama der Hochbegabten

Probieren Sie es ruhig einmal aus – mit dem Finger oder einem Bleistift: Bewegen Sie sich hinein ins Labyrinth.
Machen Sie sich ein wenig vertraut mit diesem Symbol für Hochbegabung, denn seine Struktur wird Ihnen in diesem Buch noch öfter begegnen.

SERIE PIPER

Zu diesem Buch

Hochbegabt ist, wer einen IQ von mindestens 130 Punkten hat. Allein in Deutschland leben demnach circa 2,4 Millionen Hochbegabte. Nur ein Drittel dieser Frauen und Männer verwirklicht erfolgreich seine Fähigkeiten und schafft den Sprung in die Spitze von Politik und Wirtschaft, wird Bestsellerautor oder Hochleistungssportler. Der weitaus größeren Gruppe ist die eigene Hochbegabung gar nicht bewusst: Als »latente Talente« haben sie sich im Leben zwar vergleichsweise gut eingerichtet, fristen aber dennoch ein eher unauffälliges Dasein. Oder sie verweigern geradezu die Leistung und benutzen ihre Talente dazu, keinen Erfolg zu haben oder sie gar kriminell einzusetzen. Manchen dieser »Underachiever« gelingt es zumindest, als Spätentwickler Karriere zu machen. Dieses erzählende Sachbuch beleuchtet das breite Spektrum der Hochbegabung und hilft allen (möglicherweise) Hochbegabten, die bisher verborgenen Potenziale zu erkennen, anzunehmen und zu verwirklichen. Mit einem Selbsttest: Sind Sie hochbegabt?

Jürgen vom Scheidt, geboren 1940, ist Diplompsychologe und leitet seit 1971 eine eigene Praxis als Klinischer Psychologe. Der Autor erfolgreicher Sachbücher war viele Jahre freier Mitarbeiter bei verschiedenen Rundfunkanstalten, Zeitungen und Zeitschriften. Er ist selbst hochbegabt, Vater dreier hochbegabter Kinder und lebt in München. Weiteres zum Autor: www.iak-talente.de

Jürgen vom Scheidt

Das Drama der Hochbegabten

Zwischen Genie und Leistungsverweigerung

Mit Selbsttest: Bin ich hochbegabt?

Piper München Zürich

Mehr über unsere Autoren und Bücher:
www.piper.de

Für Jonas –
ohne dich wäre ich nie auf die Idee gekommen,
dieses Buch zu schreiben.

Mix
Produktgruppe aus vorbildlich bewirtschafteten Wäldern und anderen kontrollierten Herkünften
www.fsc.org Zert.-Nr. GFA-COC-001223
FSC

Ungekürzte Taschenbuchausgabe
Piper Verlag GmbH, München
1. Auflage Oktober 2005
3. Auflage Dezember 2008

Umschlag / Bildredaktion: Büro Hamburg
Heike Dehning, Charlotte Wippermann,
Alke Bücking, Kathrin Hilse
Umschlagabbildung: Art Valero / Illustration Source / Picture Press
Grafiken: Christa Pfletschinger, München
Papier: Munken Print von Arctic Paper Munkedals AB, Schweden
Druck und Bindung: CPI – Clausen & Bosse, Leck
Printed in Germany ISBN 978-3-492-24495-4

Inhalt

Kapitel 9

Schweben, stürzen, fliegen, landen

Ausklang und Anhang

Vorwort zur Taschenbuchausgabe 2005

Beim Überarbeiten des Buches für diese Ausgabe habe ich nicht nur die Reaktionen von Lesern und Rezensenten berücksichtigt, sondern auch selbst so manches entdeckt, was ich ändern und ergänzen wollte. Zum Glück gibt es das Internet als Möglichkeit der virtuellen Erweiterung. Ich habe dort inzwischen auf meiner Website www.iak-talente.de so viel vertiefendes und erweiterndes Material veröffentlicht, daß das Buch gut doppelt so dick ausfiele, wenn es hier integriert würde. Deshalb wurden hier nur die dringendsten Veränderungen vorgenommen.

In diesem Vorwort möchte ich einen Gedanken herausgreifen, der sich in einer Fülle von Zuschriften Betroffener als ein zentrales Problem herauskristallisierte. »Was macht man«, schrieb mir beispielsweise eine Frau Mitte vierzig, »wenn man sich mit den Problemen zweier hochbegabter Kinder einigermaßen durch deren Schulzeit geplagt hat – und nun durch Ihren Selbst-Test entdeckt, daß man wahrscheinlich selbst hochbegabt ist, ohne davon auch nur die leiseste Ahnung gehabt zu haben. Was für Chancen habe ich als Spätentwickler in diesem Alter – was kann ich tun, und zwar nun für mich? Oder ist es dazu viel zu spät?«

Grundsätzliche Antwort: Es gibt kein »zu spät«. Es gibt viele Hochbegabte, speziell im künstlerischen Bereich, die erst weit nach der Lebensmitte ihr Talent entdeckten. So arbeitete Frank McCourt ein Arbeitsleben lang als Lehrer, ehe er nach der Pensionierung, 65 Jahre alt, den Weltbestseller *Die Asche meiner Mutter* schrieb und eine große Karriere als Schriftsteller begann. Ich vermute, daß viele der rund 100.000 Schriftsteller deutscher Sprache »hochbegabte Spätentwickler und Underachiever« sind - und das gilt auch für andere Sprachen und Kulturen.

Mir sind Spät*est*entwickler bekannt, die lange nach der Pensionierung, sogar mit über 90 (!) noch einen Doktortitel erworben haben, weil vorher keine Zeit oder keine finanzielle Möglichkeit vorhanden war. Der menschliche Geist kennt grundsätzlich keine Grenzen der intellektuellen und kreativen Betätigung.

Sie werden vielleicht weiter einwenden: »Ja, aber ich ...«

Es gibt tausend Einwände dagegen, eigene Talente anzunehmen und zu gestalten.

Und es gibt einen einzigen wirklich wichtigen Grund, der dafür spricht, es zu tun: Packen Sie´s an – sonst werden Sie Ihr Leben lang unzufrieden sein und der verpaßten Chance nachtrauern. Das gilt natürlich nicht nur für Rentner, sondern noch viel stärker für jüngere Menschen, die entsprechend mehr aus ihrem Begabungspotenzial herausholen können.

Dies führt uns zur nächsten Frage: »Und wie könnte man es anpacken?« Es mag nicht für jeden das ideale Werkzeug sein - aber Schreiben ist wirklich für die meisten Hochbegabten (und nicht nur für diese) unübertrefflich. Es ist sicher kein Zufall, daß es keinen einzigen akademischen (Hochbegabten-) Beruf gibt, den Sie ohne Schreiben bewältigen können - schon das Studium verlangt dies mit Seminar- und Abschlußarbeiten bis hin zur Dissertation. Aber viele Hochbegabte haben gar kein Studium, nicht wenige schafften nicht einmal das Abitur. Oder sie verließen frustriert vorzeitig die Schule, weil sie mit der dort üblichen antiquierten Art zu denken, zu lernen und nicht zuletzt zu schreiben große Probleme bekamen - die in der Beschaffenheit unserer Schulen wurzeln und nicht in der mangelnden Intelligenz der Schüler. Manche, darunter viele Frauen, sahen eine Entfaltung ihrer eigenen Talente in jungen Jahren gar nicht erst als Möglichkeit.

Auch daß im Schreiben noch sehr viel mehr steckt, nämlich eine unschlagbare Methode der Selbsterkenntnis, können Sie in meinen Seminaren erleben und üben. *Creative Writing* ist weit mehr als nur eine Art »Tagebuch für Fortgeschrittene« (wie ein Journalist einmal süffisant notierte) - es ist vielmehr die Basis jeder literarischen Tätigkeit. Daß ich das Schreiben als hauptsächliche Hilfe für blockierte Talente vorschlage, hat seinen Grund darin, daß ich und meine Frau Ruth Zenhäusern in jahrzehntelanger Arbeit mit Schreib-Seminaren fast 2600 Menschen begleitet haben, die Schritt für Schritt ihr Schreib-Talent entdecken und entwickeln konnten, dabei außerdem noch andere Talente ausgruben und vor allem viel neue Lebensqualität in Form von mehr Zufriedenheit fanden.

Details hierzu finden Sie auf meiner Website. Sie brauchen in der internen Suchmaschine nur das Stichwort »Programm« oder »Minotauros-Projekt« einzugeben.

München, im Sommer 2005 *Jürgen vom Scheidt*

Zum Geleit

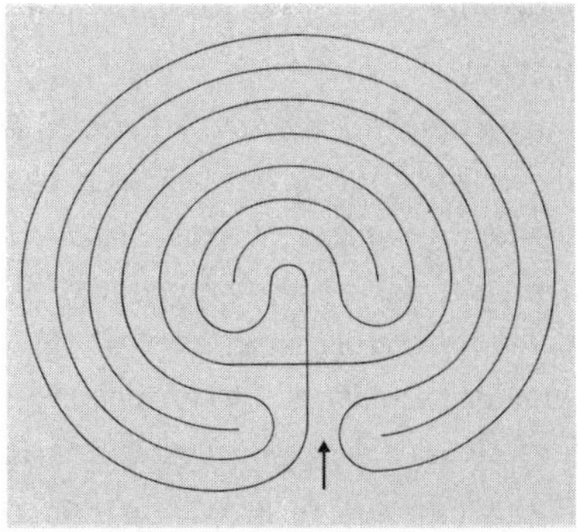

Gift oder Gabe

Vor dem Labyrinth

Alles ist Gift – die Dosis macht's,
ob's ein tödlich Ding ist
oder ein Heilmittel!

Paracelsus

Tobias' Trotz und Tatendrang I

Wie soll man das nennen?

Ein 13-jähriger Junge schreibt im Gymnasium immer schlechtere Noten (zum Beispiel in Mathematik: »ausreichend« bis »ungenügend«), verweigert zunehmend die Teilnahme am Unterricht. Deshalb Wechsel des Gymnasiums. Dort beginnt Tobias Brauer, die Schule zu schwänzen. Nochmaliger Wechsel, nun auf eine Paukschule. Schließlich totale Verweigerung. Kiffen. Besorgnis erregender Alkoholkon-*

---

* Alle Namen und Fallbeispiele sind aus Gründen der Diskretion stark verfremdet.

sum. Und entsetzliche Streitereien mit seinem Vater Ted und der Mutter Lena.

Irgendwann Besuch bei einem Testpsychologen, weil die Eltern die miserablen Ergebnisse, das Nicht-Funktionieren einfach nicht akzeptieren wollen. Tobias macht einen Standard-Intelligenztest, schneidet dabei hervorragend ab; nach der Mittagspause macht er gleich noch einen zweiten Test, der die Ergebnisse des ersten bestätigt. Das Ergebnis: Hochbegabung (Durchschnitts-IQ von 129, im Bereich »sachbezogenes rechnerisches Denken« liegt sein IQ-Wert deutlich über 145 – das erreicht unter 1 000 Menschen durchschnittlich nicht mal einer).

Es zeigt sich im Rückblick, dass die Schulverweigerung schon viel früher eingesetzt hat: eigentlich schon in den ersten Tagen der Volksschule.

Tja, wie soll man so etwas nennen? Skandal des Kindes, das sich den Leistungsansprüchen seiner Umgebung so verweigert hat? Skandal der Schule, die nicht bemerkte, was da mit einem Schüler geschah? Oder Skandal der Eltern, die seine zunehmende Verzweiflung nicht richtig zur Kenntnis nahmen und völlig falsch reagierten?

Es trifft wohl von allen drei Ursachen etwas zu. Wem schiebt man also die Schuld zu? Wo lässt sich etwas ändern? Und was macht man vor allem mit so einem Kind, das von den Anlagen her einen exzellenten Universitätsabschluss hinlegen könnte – aber stattdessen mit 15 das Gymnasium abbricht und dadurch nicht einmal einen »Quali« hat, also einen simplen Volksschulabschluss?

Tja, was macht man in so einem Fall – wie hilft man Tobias?

Ikaros Montgolfier Wright

Mit diesem Fall aus der Verwandtschaft wurde mein Interesse am Thema dieses Buches geweckt. Ich kann nur hoffen, dass meine Entdeckungen und Überlegungen nicht nur dem jungen Mann etwas bringen, sondern auch anderen mit ähnlichen Problemen in puncto Hochbegabung (und deren Eltern, Lehrern, Psychologen und wer sonst noch betroffen ist).

Wann immer ich an Tobias denke oder an Kinder und Jugendliche mit vergleichbaren Schwierigkeiten, (und es gibt allein in Deutschland Zehntausende von ihnen), fällt mir die Geschichte von Ikaros ein. Sie erinnern sich? Das war der junge Mann, der sich die künstlichen Flügel umschnallte, welche sein Vater erfunden hatte. Er vergaß bald die Verhaltensregeln, die Daidalos ihm eingeschärft hatte (»Flieg nicht zu hoch, sonst schmilzt das Wachs der Flügel in der Sonne – flieg nicht zu tief, sonst werden die Federn nass«), kam dem Tagesgestirn zu nahe und stürzte ins Meer, wo er der Überlieferung nach ertrank.

Ray Bradbury hat 1956 eine Kurzgeschichte mit dem Titel »Ikaros Montgolfier Wright« geschrieben, die so etwas wie ein Programm des Menschentraums vom Fliegen ist – jenem Traum, den man als sinnträchtigste Metapher für die Existenz und das Streben Hochbegabter verstehen kann: Das Bonmot »Keine Größe ohne Größenwahn« bringt dieses Streben nach Vollkommenheit und Verwirklichung der Begabung(en) auf den Punkt.

Montgolfier – den französischen Brüdern Joseph-Michael und Jacques-Etienne gelang es 1783 mit einem Heißluftballon als ersten Menschen, sich in die Luft zu erheben.

Wright – dieser Name steht für ein anderes hochbegabtes Brüderpaar, Wilbur und Orville, das sich 1903 in Amerika mit dem ersten Fluggerät in die Lüfte erhob, das schwerer als eben diese Luft war.

Ikaros – das steht im Titel von Bradburys Story für die Uranfänge, als man noch glaubte, man könnte es den Vögeln gleichtun (Leonardo da Vinci zeichnete solche Visionen).

Warum hat Bradbury nicht Daidalos, das legendäre griechische Künstlergenie und den Erfinder der künstlichen Flügel, in den Titel aufgenommen – warum seinen unglücklichen Sohn? Warum hat er nicht gar den allerersten Menschenflieger überhaupt ausgewählt: Gilgamesch, der schon vor 5 000 Jahren träumte, er werde von einem Adler in den Himmel entführt?

Wahrscheinlich deshalb, weil Ikaros weit mehr verkörpert als nur den Traum vom Fliegen. Sein tragisches Scheitern hat die Menschen seit der Antike noch mehr beschäftigt als der Erfolg des Vaters Daidalos, dem doch der Sage nach Flug und Flucht aus dem Gefängnis des kretischen Labyrinths gelungen sind – denn es ist das Streben des Begabten, das misslingt und uns ermahnt, nicht zu hoch hinauszuwollen, nicht der Hybris dessen zu verfallen, der glaubt, alles erreichen und vor allem jeden übertreffen zu können.

Könnte es ein besseres Sinnbild für Hochbegabung und ihre Problematik geben?

Die Ikaros-Geschichte macht uns zugleich auf ein weiteres Thema aufmerksam, das uns später noch näher beschäftigen wird: auf die Schuld des Vaters, der seinem Kind nicht hilft, die ihm eigenen Begabungen angemessen zu realisieren, sondern ihm stattdessen die eigene Erfindung aufzwingt und ihn dadurch umbringt. Ein Schicksal, das auch in der Geschichte von Tobias Brauer und seinem Vater Ted anklingt und sich in der Biografie vieler gescheiterter Talente wieder finden lässt.

Mit dem Schicksal des Ikaros (und des Daidalos) ist außerdem noch ein Motiv aufs Engste verbunden, das uns immer wieder begegnen wird: das Labyrinth, dieser Wunderbau, der für seinen eigenen Schöpfer zum Gefängnis wurde. Auch dies eine Mahnung, Hochbegabung sinnvoll und vor allem vorsichtig anzuwenden.

Gift oder Gabe?

Von Paracelsus ist ein erstaunlicher Satz überliefert, der jedem Arzt geläufig ist und der dieses Geleitwort einleitete: »Alles ist Gift - die Dosis macht's, ob's ein tödlich Ding ist oder ein Heilmittel!«

Dieser Satz passt, nicht zuletzt wegen des Wortspiels »Gift - Gabe«, sehr gut zu unserem psychologischen Thema. Bei der *Gabe* (englisch »gift«) Hochbegabung macht es wohl weniger die Dosis als solche (also die Höhe des Intelligenzquotienten), ob sie »ein tödlich Ding ist oder ein Heilmittel«, sondern das, wofür das Talent als Werkzeug eingesetzt wird. *Latente* (so bezeichne ich jene Hochbegabten, die ihre Talente noch nicht verwirklicht haben) sind, wie wir noch sehen werden, eben auch »latent gefährlich«. Adolf Hitler war es - wir wissen, was aus dieser anfänglich so unscheinbaren Existenz geworden ist, nachdem er sein Talent als charismatischer Redner und Verführer entdeckt hatte. In den Jahren davor war er eine tickende Zeitbombe; der hellsichtige Thomas Mann hat das schon sehr früh bemerkt!

Aber was ist Hochbegabung?

Diese Frage lässt sich mit einem einzigen Satz klären. Es ist das intellektuelle Potenzial von jemandem, der in einem der gängigen und anerkannten Intelligenztests einen IQ-Wert von 130 Punkten und mehr erzielt. Dies betrifft, streng genommen, 2,27 Prozent der Bevölkerung.

Was Hochbegabung für die Träger dieses Merkmals bedeutet und was Hochbegabung nicht ist - dies zu beschreiben, benötigt ein wenig mehr Platz.

Fünf Gruppen von Talenten

Man kann, ganz grob, fünf Arten von Hochbegabten unterscheiden. Als wichtigstes Merkmal für diese Differenzierung habe ich den Erfolg gewählt. Diese Messlatte wird für gewöhnlich angelegt, in der Schule ebenso wie im Elternhaus und später im Beruf.

Nachdem die statistischen Angaben von Autor zu Autor schwanken, zum Teil mit grotesken Unterschieden, habe ich mich entschlossen, gewissermaßen meine private Statistik zu entwerfen. 2001 betrug die Gesamtbevölkerung Deutschlands 82,44 Millionen Menschen allen Alters (Quelle: Statistisches Bundesamt, Juli 2002). Als Anteil der Hochbegabten werden 2,27 Prozent genannt – das ist die exakte Festlegung anhand der »Gauß'schen Normalverteilungskurve« (s. S. 115): So viele Personen erreichen 130 und mehr IQ-Punkte in einem standardisierten Intelligenztest. Andere Autoren runden auf 2,5 Prozent auf, wieder andere sprechen sogar von fünf Prozent. Professor Kurt Heller, Münchner Experte für Hochbegabungsforschung, sprach in einem Interview von einem bis zwei Prozent.

Noch komplizierter wird es, wenn es um den Anteil der Underachiever* geht – also um jene Hochbegabten, die ihre Talente nicht verwirklichen, sondern als »Minderleister« (so könnte man Underachiever übersetzen) durchs Leben gehen. Solche in ihrer Leistungsfähigkeit blockierte Menschen können sein, um nur zwei Beispiele zu nennen:

---

* Die Schätzungen (um mehr kann es sich nicht handeln) reichen von »zehn bis zwölf Prozent« (Detlef Rost) bis »50 Prozent« (Kurt Heller, Ellen Winner). In der ersten Veröffentlichung der »Deutschen Gesellschaft für das hochbegabte Kind« (DGhK) hieß es 1978 sogar: »Die meisten unserer hochbegabten Kinder (mehr als zwei Drittel) verkümmern, verkommen oder enden als Versager, weil niemand – weder Eltern noch Lehrer – ihr Anderssein als hohe Begabung erkennt.« Es kommt wohl darauf an, wen, wo und wie man testet – und wie man das Ergebnis interpretiert – was nicht zuletzt auch eine (bildungs-)politische Entscheidung ist.

- Erwachsene, die ihr Leben einigermaßen meistern, aber ihr angeborenes Potenzial, aus welchen Gründen auch immer, bei weitem nicht verwirklicht haben (viele Frauen gehören auch noch heutzutage hierzu, die ihre ganze Intelligenz für die Erziehung der Kinder und die Unterstützung eines berufstätigen Ehemannes einsetzen - und deshalb im Beruf nicht selbst glänzen können; ich nenne sie »Frauen im Schatten«);
- Schulkinder, die trotz eines IQ von 130 miserable Schulnoten haben und sogar durchfallen oder die Schule abbrechen (s. das Beispiel von Tobias).

Unterschiedliche Schätzungen des Anteils der Underachiever sind nur an der Oberfläche akademischer Natur. In Wirklichkeit bergen sie enormen bildungspolitischen und anderen sozialen und kulturellen Sprengstoff: Wenn nämlich nur jeder achte Hochbegabte ein Underachiever ist (so der deutsche Hochbegabungsforscher Rost) und seine Talente vergeudet, hat das andere Konsequenzen (zum Beispiel für das Schulwesen), als wenn es sogar jeder zweite ist (wie Ellen Winner und das Gros der amerikanischen Psychologen meinen). Im ersteren Fall könnte man vielleicht noch von einer »vernachlässigbaren Quantität« sprechen - im anderen Fall müssen sich unsere Kultusminister und viele andere Entscheidungsträger fragen lassen, warum sie nichts unternehmen, dieses bislang ungenutzte Potenzial geistiger Fähigkeiten endlich zu fördern.

Ich vertrete jedoch die Meinung, dass schon ein einziger Underachiever einer zu viel ist! Diese Meinung gründet auf meiner praktischen Erfahrung mit vielen Betroffenen und der Erkenntnis, dass die Nichtverwirklichung von Hochbegabung für diese Menschen eine lebenslange Frustration und neurotische Qual bedeutet (die sich übrigens durch die übliche Art von Psychotherapie kaum behandeln lässt).

Meine Schätzung sieht folgendermaßen aus: Ich gehe der Einfachheit halber von drei Prozent Hochbegabten aus (das wären in Deutschland insgesamt 2,473 Millionen) und unterteile diese in drei Hauptgruppen:

- Ein Drittel davon, so schätze ich, verwirklicht *erfolgreich* seine Begabungen und wird zu den rund 824 000 Unternehmern, Topmanagern, Bestsellerautoren, Supersportlern, Spitzenprogrammierern, Ministern und anderen »Stützen der Gesellschaft«, ohne die ein komplexes soziales System nicht existieren kann. Diese nenne ich *Talente*. Es sind die jungen Leute, die im Gymnasium und auf der Universität zu den Besten zählen, in der Wirtschaft als »high potentials« (= vom Potenzial her hoch qualifiziert für Führungsaufgaben) gelten und von der »Studienstiftung des deutschen Volkes« und anderen Institutionen nach Kräften gefördert werden. Sie verfügen über Spitzengehälter (durchschnittlich 100 000 Euro pro Jahr) und stellen wohl das Gros der 730 000 Millionäre in Deutschland (man kann auch im Lotto gewinnen oder so viel Geld erben - aber in der Regel dürfte Hochbegabung kein Hinderungsgrund sein, um wirklich erfolgreich zu werden).
- Ein weiteres Drittel bezeichne ich als *Latente*. Wie Rennpferde scharren sie ihr Leben lang in den Startlöchern und kommen doch nicht auf die Bahn. Im Gymnasium, das sie bequem erreichen, machen sie ihre Aufgaben »mit links« und auch später im Leben strengen sie sich nicht sonderlich an – es fiel ihnen ja schon in der Grundschule alles so leicht. Aber Vorsicht: So sieht es nur aus. Es gibt sicher manchen Hochbegabten, der sich im Leben gut einrichtet und seine Denkgeschwindigkeit und die anderen intellektuellen Vorteile nutzt, um zufrieden zu sein (was ja nichts Negatives sein muss). Aber viele dürften höchst unzufrieden sein, weil sie ahnen, dass mehr in ihnen steckt – aufgrund frühkindlicher Traumatisierungen

und anderer negativer Einflüsse jedoch nicht zum Vorschein kommt, weil ein Gutteil der Talente benötigt wird, um die innere Unruhe in Schach zu halten.* Wenn nicht alles täuscht, gehören viele ADHS-Betroffene hierzu (und ihnen nur Ritalin zu geben - und viel zu viel davon -, ist eine Schande).

- Das letzte Drittel stellen die eigentlichen *Underachiever* dar. Äußerst begabt, von der Natur intellektuell bestens ausgestattet, kommt es aus irgendwelchen Gründen dazu, dass diese Hochbegabten jede Leistung, die über das Minimum des Notwendigen hinausgeht, schon in der Schule weitgehend verweigern und ihre Talente, wie es aussieht, dazu benutzen, um gerade *keinen* Erfolg zu haben. Dies geht gerne einher mit dem Motto der sauren Trauben: »Ich könnte schon erfolgreich sein, aber ich will das gar nicht - ich will doch nicht euer Sch...-Establishment unterstützen!«**

Ich füge diesen drei Hauptgruppen noch zwei kleinere hinzu:

- die *gefährlichen Entgleisten* (sie sind erfolgreich, aber auf kriminelle oder soziopathische Weise) und
- die *Extraordinären* (die Höchstbegabten wie Einstein und Freud, die mit einem IQ von 140 aufwärts eine Klasse für sich darstellen).

---

* Ich vermute sogar, dass Sigmund Freud genau *an* dieser Klientel der »gebremsten Hochbegabten« und auch *für* diese (die man bislang »Neurotiker« nennt) seine Psychoanalyse entwickelt hat. Leider existiert das Thema »Hochbegabung« in der psychoanalytischen Literatur und Diskussion nahezu nicht; die Fachzeitschrift *Psyche* hat in den ersten 50 (!) Jahren ihres Erscheinens seit 1947 gerade mal zwei Artikel veröffentlicht, die sich mit dem Einfluss der Intelligenz auf eine Psychotherapie befassen. Die Frage erhebt sich also, ob solchen Menschen dann adäquat geholfen wird. Schon wenn man sie nicht mehr als »Neurotiker« bezeichnen würde, wäre viel gewonnen - »Latente« klingt in meinen Ohren jedenfalls vielversprechender.

** Originaltext eines hochbegabten jugendlichen Schulabbrechers in der Drogenberatung.

1,64 Millionen stehen »auf der Bremse«

Man stelle sich vor: Wenn meine Schätzungen stimmen, dann gibt es allein in Deutschland zweimal 824 000 = 1 648 000 äußerst talentierte Männer und Frauen, die unaufhörlich »auf der Bremse stehen«! – Vielleicht gehören Sie auch dazu?

Wie erkennen Sie, ob Sie selbst hochbegabt sind?

Da ist über all diese Jahre das nagende Gefühl der Unzufriedenheit gewesen, die Vorstellung, es könnte mehr in Ihnen stecken, als Sie bisher verwirklicht haben.

Es gibt Menschen, bei denen solche Fantasien keine reale Grundlage haben, weil es in ihnen kein unverwirklichtes Potenzial an Begabungen gibt. Tatsache ist jedoch, dass es viele gibt, die darunter leiden, dass ihre schlummernden Talente nie geweckt oder adäquat ermutigt und gefördert wurden.

Ab Seite 187 können Sie einen kleinen Selbsttest machen, der Ihnen helfen wird, zumindest in erster Annäherung, eben dies abzuklären: ob Sie selbst hochbegabt sind.

Ein Beispiel aus der Praxis: Nehmen wir einmal an, Sie können gut erzählen und dies auch schriftlich niederlegen, sogar ganz mühelos. Und es keimt in Ihnen die Vorstellung, Sie könnten Kurzgeschichten schreiben, ja sogar einen Roman. Aber Ihre Umgebung (die Familie, Freunde, Bekannte) gibt Ihnen deutlich zu verstehen: »Du kannst das doch gar nicht. Es hat keinen Sinn, dass du damit überhaupt anfängst ... Du wirst nie Erfolg damit haben ... es ist viel zu schwierig, ein Manuskript zu verkaufen, den passenden Verlag zu finden. Der Markt ist ohnehin übersättigt mit so vielen Büchern ... 70 000 Neuerscheinungen pro Jahr auf der Frankfurter Buchmesse – was soll da noch ein 70 001 Buch – ausgerechnet von dir ...?«

Klingt das irgendwie bekannt? Dann habe ich dieses Buch auch und gerade für *Sie* geschrieben. Vielleicht erkennen Sie sich wieder in Ted Brauer oder Tobias oder Lena in der Fallgeschichte, die sich - jeweils am Anfang eines neuen Kapitels - durch das ganze Buch fortentwickelt.

Da ich während der Arbeit am Buch erkannt habe, dass ich selbst wohl zum mittleren Drittel der oben vorgestellten Gruppen Hochbegabter gehöre, wurde es für mich zu einem gehörigen Selbsterfahrungstrip. Ich hatte mich bisher überhaupt nicht als Hochbegabten eingestuft, wenn ich einmal von gewissen Größenfantasien in jüngeren Jahren absehe, die ich irgendwann als grandioses Geschwätz abhakte, als ich »erwachsen« wurde. Inzwischen ist mir jedoch klar geworden, dass man sich als Hochbegabter irgendwann erkennen und annehmen muss - und irgendwann eben auch *outen*, damit der nächste Schritt möglich wird: die optimale Verwirklichung des Potenzials. Das Wörtchen »optimal« ist wichtig: Denn je älter man wird, umso weniger kann man alles (maximal) realisieren, was in einem steckt; Gitarre spielen werde ich sicher nicht mehr lernen, obwohl ich als Jugendlicher dreimal einen Anlauf dazu unternommen habe und schon als Kind drei Jahre lang Klavierunterricht hatte. Beim Schreiben hingegen war das sehr früh schon ganz anders: Vom zwölften Lebensjahr an faszinierte es mich zunehmend und ich wurde richtiggehend besessen davon, eigene Texte zu verfassen.

Ich hoffe, dass auch die erste Gruppe der Erfolgreichen etwas von der Lektüre hat. Erfolg ist nämlich eine gefährliche Droge. Sie verführt, zusammen mit den für Hochbegabte typischen grandiosen Ideen, zu Selbstausbeutung. Man fühlt sich leicht unentbehrlich. (»Die anderen sind ja so unendlich langsam, so schwer von Begriff und eigentlich unfähig, verglichen mit mir Intelligenzbolzen - alles muss ich selbst machen ...«) Und man wundert sich, wenn die sozialen Kontakte abkühlen, die eigene

Ehefrau es nicht mehr mitmacht, dass man auch an den Wochenenden durcharbeitet, die eigenen Kinder sich emotional zurückziehen. Kommt es zur Krise, gar zum Burn-out – spätestens dann ist Besinnung, ein Sabbatical, ein Umdenken nötig. Auch Hochbegabte sind nämlich in ihrer seelischen, sozialen und körperlichen Grundausstattung ganz normale Menschen. Nur ihr Gehirn »tickt« anders – wesentlich schneller und komplexer.

Doch von alledem gleich mehr. Ich will mit diesem Buch nämlich noch etwas anderes erreichen. Denn wenn man diese Frage »Bin ich hochbegabt?« für sich positiv beantwortet hat, geht es ja erst richtig los: Was mache ich denn mit diesen bisher verborgenen Talenten, die mir da plötzlich bewusst werden? Wie hebe ich diesen Schatz?

Viele fürchten geradezu, ihre Talente zu zeigen. Das gilt besonders für Frauen.

Ein Buch für Erwachsene mit blockierter Kreativität

Was unterscheidet mein Buch von anderen Büchern über Hochbegabung?

- Ich befasse mich nur am Rande mit hochbegabten Kindern und Jugendlichen, die oft im Mittelpunkt der Aufmerksamkeit stehen (die Medien feiern sie gerne als Wunderkinder), sondern widme mich vor allem den Erwachsenen.
- Für mich sind Hochbegabung und Kreativität zwei Seiten desselben Phänomens.
- Ich betone als Gemeinsamkeit das → **LABYRINTHISCH-VERNETZTE DENKEN***.

---

* Begriffe mit **FETT GEDRUCKTEN GROSSBUCHSTABEN**, denen das Symbol → vorangestellt ist, werden im Glossar ab S. 330 näher erläutert.

- Dies spiegelt sich auch in den immer wieder auftauchenden Bezügen zum Labyrinthmotiv und im Konzept der Heldenreise.
- Ich biete Kreativitätswerkzeuge als Hilfe bei Problemen an (s. Kapitel 7).
- Vor allem aber setze ich mich von der üblichen akademischen Hochbegabten-Psychologie der Hochschulinstitute ab (die ihre unbezweifelten Meriten hat, sich aber weitgehend auf Statistiken stützt und deshalb zwangsläufig an der Oberfläche des Themas und der damit verbundenen Probleme bleiben muss) und arbeite, nicht zuletzt in meinen Beratungen und Seminaren, möglichst tiefenpsychologisch. Meine Konzepte stammen aus der angewandten Kreativitätspsychologie und orientieren sich am Einzelfall, so wie es Freud mit seiner Psychoanalyse als Erster vorgemacht hat.

Dieses Buch ist also, um es auf den Punkt zu bringen, vor allem für Erwachsene mit blockierter Kreativität gedacht, die ihre Hochbegabung vielleicht nur durch ein nagendes Unbehagen ahnen – oder sie bisher nur bei ihren Kindern erkannt haben oder vermuten.

Als beratender Psychologe und Seminarleiter habe ich überwiegend mit der praktischen Anwendung solcher Erfahrungen zu tun. Deshalb werde ich theoretische Überlegungen nur so weit vorstellen, wie es zum Verständnis des Phänomens Hochbegabung nötig ist.

Labyrinth und Heldenreise

Nicht adäquat geförderte und insbesondere nicht erkannte Hochbegabung schafft Verwirrung. Der betroffene Mensch ist unsicher und sucht unter Umständen sein ganzes Leben lang nach dem Sinn seiner Existenz. Dies entspricht in hohem Maße einer Suche nach dem → **WAHREN SELBST** und somit auch nach der tatsächlichen Intelligenzhöhe und Begabungsstruktur. Diese Suche ist ebenso wichtig wie das Wissen um die eigene sexuelle Identität. Es gibt für diesen Sachverhalt in der abendländischen Kulturgeschichte kein besseres Bild als das → **LABYRINTHOS**. Sollten Sie jetzt schon auf Details neugierig* sein, hier ein erster Hinweis:

Daidalos, der als Konstrukteur des Labyrinths gilt, ist das berühmteste Künstler- und Erfindergenie der europäischen Antike. Er ist also fraglos ein Hochbegabter. Doch auch das Labyrinth selbst – als Symbol wie als reale Konstruktion – hat viel mit Talenten zu tun, genauer: mit der Art und Weise, wie Hochbegabte denken. Sie werden deshalb in diesem Buch dem Labyrinthmotiv immer wieder begegnen.

Danksagungen

Viele wertvolle Anregungen zu diesem Buch verdanke ich Hanna Rheinz; ihr exzellenter Artikel in der *Süddeutschen Zeitung* öffnete mir 1994 das erste Fenster in die Hochbegabtenthematik mit ihren vielen Facetten, die für mich bis dahin nur ein abstraktes Randthema gewesen war.

Frederic Vester danke ich für seine Arbeiten und persönlichen Anregungen zur Kybernetik und zum *Vernetzten Denken*, aus denen im Lauf der Jahre meine eigenen Überlegungen zum → **LABYRINTHISCH-VERNETZTEN DENKEN** entstanden sind – und für Begriff und Praxis des → **THESAUROS** (griechisch »Goldschatz«), den er mir in den Räumen seines Instituts »Studiengruppe für Biologie und Umwelt« in München einmal als eindrucksvollen Archivschrank vorführte.

---

* Unstillbare → **NEUGIER** ist ein sehr starkes Indiz für Hochbegabung, s. S. 188.

Hermann Kern, dem leider viel zu früh Verstorbenen, erreicht dieser Dank nicht mehr: er brachte mir 1983 den Labyrinth-Mythos und seine vielschichtigen Bedeutungen nahe.

Daniel Speck hat das Konzept der → **HELDENREISE** in einem Drehbuchseminar so lebendig erläutert, dass es bei mir endlich Früchte trug, obwohl es mir als abstrakte Vorstellung schon seit dem Studium bekannt war.

Ganz spezieller Dank gebührt den Teilnehmern meiner Seminare, die mir für viele Aspekte des Themas überhaupt erst die Augen geöffnet haben.

Für sehr praktische Hilfen sei gedankt

- Xandra Wochinger, die in der ersten Entstehungsphase viele Textteile kritisch beäugte;
- Karin Gerstacker, die viele diktierte Seiten zuverlässig ins digitale Format brachte;
- Bettina Funck, die beim Redigieren eine wertvolle Hilfe war.

Und last, but not least danke ich meiner Frau Ruth, die diese lange Zitterpartie geduldig durchstand und – als lebendige Ariadne – die sehr konkrete Abenteuerreise durch dieses Buch-Labyrinth mit mir machte.

München, im Dezember 2003
Jürgen vom Scheidt

Wenn Sie nochmals das Logo am Anfang dieses Geleitworts betrachten, sehen Sie, dass wir noch vor dem Labyrinth stehen. Wir befinden uns gewissermaßen im Zustand des Unwissens und der Unklarheit, was uns im Verlauf dieses Buches erwarten wird. – Follow me.

Kommt Hochmut vor dem Fall? »Und was ist, wenn der Kleine wirklich fliegen kann?«

Der englische Zeichner Hargreaves bringt das Schicksal so manchen Talents auf den Punkt. (Hargreaves 1961)

Kapitel 1

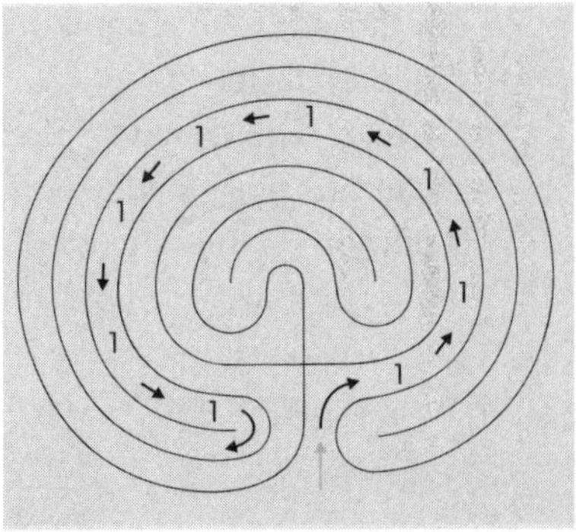

Konjunktur für Überflieger

Doch Perdix verliert sein Leben

Die Anatomie ist das Schicksal.

Sigmund Freud, 1910

Liebe Leserin, lieber Leser,

wenn Sie jetzt diesen roten (bzw. grauen) Faden nicht nur sehen, sondern auch richtig anfassen könnten – dann würden Sie, wie in einem Science-Fiction-Film, einen Sprung durch Raum und Zeit machen und am 25. Februar 2003 um 15.40 Uhr auf meinem Stuhl vor dem Computer und Bildschirm sitzen. Sie könnten mit mir ins Labyrinth dieses Buches hineingehen. Und Sie würden meine damalige Ratlosigkeit nachempfinden. Aber keine Bange – ich werde Sie jetzt nicht mit meiner seinerzeitigen Verfassung langweilen.* Vielmehr möchte ich Ihnen

* Wenn Sie die Entstehung dieses Buches interessiert, besuchen Sie bitte meine Website www.iak-talente.de.

an dieser Stelle einen kurzen Überblick geben, was Sie hier im Buch erwartet.

In diesem ersten Kapitel geht es vor allem um die Aktualität – nicht nur des Hochbegabten-Themas, sondern auch der beiden Leitmotive, die wie rote Fäden das Buch zusammenhalten: das Labyrinth als Symbol für Hochbegabung und die Heldenreise als Weg des talentierten Menschen zur Entdeckung und Entfaltung seiner → **DOMÄN**.

Der rote Faden und das Labyrinth-Motiv

Der rote Faden – dieser Begriff, den wir in der Umgangssprache so häufig benutzen, stammt aus der griechischen Mythologie. Ariadne gibt diesen sprichwörtlich gewordenen Gegenstand Theseus, damit er sich im Labyrinth des König Minos auf Kreta zurechtfindet und den Kampf mit dem Ungeheuer Minotauros siegreich besteht.

Für die Arbeit an diesem Buch hat sich mir von Anfang an das Labyrinth-Motiv als anschauliches Bild für vieles, was mit Hochbegabung zu tun hat, geradezu aufgedrängt. Lange habe ich nicht begriffen, dass diese beiden Themen nicht nur für mich etwas bedeuten – sondern auch füreinander. Es gibt kaum einen Aspekt des Hochbegabten-Themas, der nicht in dieser uralten Sage aus den Anfängen Europas enthalten ist. Und wenn man sich vor Augen hält, dass das Symbol des kretischen Labyrinths geradezu verblüffend dem menschlichen Gehirn, also unserem Denkapparat gleicht, dann kommt man als Autor nicht nur ins Grübeln, sondern ruft wie weiland Archimedes (als er das Prinzip der Wasserverdrängung in der Badewanne entdeckt hatte): »Heureka – ich hab's gefunden!« Wundern Sie sich also nicht, wenn Sie jeweils zu Beginn und Ende jedes Kapitels einen kleinen Hinweis aufs Labyrinth und die griechische Mythologie finden.

Das Labyrinth am Anfang dieses Kapitels zeigt, dass wir uns nun im ersten Bogengang befinden, den man betritt, wenn man die Schwelle des Eingangs überwunden hat. Dies ist nicht nur für Sie der Eintritt in etwas Neues, sondern war es auch für mich vor einigen Jahren, als ich die Arbeit an diesem Buch begonnen habe.

Große und kleine Blockaden

Mein geistig-psychischer Zustand war in dem Augenblick, als ich diese Zeilen schrieb und noch ganz am Anfang der konkreten Textabfassung stand, gar nicht so klar, wie es der rote Faden suggerieren mag. Ich fühlte mich viel mehr so, als befände ich mich in einem Irrgarten oder Yrrinthos (so einem, wie Sie ihn am Ende dieses ersten Kapitels abgebildet finden). Ich fühlte mich verloren im Wust der über 4 000 Textbausteine, die sich im Verlauf von gut einem Jahrzehnt in meiner Datenbank zum Thema »Hochbegabung« angesammelt hatten. Ich fühlte mich, mit einem anderen Wort: blockiert.

Ich erwähne diese persönliche Blockade, für die das Labyrinth mir als eine sehr treffende Metapher erscheint, vorab, weil sie den Kern des gesamten Buches berührt: Derartige Blockaden oder Widerstände sind das zentrale Problem aller erfolgs*gebremsten* Latenten und insbesondere der erfolg*losen* Underachiever, die ihr angeborenes Potenzial aus den verschiedensten Gründen nicht in praktische Anwendungen umgesetzt haben.

Hinter kleinen Blockaden steckt nicht selten etwas viel Ernsteres: etwas, das ich als »existenzielle Blockade« bezeichnen möchte. Es gibt dafür auch einen anderen, seit über 100 Jahren eingeführten Begriff: Neurose. Aber je länger ich mich mit solchen Störungen beschäftige, umso unbrauchbarer kommt mir dieser Begriff vor. Er stellt etwas als krank hin, das doch eigentlich ganz normaler Bestandteil des »Kreativen Prozesses« ist. In einem kreativen Geschehen (das bei einem Buch mehrere Jahre dauern kann) gibt es immer wieder Phasen, in denen neue Gedanken, Bilder, Symbole, Zusammenhänge erst entstehen müssen. Das sind dann eigentlich keine Blockaden, sondern Wachstumsphasen, also etwas völlig Normales. Erst wenn sich viele kleine Blockaden, verbunden mit entsprechenden Frustrationen, summieren, wird daraus etwas Größeres, das dem Betroffenen das ganze Leben vergällen kann.

So eine existenzielle Blockade fällt nicht vom Himmel. Sie manifestiert sich vielmehr, nicht selten ausgelöst durch ein traumatisches Erlebnis, in vielen kleinen Vorläufern, die sich nach und nach zu einem Riesenberg auftürmen, über den man nicht mehr hinwegkommmt:* Man resigniert. Man gibt auf.

Ted Brauers Turbulenzen I

Ted Brauer teilt das Interesse am Labyrinth-Motiv mit mir; das war der äußere Anlass, weshalb er in die Beratung kam. Nicht nur sein persönliches Schicksal ist interessant – seine ganze Familie ist geradezu ein Lehrstück dafür, wie verschieden Hochbegabung sich äußern kann und welche Probleme es damit gibt. Nach außen hin handelt es sich um eine ganz normale Mittelstandsfamilie. Erst bei näherem Hinsehen entdeckt man ganz anderes bei seiner Frau Lena und bei seinen drei Söhnen Gary, Manni und Tobias.

Vater Ted ist Journalist, seine Frau hat die Kinder aufgezogen und den Haushalt besorgt. Gary ist Unternehmer. Manni ist angehender Filmregisseur. Tobias ist das schwarze Schaf der Familie.

---

* Kybernetisch gesprochen, handelt es sich meistens um Rückkopplungsschleifen: Ein kleines Ereignis löst in der Umgebung (Eltern, Lehrer usw.) eine negative Reaktion aus, man zieht sich gekränkt zurück, fabriziert aus dieser Position wieder Negatives (zum Beispiel noch schlechtere Schulnoten) – und erhält erneut einen Dämpfer aus der Außenwelt. Irgendwann, das kann sehr schnell gehen, ist man in diesem Teufelskreis (wie er zu Recht genannt wird) zum Außenseiter und Underachiever geworden.

Ted Brauer kam eines Tages zu mir, weil er ein Autorencoaching brauchte. Dringend. Er arbeite an einem Buch, seinem ersten. Er könne einen ganz passablen Vertrag bekommen und müsse dann liefern. In einem halben Jahr sei Termin. Aber er habe noch nie ein Buch geschrieben. Als Journalist seit Jahrzehnten sei ihm Schreiben nicht fremd, so etwas wie Blockaden kenne er nicht – aber wie man ein ganzes Buch abfasst, da sei er überfragt, da fehle es ihm am handwerklichen Know-how. Und er habe nicht Monate und Jahre Zeit, sich dieses Handwerk anzueignen.

»Doch eigentlich komme ich wegen meinem Sohn.«

»Was ist mit ihm?«

»Er taugt nicht in der Schule. Dabei ist er ein cleveres Kerlchen.«

»Er taugt nicht?«

»Na ja, er will einfach nicht lernen. Und dann diese Unordnung in seinem Zimmer! Es macht mich rasend, wie er sich einmüllt. Und im Haushalt helfen – nicht daran zu denken. Überredungskünste versagen völlig – ich kann ihn doch nicht schlagen!«

»Sie sagten: Eigentlich komme ich wegen meinem Sohn.«

»Na ja, ich komme schon auch wegen mir selbst: Ich muss ein Buch schreiben. Aber die Schulkatastrophe und überhaupt alles, was mit meinem Sohn zu tun hat, nerven mich so, dass ich kaum mehr zum Arbeiten komme. Schreiben Sie mal ein Buch unter solchen Umständen!«

»Haben Sie Ihren Sohn testen lassen?«

»Auf Schultauglichkeit?«

»Auf seine Intelligenzhöhe und -struktur hin. Vielleicht befindet er sich auf der falschen Schule?«

»Wir waren doch alle auf dem Gymnasium ...«

»Wer ist wir?«

»Mein Vater, meine Geschwister, meine beiden älteren Kinder. Meine Mutter ging aufs Lyzeum, ihre Schwester ebenfalls. Der Vater meiner Mutter war Architekt und Regierungsbaumeister.«

»O.K. Aber das bedeutet nicht, dass ein Gymnasium das Richtige auch für Ihren jüngsten Sohn ist. Vielleicht ist er künstlerisch begabt? So eine Laufbahn kann man auch ohne Abitur einschlagen.«

Was Sie in diesem Buch erwartet

In diesem ersten Kapitel umkreisen wir den Begriff »Hochbegabung« und nähern ihm uns von sehr verschiedenen Seiten. Es geht um ein dynamisches Verständnis dieses Phänomens – im Gegensatz zu dem üblichen statistischen und zugleich statischen Zugriff auf das Thema, dessen sich die psychologische Forschung üblicherweise bedient. Hierfür ist auch das Konzept der Heldenreise wichtig: der Held als »Großer Einzelner« (wie der Tiefenpsychologe Erich Neumann das nennt). Und wer kann schon ein richtiger Held sein – wenn nicht ein speziell talentierter Mensch?

In den alten Überlieferungen ist das ein männliches Wesen: Theseus, Herkules, Gilgamesch. In den neuen Mythen des Comics, der Science-Fiction, der Computerspiele und des Hollywood-Kinos werden dieselben Inhalte und Strukturen transportiert von Figuren wie Superman, Spiderman und inzwischen auch von immer mehr weiblichen Gestalten (Lara Croft, Alias, Dark Angel, Kommissarinnen und Detektivinnen – heute angeblich schon 80 Prozent der tragenden Film- und Romanfiguren).

Um ein Held zu sein, bedarf es nicht unbedingt kräftiger Muskelpakete. Listige Tricks wie bei Odysseus, die richtigen Zauberkräfte und -sprüche wie bei Harry Potter oder auch exzellente geistige Leistung wie bei dem berühmten Mathematiker John Nash (dem der Film *A Beautiful Mind* ein Denkmal gesetzt hat) müssen ebenfalls entwickelt werden.

Die Intelligenz- und Begabungsforscher nennen die nicht selten gut ein Jahrzehnt beanspruchende Entwicklung eines Talents zu vorzeigbaren Leistungen → **EXPERTISE**. Dieser lange kreative Lernprozess ist nicht identisch mit der Heldenreise – diese beginnt erst dann, wenn Zweifel auftauchen oder tief sitzende Ängste die Entfaltung der Begabung behindern. Dann muss »Theseus« (dieser Name steht für jeden, der sich dem

Abenteuer seiner Talententwicklung aussetzt) auf die Reise gehen und sein Heldentum (welcher Art auch immer) beweisen.

Wir beginnen unsere eigene Heldenreise. Wer der Held, die Heldin der Geschichte ist? - Wer immer dies fragt.

Der eigene Standpunkt des Autors wird sichtbar. Ich beziehe, wo immer möglich, aufschlussreiche Fälle aus meiner Praxis ein, aber auch Beispiele aus dem Informationsmedium Film. Dass auch Autobiografisches nicht fehlt, sei mir nachgesehen; manches lässt sich nur aus eigenem Erleben wirklich verstehen. Danach folgt eine kurze Beschreibung des aktuellen Forschungsstands, wie er an den auf Fragen der Hochbegabung spezialisierten Instituten der Universitäten erarbeitet wurde.

Ich biete mit → **BRAINSPOTTING** eine Möglichkeit an, wie man - ergänzt durch den Selbsttest ab S. 187 - Hochbegabung auch ohne Intelligenztest erkennen bzw. ungefähr schätzen kann; das ist nicht hundertprozentig zuverlässig, aber für eine erste Annäherung meiner Erfahrung nach recht brauchbar. Zugleich erläutere ich auch, warum ich so ein Schätzverfahren für sinnvoll halte, insbesondere was die eigene Person angeht.

Die folgenden Kapitel verlassen die Blickrichtung von außen, derer sich der forschende Psychologe naturgemäß bedienen muss, wenn er Tests, Fragebogen und Interviews einsetzt, und wenden sich der *Innenansicht* der Hochbegabung zu. Was ich damit meine, wird sofort verständlich, wenn man in ein verwandtes Forschungsgebiet wechselt: die Träume. Auch da ist rasch einsichtig, dass die Erkenntnisse, die man bei der Beobachtung *von außen* mit vielen Versuchspersonen gewinnt, statistisch recht brauchbar sein können. Aber Ihre eigenen Träume werden Sie auf diese Weise ganz sicher nicht verstehen. Dazu müssen Sie schon in sie hineinsteigen, wie Freud das mit der von ihm vorgeschlagenen, noch heute unübertroffenen Methode des Traumverständnisses mittels freier Assoziation gemacht hat.

Danach geht es um die praktische Umsetzung der gewonnenen Erkenntnisse im eigenen Leben.

Was Sie in diesem Buch nicht erwarten können

Es würde den Rahmen dieses Buches sprengen, das sich vor allem mit den psychologischen Aspekten der Hochbegabten-Thematik befasst, auf einige hochinteressante Gesichtspunkte detaillierter einzugehen; diese werde ich im Schlusskapitel nur kurz streifen: vor allem die Rolle der Talente in der Menschheitsgeschichte.

Man darf davon ausgehen, dass die bedeutenden Herrscher sicher Hochbegabte waren und dass man auch heute noch in bestimmten Dynastien und Adelsfamilien sehr viele Talente finden wird. Sie und bedeutende andere Persönlichkeiten, welche die Geschicke der Menschheit gelenkt haben und heute noch lenken, bevölkern die Seiten der Biografien und Nachschlagewerke, die sehr zutreffend Titel wie *Die Großen der Weltgeschichte* tragen.

Nur so viel noch zu diesem Aspekt: Ohne die Hochbegabten gäbe es diese Menschheitsgeschichte überhaupt nicht - jedenfalls nicht in der uns vertrauten Form. Die Blätter der Geschichtsbücher wären nahezu leer, denn es bliebe wenig übrig, was zu berichten sich lohnte; nichts Spektakuläres jedenfalls.

Auf das Leben der einzelnen Menschen übertragen, wäre da sicher vielen vieles erspart geblieben - zum Beispiel das Leiden als einfacher Soldat in unzähligen Kriegen, während die (nicht selten wohl auch hochbegabten) Generäle mit heiler Haut davonkamen: In Stalingrad überlebten gerade mal 5 000 (zwei Prozent) der eingekesselten 250 000 einfachen deutschen Soldaten - von den 23 Generälen schafften es 22 (das sind gut 95 Prozent) und kehrten aus sowjetischer Gefangenschaft nach Deutschland zurück!

Aber wir säßen mit hoher Wahrscheinlichkeit, dies ist die andere Seite der Medaille, ohne die überragenden Leistungen und Erfolge der Hochbegabten noch immer in zugigen, feuchten Höhlen oder Hütten.

Selbsterkenntnis als erster Schritt

»Tat twam asi - das bist du«, heißt es in den Upanishaden, den uralten indischen Geheimlehren der Brahmanen. Ähnlich verkündete eine Inschrift des Apollotempels zu Delphi: »Gnoti seauton«, und bei den Römern hieß es entsprechend: »Nosce te ipsum«. Alles drei bedeutet: »Erkenne dich selbst!« Aber es wird gerne übersehen, dass dieser Satz noch einen zweiten Teil hat: »- und handle danach!«

Ich habe dieses Buch geschrieben, um die Selbsterkenntnis zu fördern - und dadurch auch eine Veränderung des eigenen Denkens und Handelns zu ermöglichen. Denn ich halte es für sehr schädlich, wenn man sich über die eigenen Talente im Unklaren ist oder sie versteckt.

Ein Vergleich aus der Welt der körperlichen Selbsterfahrung und Selbsterkenntnis: Viele große Menschen schämen sich ihrer Körpergröße geradezu. Sie wollen nicht auffallen, machen sich künstlich kleiner, indem sie gebückt gehen, die Schultern einziehen. Ich weiß, wovon ich rede: Mit 1,86 Metern war ich lange Zeit der Größte in meiner Klasse - das war einerseits vorteilhaft, vor allem, weil ich auch sonst recht kräftig war und mich bei den alterstypischen Rangeleien gut zur Wehr setzen und durchsetzen konnte. Die Körpergröße bereitete aber andererseits Unbehagen, weil ich damit immer auffiel (und mich niemand gelehrt hatte, dass und wie man damit positiv umgehen kann - das musste ich mir erst mühsam erarbeiten).

Ingo Schultz, 2002 Europameister im 400-Meter-Lauf, sieht das lockerer. Er hat nichts dagegen, öffentlich bewundert zu werden. Er ragt zwei Meter und einen Zentimeter groß in die

Höhe und sagte einem Reporter der *Süddeutschen Zeitung,* dass er damit gut leben kann: »Es gibt viele, die groß sind und immer ein bisschen gebückt gehen. Die wollen nicht auffallen. Ich bin anders.«

Genau das ist auch das Erfolgsrezept der auf anderen Gebieten Hochbegabten, die ihre Talente realisieren und sich damit auch gerne zeigen: »Ich bin anders - ich bin sehr talentiert - und ich bin stolz darauf.« Dass hier die Gefahr der Arroganz und Hybris lauert, steht auf einem anderen Blatt.

»Die Anatomie ist das Schicksal«, diese Feststellung Freuds bezieht sich zunächst auf körperliche Eigenschaften - etwa die anatomischen Unterschiede zwischen Mann und Frau. Aber sie trifft ebenso auf die (körperlichen, also ererbten) Grundlagen der Intelligenz zu. In beiden Fällen muss man sein Schicksal annehmen und das Beste daraus machen; gelingt dies nicht, so kann eine Psychoanalyse die Methode der Wahl beim Abbau von Blockaden sein.

Aktualität des Themas »Hochbegabung« I: Eigene Betroffenheit weckt das Interesse

Wenn man sich am Arm verletzt und eine Weile mit einem auffälligen Verband durch die Gegend laufen muss, bemerkt man plötzlich überall Menschen, denen es ebenso geht, und überall sind plötzlich geschiente oder verbundene Arme zu erkennen. Wenn eine Frau schwanger wird, sieht sie mit einem Mal überall in der Stadt andere Schwangere. Und wenn Sie sich entschließen, eine Psychoanalyse zu machen - dann sehen Sie in jeder Buchhandlung und in jeder Zeitschrift unverhofft Beiträge zum Thema »Psychoanalyse« und »Psychotherapie«.

Die eigene Betroffenheit weckt das Interesse am Thema und schärft die Aufmerksamkeit für ein Phänomen, das vorher längst da war – aber man interessierte sich nicht dafür. Genauso ist es mit dem Thema »Hochbegabung«. Sobald Sie sich ernsthaft dafür interessieren, werden Sie staunen, wo es überall auftaucht und wer sich alles damit beschäftigt: in der Tageszeitung, im Fernsehen, in Büchern. In vielen Filmen begegnen uns diese ungewöhnlichen Talente ebenfalls.

Wenn Sie ein hochbegabtes Kind haben, werden Sie wahrscheinlich längst wissen, dass es in Deutschland einige Vereine gibt und mehrere Hochschulinstitute, die sich mit dem Phänomen der Hochbegabung befassen. Ähnlich ist es in anderen Ländern wie der Schweiz und Österreich.

Dieses Interesse wird vielleicht noch nicht wach, wenn Ihre Tochter oder Ihr Sohn in der Volksschule lauter Einsen heimbringt. Aber wenn die Lehrerin vorschlägt, das Kind könnte doch eine Klasse überspringen, weil es sich im Unterricht zu langweilen beginnt, oder wenn es plötzlich ins Gegenteil verfällt und nach einem beeindruckenden Start immer schlechter wird, ja sogar völlig versagt – spätestens dann werden Sie wohl anfangen sich zu informieren. Und Sie fragen sich vielleicht sogar: Woher hat das Kind eigentlich diese Talente, mit denen es auf dem Tennisplatz, am Klavier oder am Schachbrett glänzt?

So weit, so gut. Was aber, wenn man nicht nur ein bereits überall und immer schon vorhandenes Thema (verletzte Arme, Schwangerschaften) aus aktuellem Anlass für sich entdeckt – sondern wenn es vorher tatsächlich verborgen war und alle Welt sich mit einem Mal dafür zu interessieren beginnt?

So ist es mit der Hochbegabung. Wenn man wie ich als Psychologe (mit Schwerpunkt Kreativitätsforschung) zu recherchieren beginnt, fällt einem auf, dass sich das Thema nach einem langen Dornröschenschlaf in den darauf spezialisierten Universitätsinstituten um die Jahrtausendwende in den Massenmedien auffallend häufig zu zeigen begann. Sogar in Talkshows werden diese »Wunderkinder« inzwischen einem Publikum vorgeführt, das über exzellente Rechenkünste, staunenswertes

Geigenspiel von Fünfjährigen, frühreife Klugheiten und unglaubliche Gedächtnisleistungen staunt.

In diesem Buch werden Sie immer wieder eingestreute Beispiele finden, die aus der Tageszeitung, einem Nachrichtenmagazin, einer Illustrierten oder dem Kino stammen. Das ganze zweite Kapitel dient nichts anderem, als Ihre Wahrnehmung für das Thema »Hochbegabung« zu schärfen. Sie werden staunen, was Ihnen in Romanen und Hollywood-Produktionen schon seit vielen Jahren an Hochbegabten begegnet ist, ohne dass Sie dabei an unser Thema gedacht haben. Die Helden dieser Bücher und Filme sind nun einmal außergewöhnliche Menschen und zu beeindruckenden Leistungen fähig - sonst wären es keine Helden! Aber wer genau hinsieht, wird zumindest in den amerikanischen Streifen entdecken, dass speziell die Themen »Hochbegabung« und »Underachievement« (als nicht realisiertes Talent) zunehmend Aufmerksamkeit bei Drehbuchautoren, Regisseuren und Produzenten finden. Vielleicht haben Sie *Good Will Hunting* gesehen oder *Rushmore, Forrester – Gefunden!*, die *Royal Tenenbaums* oder *Das Wunderkind Tate* (mit dem das Schauspieler-Wunderkind Jodie Foster ihre neue Karriere als Regisseurin begann)?

Warum dieses plötzliche Interesse?

Der Rassenwahn der Nationalsozialisten

Vielleicht ist es ja so, dass ähnlich wie bei der intensiven Auseinandersetzung mit dem Dritten Reich und dem Zweiten Weltkrieg ein Minimum an historischer Zeit vergehen musste (zwei Generationen sind da wohl eine sinnvolle Zeitspanne), bis man sich den Talenten wieder zuwenden konnte. Denn wir hatten das ja schon einmal, wenn auch in äußerst abscheulicher Form: Der Rassenwahn der Nazis gipfelte in der Hybris der Züchtung von Elitemenschen (vor allem: Elitesoldaten der SS) im Lebensborn. Und die Eliten des Dritten Reichs haben sich in unglaublichem Maße schuldig gemacht. So war nahezu jeder 200. deutsche Arzt in Nazi-Verbrechen verstrickt, wie Alexander Mitscherlich in einem Bericht über die »Nürnberger Ärzteprozesse« feststellen musste.

Kein Wunder, dass man lange Zeit nach dem Zusammenbruch dieser grandiosen Wahnwelt des Dritten Reichs nichts mehr hören wollte von Eliten und Hochbegabung. Ja, man bekämpfte in einer Kultur, die sich zunehmend dem Prinzip der Gleichberechtigung verschrieb, alles, was auch nur von ferne nach Ungewöhnlichkeit und außergewöhnlicher Begabung aussah. Allenfalls in der »Studienstiftung des deutschen Volkes« wurde über solche Fragen ohne Scheuklappen diskutiert. Aber in der Öffentlichkeit?

Allmählich scheint so eine Öffentlichkeit zu entstehen, die – nun in der Enkelgeneration – wieder das Thema der »adäquaten Förderung von Hochbegabung« aufgreift und auch die moralischen und ethischen Gesichtspunkte nicht ausklammert, die von der SS buchstäblich mit Stiefeln niedergetrampelt wurden, als man zum Beispiel jeden kritischen Intellektuellen und vor allem die hochbegabten Juden vertrieb und ermordete – ein Aderlass, von dem sich Deutschland bis heute nicht erholt hat (40 Prozent der Nobelpreise, vor allem in den Naturwissenschaften, gingen zum Beispiel an hoch- und höchstbegabte Juden – und die leben längst nicht mehr hierzulande).

Eine merkwürdige Lücke

Es fällt eine merkwürdige Lücke auf in der Behandlung des Themas »Hochbegabung« in den Medien und bei den wissenschaftlichen Instituten (die auf ein Tabu hinweist): Die Psychologen sowie der größte Teil der Berichterstattung in den Zeitungen und Zeitschriften befassen sich in der Regel mit den im positiven Sinne auffallenden Kindern und Jugendlichen und streichen das heraus, was man das »Wunderkinder-Flair« nennen könnte (nicht so die »Deutsche Gesellschaft für das hochbegabte Kind [DGhK]«). Es werden eigentlich nur die Hochbegabten vorgestellt, die Ungewöhnliches leisten. Diese werden auch gefördert, zum Beispiel in der Schule.

Auf der anderen Seite eines gedachten Spektrums findet man die enorm erfolgreichen Erwachsenen, insbesondere Wirtschaftsbosse, einige Spitzensportler (Andre Agassi zum Beispiel), ein paar weltweit erfolgreiche Bestsellerautoren und ähnliche »bunte Vögel«. Sie stellen die 7,2 Millionen Reichen und Superreichen, die 27 Billionen Dollar kontrollieren: Das sind rund 80 Prozent des Weltvermögens.

Dazwischen klafft eine riesige Lücke, und zwar nicht nur in der Berichterstattung, sondern wohl auch schon in der Wahrnehmung. Hinter dieser kann man so etwas wie die unbewusste Ausblendung eines gewaltigen soziokulturellen Problems vermuten: Ein großer Teil der Hochbegabten, die einmal als »Wunderkinder« angefangen haben oder zumindest mit ungewöhnlichen Fähigkeiten (zum Beispiel sehr früh lesen) aufgefallen sind, versagt diesbezüglich im späteren Leben. Das beginnt manchmal schon in der Grundschule, oft auf dem Gymnasium oder spätestens auf der Universität. Vor allem die weiblichen Talente werden geradezu unsichtbar. Viele von ihnen studieren zwar (in vielen Hochschulen übertreffen sie inzwischen sogar die männlichen Kommilitonen) - aber in den höheren Rängen findet man an den Universitäten nur sehr wenige weibliche Professoren und in der Wirtschaft entsprechend noch weniger weibliche Führungskräfte.

Wer keine Probleme mit seinen Talenten hat, reiht sich ein in die Netzwerke der Erfolgreichen, wird zu einer der Stützen der Gesellschaft. Wer Probleme bekommt, macht, wenn er oder sie gut beraten ist, eine Psychotherapie. Ob dies jedoch das zentrale Problem löst, wage ich zu bezweifeln, denn wie schon angedeutet: Underachievement ist keine Krankheit bzw. eine Neurose! Neurotische Symptome sind lediglich Reaktionen auf die entsetzlichen Frustrationen, die entstehen, wenn man das angeborene Potenzial nicht angemessen verwirklichen kann.

Dieses ausgeblendete soziokulturelle Problem könnte man als den »Underachiever-Skandal« bezeichnen. Skandal deshalb, weil alle, die es wissen müssten, davon wissen - und nichts unternehmen, um dieses gewaltige Begabungsreservoir für die Volkswirtschaft zu fördern und - was noch wichtiger ist - insbesondere diese jungen Menschen vor schrecklichen Enttäuschungen wenigstens ein Stück weit zu bewahren.

Vernetztes Denken – ein erster Versuch

Wenn man von mir verlangen würde, in einem Satz zu sagen, was denn Hochbegabung ausmache, so würde ich wie folgt antworten:

Hochbegabte sind als Individuen so unterschiedlich wie alle anderen Menschen auch und teilen mit den Normalbegabten die seelische Grundausstattung (Gefühle, Affekte, Bedürfnis nach Zuwendung und Liebe) – aber sie denken wesentlich schneller und komplexer und können vor allem ihre Gedanken besser vernetzen und neue Ideen entwickeln.

Es gibt drei Elemente, die man miteinander vernetzen kann:

- konkrete Objekte (wie Bausteine zu einem Haus, Nahrungsmittel zu einem Essen mit fünf Gängen);
- Menschen (zu einer Familie, einer Schulklasse, einem Verein);
- Informationen (zu einem Buch, einem Film).

Diese drei Grundelemente kann man zusätzlich noch miteinander verbinden: Die Inhalte eines Drehbuches (Informationen) lassen sich vernetzen mit einem Filmteam (Menschen) und konkreten Objekten (Kamera, Schauplätze, Filmmaterial, Schneide-Computer). Alles zusammen lässt sich vernetzen zu einem fertigen Film, der dann über ein Verteilernetzwerk potenziell alle Menschen der Welt erreichen kann.

Auch ganz normale Menschen sind in der Lage, aus Einzelteilen anhand eines Bauplans ein Bücherregal oder ein komplettes Puzzle zusammenzusetzen. Sie können auch eine Familie gründen und einen Verein zur Züchtung von Brieftauben ins Leben rufen und organisieren. Sogar ein Buch kann im Grunde jeder Mensch schreiben: indem er oder sie die eigene Lebensgeschichte jemandem diktiert, der den Text abtippt und daraus die Biografie mehr oder minder wortgetreu erzeugt. Das ist dann nicht unbedingt ein literarisches Meisterwerk - ein Buch ist es allemal.

Was Normalbegabte kaum schaffen dürften, ist das Erfinden eines neuen Autos, die erfolgreiche Leitung eines großen Unternehmens oder einer Partei und das Schreiben eines Bestsellers. Hierzu bedarf es Vernetzungsqualitäten, zu denen wahrscheinlich nur Hochbegabte fähig sind, insbesondere wenn es um kreative und innovative Neuschöpfungen geht. Wenn es von dem weltbekannten Drehbuchautor und Filmregisseur Billy Wilder in einer Gedenksendung heißt, er sei ein »begnadeter Geschichtenerzähler« gewesen und habe eine Serie von Komödien geschrieben, »die heute Kultstatus haben« - dann wird schon aus der Diktion sichtbar, dass es sich hier um einen ungewöhnlich talentierten Menschen gehandelt hat.

Ansonsten werden wir uns mit dem Vernetzen und insbesondere dem Vernetzten Denken im neunten Kapitel noch ausführlicher befassen.

Aktualität II: Hochbegabte im Kino

Schon in den klassischen Formen der Bildung und Unterhaltung, dem Drama und dem Roman, sind Hochbegabte und ihr Schicksal fraglos weit überpräsentiert. Wie sieht es damit in den neuen Formen aus? Dazu gehören seit 1895 (als die Brüder Lumière in Paris ihren ersten Stummfilm vorführten) der Film, seit den 50er-Jahren das Fernsehen, seit den 80-ern das Computerspiel und, last, but not least, das Internet.

Ich möchte das Thema »Aktualität der Hochbegabung« daher noch von einer anderen Seite her angehen: Mit Beispielen aus der Welt des Films und Fernsehens.

Der Anteil von Hochbegabten in der Filmwelt ist enorm. Aber selbst wenn nur in jedem zweiten Film das Schicksal eines Hochbegabten im Mittelpunkt steht (der zum Beispiel tragisch scheitert), dann sagt das schon einiges. Im Verlauf dieses Buches werden einige Filme vorgestellt, die beispielhaft einen Aspekt des Hochbegabten-Themas behandeln. Dazu gibt es vier Möglichkeiten:

1. Der Film behandelt ausdrücklich das Schicksal eines Hochbegabten (*Das Wunderkind Tate, Good Will Hunting, A Beautiful Mind, Der talentierte Mr. Ripley* – Details zu diesen und allen anderen zitierten Filmen finden Sie in der Filmografie im Anhang).
2. Im Film treten Figuren auf, deren Hochbegabung sich leicht aus ihrer Funktion erschließt und aus den Themen und Problemen, mit denen sie konfrontiert werden (Beispiele: »genialer Wissenschaftler«, »tragisches Schicksal eines Künstlers«, der »superschlaue Serienkiller« wie Hannibal Lecter in *Das Schweigen der Lämmer*).
3. Ein Spezialfall der zweiten Möglichkeit sind die Science-Fiction-Filme, in denen es meistens um geniale Wissenschaftler und ihre speziellen Aktivitäten geht (die »Guten« retten die Welt, die »Bösen« wollen sie vernichten).
4. Drehbuchautor/Regisseur/Kameramann/Schauspieler haben Großartiges geleistet und verdienen deshalb zu Recht das Etikett »hochbegabt«. Die Verleihung eines Oscars ist (bei allem Marktgeschrei, das diesem Spektakel anhaftet) ein recht brauchbarer Hinweis auf Qualität.

Im übertragenen Sinne gilt das, was hier für Filme gesagt wird, ebenso für Bücher, Artikel in Zeitschriften, Theaterstücke etc.

Ein beeindruckendes Beispiel, in dem fast alle diese Varianten zusammenkommen, ist die Amerikanerin Jodie Foster. Sie wird in der Filmwelt selbst als »Wunderkind« für ihre Schauspielkunst und inzwischen auch für Regie bezeichnet. Ihren ersten eigenen Film drehte sie über das (fiktive) *Wunderkind Tate*. Der siebenjährige Fred Tate (Adam Hann-Byrd) wächst allein mit seiner Mutter auf, der Kellnerin Dede (Jodie Foster). Dede liebt ihren begabten Sohn über alles, ist jedoch restlos überfordert von seiner unaufhörlichen Fragerei und seiner grenzenlosen Neugier. Sie spürt, dass sie ihm mit seiner weit überdurchschnittlichen Intelligenz nicht gerecht wird, und merkt, dass er sehr darunter leidet, dass Gleichaltrige ihn nicht verstehen oder auch ablehnen – wer interessiert sich denn in diesem Alter schon für Mathematik oder für brillantes Klavierspiel? Die Mutter ist – nach anfänglichem Zögern – erleichtert, als eine Hochbegabtenforscherin, die Psychologin Dr. Jane Grierson, Fred in ihr Institut zur Förderung solcher Superkids aufnehmen will. Dort soll er seine Fähigkeiten optimal entfalten. Aber so recht glücklich wird der Junge da auch nicht. Denn die Psychologin ist selbst eine Hochbegabte und hat, kinderlos, ihre eigenen Vorstellungen, wie ein talentiertes Kind zu sein und sich zu entwickeln hat.

Kein typisches Hollywood-Melodram – denn obwohl er kaum ein Klischee auslässt, verschafft der Film doch einen nachhaltigen Einblick in die Probleme solcher frühreifer Kinder.

Für Jodie Foster war dies ihr erster eigener Film, der von Kritikern wie Publikum gleichermaßen gut aufgenommen wurde. 1962 in Los Angeles geboren, trat sie als Zweieinhalbjährige erstmals (in einem Werbespot) vor die Kamera, spielte mit sieben ihre erste TV-Rolle und war mit zehn zum ersten Mal auf der Kinoleinwand zu sehen. Als einer der bekanntesten Kinderstars in den 70er-Jahren erlangte sie ihre erste Oscar-Nominierung und den British Film Academy Award 1976 für die Rolle einer frühreifen Prostituierten in Martin Scorseses *Taxi Driver*. So wurde sie schon als Teenager weltberühmt. Neben ihren Rollen in bislang 55 Filmen (Stichjahr 2002) hatte sie noch Zeit, an der Yale University afroamerikanische Literatur zu studieren (Abschluss mit dem Bachelor of Arts). Sie gehört längst zu Hollywoods Spitzenstars, mit je einem Oscar für ihre Rollen in *Angeklagt* und *Das Schweigen der Lämmer*. Für die Rolle der Polizeidetektivin, die den bizarren hochbegabten Serienkiller Hannibal Lecter zur Strecke bringt, bekam sie zusätzlich einen Golden Globe, den British Academy Award, den New York Film Critics Award und den Chicago Film Critics Award.

Im Science-Fiction-Film *Contact* führt Jodie Foster außerdem noch die dritte Variante des Hochbegabten-Themas im Film vor: Sie spielt darin eine Astronomin, die besessen ist von der Idee, mit einer außerirdischen Zivilisation Kontakt aufzunehmen. Dies gelingt und sie macht sich schließlich selbst auf die Reise zu einem fernen Planeten in einem Gefährt, das nach dem übermittelten Bauplan jener fernen Sternenzivilisation gebaut wurde.

Der Film lebt nicht zuletzt von der überzeugenden Hauptdarstellerin, der es gelingt, eine von ihrer Vision faszinierte Wissenschaftlerin zu spielen, ohne dass die Handlung in die bei Science-Fiction-Filmen so häufige Freund-Feind-Action abgleitet.

Aktualität der Heldenreise

Es gibt noch zwei weitere Motive, die das Thema Hochbegabung gewissermaßen von anderer Seite beleuchten und nicht minder aktuell sind. Sie haben tiefe Spuren in unserer westlichen Zivilisation hinterlassen, die bis auf den heutigen Tag wahrzunehmen sind und sicher auch noch weit in die Zukunft wirken werden: Sowohl das Labyrinth wie die Heldenreise gehören zum Lebendigsten und Aktuellsten, was unsere Kultur zu bieten hat – und erzählen im Grunde Geschichten über Hochbegabung und von Hochbegabten.

Innerer kreativer Entwicklungsprozess

Was eine Heldenreise ist, erläutere ich noch genauer im achten Kapitel. Hier zunächst nur so viel: Es handelt sich um einen inneren kreativen Entwicklungsprozess, der in der Regel auch mit Veränderungen in der Außenwelt einhergeht: zum Beispiel mit einer konkreten Reise ins Ausland, dem Bau eines Hauses, dem Wechsel in einen anderen Beruf, einer Eheschließung samt Familiengründung, dem Schreiben eines Buches (ja, auch dies ist eine Abenteuerreise – und was für eine ...).

Ruf des Abenteuers

Diese Reise beginnt stets mit einer Art Lockruf. Joseph Campbell, der das erste Buch über die Heldenreise geschrieben hat, nennt ihn den »Call to Adventure«, oft übersetzt als »Ruf der Wildnis«. »Wildnis« steht dabei für eine andere als die gewohnte Realität; Campbell nennt sie Nacht- oder Unterwelt.

In unserem ersten Kapitel ertönt der »Ruf der Wildnis« gleich zweimal:

- Der erste »Ruf« erging vor neun Jahren an mich als Psychologen und Autor. Das war, als ich von Tobias Brauers Problemen erfuhr und Kontakt mit seinem Vater Ted bekam (dieser ging bald danach selbst auf eine Heldenreise, die sich in kleinen Fortsetzungskapiteln wie ein roter Faden durch unser Buch zieht).
- Der zweite »Call to Adventure« hat irgendwann Sie erreicht, der Sie zurzeit dieses Buch lesen. Er enthält unter anderem die Aufforderung, Ihre eigene Situation als mögliches Talent zu analysieren.

Vielleicht ist das auch für Sie der Start zu einer »Reise in die Unterwelt«?

Welchen Sinn es macht, »aus dem Busch« zu kommen

Wenn man seine Begabungen entfalten will, muss man sie erst einmal kennen. Das geschieht, von einer positiven Förderung in der Kindheit und Jugend einmal abgesehen, bei vielen Menschen sehr spät - oder gar nicht. Wir werden noch sehen, dass es damit auch nicht getan ist. Man muss irgendwann zu seinem Potenzial stehen und es (soweit noch möglich) optimal entfalten. Man muss »aus dem Busch hervorkommen« oder sich, wie man neudeutsch sagt, »outen«.

Dieses Wort stammt aus der Homosexuellen-Szene und besagt etwas über die Notwendigkeit und auch Erleichterung, die jemand erfährt, wenn er die Homosexualität nicht länger verheimlicht - es sei denn, er will existenziell zugrunde gehen.

Nicht zur eigenen Hochbegabung zu stehen, kann ähnlich quälend sein. Deshalb sollte man, sobald es möglich und machbar ist, auch mit den eigenen erkannten Talenten nicht hinter dem Berg halten und dazu stehen, dass man schreiben, malen, musizieren oder anderweitig kreativ sein möchte. Und zwar bis an die Grenzen des Möglichen: Nur voller Einsatz bringt etwas. Wie es der deutsche Erfolgsautor Andreas Eschbach (*Das Jesus Video, Eine Billion Dollar*) in einem Interview ausdrückte: »Autor ist man 24 Stunden am Tag.«

Das heißt nicht, dass man gleich vom Start weg Tag und Nacht nur noch an das eigene Buchprojekt denkt, falls dies der Weg ist, den man gehen möchte, um die eigenen Fähigkeiten zum → **LABYRINTHISCH-VERNETZTEN DENKEN** zu entfalten und konkret umzusetzen. Aber wir sehen in der Fortsetzungsgeschichte von Ted Brauer, die sich von Kapitel zu Kapitel durch dieses Buch zieht, dass man irgendwann ernst machen muss (indem man sich beispielsweise einen Schreibtisch in die richtige Ecke stellt und diesen Platz gegen alle Anfechtungen der Mitmenschen verteidigt wie eine Löwin ihre Jungen).

Auch dies ist ein Coming-out, das viel Mut verlangt und

Durchhaltevermögen gegenüber einer manchmal sogar feindseligen, oft aber - zumindest in den Anfängen - verständnislosen Umwelt. Bei Hochbegabten spreche ich fortan jedoch lieber von *Getting-out*.

Getting-out als Talent - ein effizientes Tool

Das Getting-out hat noch einen anderen Aspekt. Es ist für den Menschen, der seine Talente entfalten möchte, eine abenteuerliche Reise ins eigene Ich - die man mit Recht als »Heldenreise« bezeichnet.

Heldenreise und anschließendes Getting-out (zum Beispiel als Autor) sind höchst effiziente Werkzeuge, um nicht nur die eigene Kreativität zu entfalten, sondern auch einen Beitrag, und sei er noch so winzig, zum Wohl der Menschheit zu leisten. Bei vielen hochbegabten Frauen erschöpft sich dies im »Dienst« am hochbegabten Gatten und den gemeinsamen Kindern, die in der Schule brillieren - weil Mutter ihre eigene Entwicklung zurückstellt. Na schön. Aber spätestens wenn die Kinder aus dem Haus sind und der Ehemann seine berufliche und private Midlife-Crisis (vielleicht sogar mit der zehn Jahre jüngeren Geliebten) durchsteht - spätestens dann ist es doch an der Zeit, an die eigenen Talente zu denken!

Ich selbst habe mich ja bereits als Hochbegabter geoutet. Wenn Sie nun neugierig sind und wissen möchten, was dabei »für das Wohl der Menschheit« herauskommt - nun, ich habe an diesem Buch mehr als ein Jahrzehnt gearbeitet und hoffe doch, dass es ein paar Erkenntnisse enthält, die anderen Menschen ein Stück bei der Entfaltung ihrer Talente helfen können, dass ich sie ermutigen kann, das »Licht unter dem Scheffel« hervorzuholen. Das ist, denke ich, schon eine ganze Menge, was ich - hoffentlich - mit diesem Buch erreichen kann.

Tobias' Trotz und Tatendrang II

Tobias' Eltern hatten viele Besucher in ihrem »Salon«, wie sie es nannten – ein offenes Haus für Gäste, die zu Konzerten oder Lesungen eingeladen wurden. Zum Austausch mit Kollegen diente ein Jour fixe. »Ständig war Highlife«, beschwerte sich Tobias in einem der wenigen Gespräche, die ich mit ihm führen konnte. Es war nicht leicht für ihn, der in all dieser Unruhe mehr und mehr das Gefühl hatte, »an zweiter Stelle zu kommen«. Und mit den beiden großen Brüdern, meinte er, könne er sowieso nicht mithalten.

Der Computer wurde, wie für viele Kids seiner Art, zum vielseitigen Werkzeug. Klar, dass jede Menge Spiele seine Zeit in Anspruch nahmen. Aber auch hier war er nicht nur passiver Konsument, sondern nützte die Möglichkeiten, eigene Szenen (Levels) zu entwerfen, mit denen er manche der Spiele einfallsreich ergänzte. Dabei kam ihm sein gutes Gefühl für Räume sehr zustatten (das sich im Intelligenztest als ungewöhnliche Spezialbegabung zeigt: mit einem Teil-IQ von über 145).

Ich habe Tobias einmal zu seiner Musik gefragt, die er am Computer mithilfe eines speziellen Programms aus winzigen Klangschnipseln und Rhythmen zusammenfügte. Er brannte mehr als ein Dutzend CDs, mit gut 100 verschiedenen Stücken – eine enorme Kreativität, bei der vor allem, soweit ich es beurteilen konnte, die stetige Verbesserung der Qualität beeindruckte:

»Und wie machst du das mit dem Sampling – hast du eine Melodie im Kopf und versuchst die dann am Computer zu realisieren?«

»Ne, das geht ganz anders. Erst ist da ein Rhythmus.«

»Woher? Wie entsteht der?«

»Keine Ahnung. Ich sitz einfach am PC, ruf das Programm auf und fang an.«

»Und wie lang dauert es, bis der Rhythmus funktioniert?«

»Na ja – funktioniert – stimmen muss er halt. Manchmal hab ich ihn im Kopf, manchmal fällt mir beim Laufen, beim Einkaufen was ein – das such ich mir dann mit dem Programm zusammen – so lange halt, bis es so ist, wie ich es will.«

»Und die Melodie? Wo kommt die her, wie kommt die ins Spiel?«

»Da probier ich auch rum. Manchmal hab ich ein paar Töne im Kopf, mit denen spiel ich dann – wie das mit Gitarre klingt, wie mit Saxofon – oder als Stimme.«

»Mit Stimmen arbeitest du auch?«

»Arbeiten! Das ist ein Spiel, Mann, ein wunderbares Spiel. Ich mach was mit der Maus im Programm, hör mir das an, häng dort was dran – Hallraum drüber – auf den Kopf stellen – dann wieder was mit dem Rhythmus machen. – Auf die Stimmung kommt es an. Von der spür ich genau, ob sie rüberkommt.«

»Und die Noten – schreibst du die dann auf?«

»Noten – wozu Noten. Das Ganze wird abgespeichert, wenn's mir gefällt. Auf CD gebrannt. Fertig.«

»Gefällt es anderen auch?«

»Sicher, manches.«

»Wem gefällt es? Wem spielst du's vor?«

»Freunden. Meiner Freundin.«

»Aber Geld kannst du damit noch keines verdienen, oder? Schon mal was bei einem Sender angeboten?«

»Nein, definitiv nein. Ich bin noch nicht so weit. Das muss erst noch viel besser werden.«

Aktualität des Labyrinth-Motivs

In seriösen Zeitungen und Zeitschriften wird häufig das Labyrinth-Motiv benutzt, um einen allgemeinen Zustand von Unsicherheit und Verwirrung zu benennen und um Atmosphäre zu erzeugen.

Am 21. Tag des Irak-Kriegs im Frühjahr 2003, als Bagdad gerade von den Amerikanern eingenommen wurde, machte man sich Gedanken über den Verbleib des Diktators Saddam Hussein. Es galt als wahrscheinlich, »dass der Despot im Lande bleibt, um seinen Ruf der Unbeugsamkeit zu nähren. Trifft dies zu, so könnte er zunächst einmal abgetaucht sein in ein geheimnisvolles Labyrinth von Höhlen, Tunneln, Bunkern und unterirdischen Wohnbüros, das es unterhalb Bagdads geben soll. Dieses Schattenreich, in dem auch Chemiewaffen versteckt sein könnten, wollen die US-Soldaten in den kommenden Tagen erforschen.«

Saddam Hussein als Minotauros

Der Tyrann als monströser Minotauros, die amerikanischen Soldaten als Verkörperung des – natürlich am Ende siegreichen – Helden Theseus, die ihn jagen und enthaupten wollen. Und sein labyrinthisches »Schattenreich« als Ort des Schreckens, den es auszuleuchten und auszuräuchern gilt.

Selten wird die Aktualität des Labyrinth-Motivs in seinem düsteren, mörderischen Aspekt so sichtbar wie in diesem Bericht der *Süddeutschen Zeitung* vom 11. April 2003. Und dieses Zitat findet man nicht etwa im Feuilleton, wo ein Schöngeist unter den Redakteuren seine humanistische Bildung ausbreitet, sondern an prominenter Stelle im politischen Teil auf Seite 2 in einem tagesaktuellen Kriegsbericht.

Labyrinthos oder Yrrinthos?

Irrgarten und Labyrinth sind grundverschiedene Strukturen. Der Irrgarten (siehe folgende Seite – links) ist tatsächlich verwirrend. Sich dort hineinzubegeben, und sei es nur auf dem Papier, bedarf großer Konzentration und manchem Herumprobierens. So ist das auch mit vielen Lebenserfahrungen und Lebensgrundgefühlen (die sehr verwandt dem Urvertrauen und Urmisstrauen sind, von dem der Psychoanalytiker Erik H. Erikson so anschaulich spricht).

Wie anders, wenn wir in ein Labyrinth kretischen Stils hineingehen (auch dies können Sie mithilfe der rechten Abbildung auf der nächsten Seite einmal tun)!

Um diese völlig andere Konstruktion und Erfahrung hervorzuheben, möchte ich von nun an statt »Irrgarten« den Begriff

Anders als im Yrrinthos (links) kann man sich im Labyrinthos (rechts) keineswegs verirren. Mit einem Stift können Sie dies mit beiden Varianten selbst ausprobieren.

»Yrrinthos« verwenden. Dieser Neologismus enthält genügend Verwandtschaft zum »Labyrinthos« (wie es in der griechischen Urform heißt), mit dem prägnanten Ypsilon am Anfang und dem auffälligen »thos« am Schluss, sodass jeder einigermaßen Gebildete beim Hören oder Lesen des einen (Yrrinthos) mit hoher Wahrscheinlichkeit sofort das andere (Labyrinthos) assoziieren wird - und doch ist klar, dass es sich gerade *nicht* um dieselbe Erscheinung handelt: Die beiden »rr« in Verbindung mit dem Ypsilon sorgen hoffentlich dafür, dass sich auch da die passende Assoziation einstellt: eben Irr(garten) - und »irr sein«.

Bezogen auf unser Thema Hochbegabung:

- Das *Labyrinthos* entspricht für mich der Klarheit, welche den Lebensweg des Talents bestimmt, der seine Domän kennt und sich - mehr oder minder ehrgeizig - unbeirrbar auf sein Ziel zubewegt. Mal dicht dran am Kern seines Lebensthemas, mal weiter weg - aber stets sicher, dass er, dass sie sich auf dem richtigen Weg befindet.

  Wer das jemals selbst erlebt hat, weiß, dass die Domän auch zum *Dämon* werden kann - zur Besessenheit, ja sogar zum Fanatismus, nur noch dieses eine Ziel zu verfolgen. Workaholism ist eine der Erscheinungsformen dieses Dämons – eine massive → **DEFORMATION PROFESSIONELLE** (die das ganze Leben nur noch diesem einen beruflichen Inhalt unterordnet) eine andere.

- Das *Yrrinthos* hingegen charakterisiert für mich die Latenten und die Underachiever, die oft ihr Ziel noch gar nicht kennen – geschweige denn den richtigen Weg dorthin.

Und was ist mit Perdix?

In diesem Kapitel war viel von Helden wie Theseus die Rede. Doch warum habe ich in der Überschrift einen ganz anderen Namen hervorgehoben?

Es gibt in der Labyrinthiade nicht nur einen hochbegabten Helden mit Namen Theseus. Da ist noch ein anderer, der mit ganz anderen Mitteln kämpft: Daidalos, der geniale Architekt und Erfinder. Er ersinnt allerdings nicht nur so grandiose Konstruktionen wie das Labyrinth und so bizarre technische Spielereien wie die eherne Kuh (in der Königin Pasiphaë den göttlichen Poseidon-Stier empfängt), sondern ist auch ein mehrfacher Mörder. Die erste Untat dieses urtümlichen *mad scientist* ist der hinterlistige Stoß, mit dem er sich seines Neffen und für die Zukunft befürchteten Konkurrenten Perdix entledigt. Dieser galt als mindestens so begabt wie der Meister selbst, bei dem er in die Lehre ging.

Wir sehen hier schon einen Hinweis auf die Natur Hochbegabter, den uns auch die moderne Forschung bestätigt: »Hochbegabte Grundschulkinder sind ihren Peers [Altersgenossen] ähnlicher, als man es aufgrund der in der Literatur immer wieder behaupteten *Andersartigkeit* Hochbegabter vermuten könnte. Hochbegabte Grundschüler sind zuerst einmal und vor allem Kinder wie alle anderen Kinder auch, mit ähnlichen Vorlieben, mit ähnlichen Abneigungen, mit ähnlichen Schwierigkeiten, mit ähnlichen Vorzügen.« (Rost 2000, S. 5)

So weit zu Kindern, wie sie eine der beiden großen neuen deutschen Hochbegabungsstudien jüngst erforscht hat. Bei Erwachsenen wirkt insbesondere das entwickelte Talent wie ein gewaltiger Verstärker all dieser kindlichen seelischen Eigenschaften. Ein hochbegabter Mörder zeigt auch in dieser Domän seine Hochbegabung und man wird seiner nur schwer habhaft – wenn überhaupt.

Daidalos wurde von den ob seiner Mordtat entsetzten Athener Mitbürgern nicht – wie jeder andere Täter – selbst getötet, sondern nach dem Prozess verbannt. So landete er auf Kreta, dessen König Minos dem geschickten Mann gerne Asyl gewährte. Diese Großmut sollte ihm allerdings später selbst das Leben durch Daidalos' Hand kosten.

Perdix habe ich an dieser Stelle eingeführt, weil er für einen ganz anderen Typ des Hochbegabten steht: Wie Ikaros (von dem wir noch hören werden) kann er seine schlummernden Talente aufgrund äußerer Umstände nicht entfalten.

Nicht allen Talenten, die den Neid anderer Menschen erregen, ergeht es so übel wie Daidalos' Neffen. Andere werden nur von ihren normalbegabten Mitschülern gemobbt. Oder sie werden wie Tobias, von dem wir eingangs hörten, von einer verständnislosen Lehrerin in die Verzweiflung getrieben.

Für sie alle soll Perdix mahnend stehen – damit man nicht nur die Minderleistung der Underachiever sieht oder die Superleistungen der Erfolgreichen, sondern auch die im Schatten Stehenden, die keine Chance zum Erfolg haben.

Kapitel 2

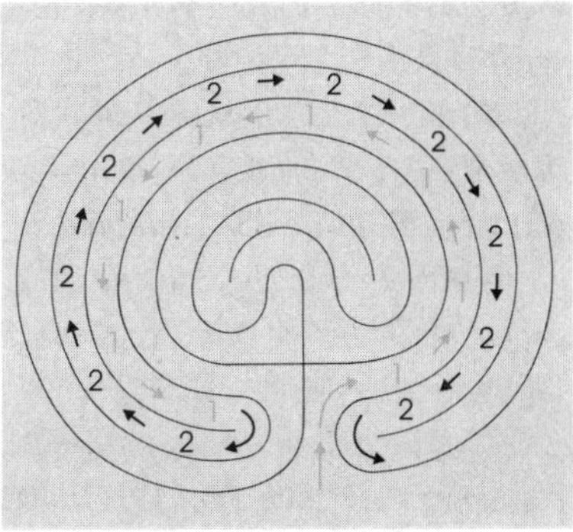

Panorama der Begabungen

Vergesst Naukrate nicht

Keine Gesellschaft kann es sich leisten,
ihre begabtesten Mitglieder zu ignorieren.

Ellen Winner

Ted Brauers Turbulenzen II

»Sie meinen, ich sollte mal die Intelligenz von Tobias testen lassen?«

»Seine Intelligenzhöhe, Herr Brauer. Also den IQ und Tobias' Begabungsschwerpunkte. Was macht er denn gerne? Liest er? Malt er?«

»Nichts von dem. Am liebsten sitzt er am Computer und tötet irgendwelche Monster, dass das Blut nur so spritzt. Ich kann's mir gar nicht anschauen.«

»Na, das ist doch schon was: der Computer.«

»Ja, wenn er wenigstens programmieren würde wie sein ältester Bruder. Der ist ein Ass auf diesem Gebiet.«

»Schwierig, bei solcher Konkurrenz sich zu behaupten, noch dazu,

wenn man gerade mal 15 ist. Mitten in der Pubertät. Dazu noch erfolgreiche Eltern ...«

»Erfolgreich! Mein Buchprojekt ist eine Katastrophe. Und das andere, die Arbeit für den Funk und die Zeitung – das ist doch nichts Besonderes. Routinearbeit seit bald 30 Jahren.«

»Für Sie vielleicht Routine. Aber für einen 15-Jährigen mit Schulproblemen – ein riesiger Berg von Widerstand könnte da aufragen vor ihm.«

»O.K., ich lasse ihn testen. Aber vor allem brauche ich selbst Hilfe bei meinem eigenen Projekt. Deshalb komme ich ja zu Ihnen. Ich bin zurzeit total blockiert. Ich fürchte, ich habe mich völlig übernommen.«

»Mit dem Thema?«

»Nein. Mit so einer komplexen Struktur, wie sie ein ganzes Buchmanuskript darstellt. Bisher habe ich stets kürzere Texte verfasst, Artikel und Essays, die waren gerade mal zehn bis zwölf Seiten lang. Aber nun mehr als 200 Seiten ...«

»Was ist denn Ihr Thema?«

»Das kretische Labyrinth – eine moderne Adaption der Geschichte von Theseus und dem Minotauros und all den anderen Figuren der Labyrinth-Sage in Form eines Romans, der in der Gegenwart und der nahen Zukunft spielt. Und da Sie das Labyrinth-Symbol als Logo für Ihr Seminarprogramm haben, dachte ich ...«

So hat meine Geschichte mit Ted Brauer begonnen.

Ich ließ ihn ein → **CLUSTER** *zu seinem Buchthema skizzieren und bat ihn danach, daraus einen kleinen Text zu entwickeln.*

»Jetzt gleich? Hier bei Ihnen?«

»Ja.«

Eine knappe Stunde später hatte er zwei kleine Texte geschrieben. Einen kurzen Brief an seinen Sohn, voller Vorwürfe und kaum verhehlter Wut- und Hassgefühle. Und den Anfang des ersten Kapitels seines Buches über Labyrinthe. Den Brief an Tobias hat er immer noch nicht abgeschickt. Und das ist gut so.

Ted Brauers Geschichte zeigt uns schon mitten im Labyrinthos seines Buchprojekts. Da dieses auch streckenweise, wie jedes Schreiben eines Buches, mit Erinnerungen an das eigene Leben verbunden ist und entsprechend mit einem Stück Selbsterfahrung, ja Selbsttherapie, wird Brauers Projekt zugleich ein Gang durch das Labyrinthos seines Lebens.

Das Labyrinthos ist auch für mich als Autor zum Symbol dieses Buches über Hochbegabung geworden. Sieben Bögen und einen Kern hat diese Struktur, entsprechend den Kapiteln 1 bis 8 des Buches, mit dem Geleitwort gewissermaßen als Situation vor dem Eingang; dazu kommt noch das Schlusskapitel, das dem Weg aus dem Labyrinthos hinaus entspricht.

Im ersten Kapitel herrschte noch die Verwirrung des Neuen. Deshalb war dort der Irrgarten beziehungsweise das Yrrinthos das Leitmotiv. Jetzt, da diese Irritation sich gelöst hat (und Sie mit mir, hoffe ich, eine erste Orientierung erreicht haben), sind wir im zweiten Bogen angelangt. Hier geht es vor allem darum, in Form vielfacher Begegnungen die Wahrnehmung für Hochbegabte und ihre Talente zu schärfen.

Beim Stichwort »hochbegabt« denkt man für gewöhnlich an Wunderkinder, an Genies, an erfolgreiche Künstler und Schriftsteller oder auch an Unternehmer, Topmanager und führende Politiker – also an die nicht nur einfluss-reichen, sondern oft auch materiell Reichen dieser Welt. Vielleicht fällt einem noch die »Studienstiftung des deutschen Volkes« ein. Oder der Nobelpreis.

So ging es mir jedenfalls, als ich erstmals mit dem Themenkreis dieses Buches in Berührung kam. Inzwischen weiß ich es besser, und davon handelt dieses Buch nicht zuletzt: von diesem Erkenntnisprozess. Ich will nicht verbergen, dass dies zugleich eine – keineswegs immer angenehme – Selbsterfahrungsreise in die eigene Lebensgeschichte war. Warum sonst befasst man sich mit so einem Thema – wenn nicht aus eigener Betroffenheit? Das wurde mir allerdings erst bewusst, als ich schon mitten drinsteckte in diesem kreativen Prozess. Wie weiter oben bereits angedeutet, hat er gut ein Jahrzehnt gedauert, zumindest in Bezug auf das Manuskript. In Wirklichkeit war dieser kreative Prozess viel länger: ein halbes Jahrhundert.

Nicht allen winkt Erfolg

Hochbegabte, dies ist eines der Ergebnisse meiner Reise, sind keineswegs immer materiell erfolgreich, nicht selten ist das Gegenteil der Fall. Eine ganze Reihe sind ausgesprochene Versager. Manche dieser *Underachiever* »kriegen die Kurve« irgendwann und machen später doch noch Karriere. Den bayrischen Ministerpräsidenten Edmund Stoiber könnte man in diese Schublade stecken. Er musste im Gymnasium ein Jahr wiederholen, weil er »lieber Fußball spielte als Latein büffelte«, wie in einer Laudatio zu lesen war. Irgendeine Kraft in seinem Umfeld (guter Zuspruch eines Lehrers oder eines Patenonkels und/oder eine Tracht Prügel vom Vater?) hat seine Unlust an der Schule offenbar so weit gemildert, dass er durchstartete und der exzellente Jurist und Erfolgspolitiker der späteren Jahre wurde. Ein so genannter *Spätentwickler* - wobei seine »gebremste Phase« nur vergleichsweise kurz währte.

Andere brauchen dazu länger - Jahre, sogar Jahrzehnte, nicht selten unterstützt durch eine Psychoanalyse. Denn Underachiever sind in höchstem Maße gefährdet: durch Depressionen, Drogensucht und sogar Suizid - wie ich heute annehme, als Folge ihrer nicht gelebten, ja oft nicht einmal erkannten Talente. Dies sind die *Gefährdeten* unter den Hochbegabten.

Ehre und Vergnügen: Begegnungen

Ich hatte die Ehre und auch das große Vergnügen, einige beeindruckende Menschen persönlich kennen zu lernen, vor allem durch meine Tätigkeit als freier Journalist für das »Nachtstudio« des Bayerischen Rundfunks. Während ausführlicher Interviews bekam ich einen kleinen Eindruck in ihre Art zu denken und von ihrer Persönlichkeit:

Vigdis Finnbogadottir, die frühere Präsidentin von Island, war die höchste Repräsentantin eines sehr kleinen Landes, das man allzu leicht am »Rand unserer Zivilisation« versteckt sieht. Aber ich bin überzeugt, dass ohne sie die Begegnung von Ronald Reagan und Michail Gorbatschow 1986 in Reykjavik kaum jenen günstigen Verlauf genommen hätte, der uns im Herbst 1989 das Ende des Kalten Kriegs und den Fall der Berliner Mauer beschert hat und dazu eine unglaubliche Veränderung der politischen und wirtschaftlichen Welt.

Gerd Binnig, 1986 als einer der Erfinder des Rastertunnelmikroskops (der Grundlage der inzwischen boomenden Nano-Technologie) mit dem Nobelpreis geehrt, gab mir Einblick in die Kreativität eines hochkarätigen Wissenschaftlers - der als Jugendlicher auch in einer Rockband gespielt hatte (was seiner Originalität sicher nicht geschadet hat, ganz im Gegenteil).

Sollte ich jedoch sagen, auf welche Begegnung ich auf keinen Fall verzichten möchte, so fällt mir sofort noch ein anderer Name ein: Ravi Shankar.

Bei einem gemeinsamen Abendessen wurde ich eine Frage los, die mich schon lange beschäftigte: Ich hatte als Student mit Halluzinogenen experimentiert und war damals der Meinung (der leider auch heute noch so mancher anhängt), dass man eigentlich nur mithilfe solcher Substanzen tiefere Einsichten und Anregungen der Kreativität erlangen könne. Aldous Huxley, Ernst Jünger und andere hatten mich mit ihren Schriften darin nachhaltig bestärkt. Der indische Sitarvirtuose Ravi Shankar lächelte nur nachsichtig und antwortete sinngemäß: »Üben, üben, üben« - das sei das Geheimnis seiner Musik, »You don't need any drugs for that«. Dass man dazu auch noch eine exzellente (Hoch-)Begabung braucht, war für ihn eine Selbstverständlichkeit.

»You don't need any drugs to be creative« - viel mehr war also nicht nötig. Ich habe seitdem nie wieder einen Joint geraucht und vermisse nichts dergleichen. Es braucht manchmal nur einen einzigen kleinen Satz, mit dem Gewicht der entsprechenden Persönlichkeit und ihres Charismas dahinter, um im Leben eine wichtige Weiche zu stellen.

Ganz so närrisch war ich wohl trotzdem nicht mit meiner ursprünglichen Einschätzung, welche Rolle Rauschdrogen für die Kreativität spielen könnten. Diese Überzeugung entwickelte sich ja nicht nur bei mir, sondern bei einem beträchtlichen Teil der 68er-Generation aus einer respektablen Ecke: Hatten nicht die Großen des Jazz gekifft und sogar Heroin gespritzt, um ihre Kreativität voll zu entfalten? Dass sie damit aber auch ins Bodenlose stürzten, erfuhr ich erst viel später. Konstantin Wecker hat es auch erst begriffen, als ihn das Kokain bereits fast zerstört hatte.

Seminarteilnehmer und Klienten

Es ist an der Zeit, dass ich die erlesene Gesellschaft der Prominenten im Rampenlicht um jene Menschen ergänze, mit denen ich die meiste Zeit meiner beruflichen Tätigkeit verbracht habe und verbringe: die Teilnehmer meiner Seminare zum »Creative Writing« und die Klienten, die mich als Autorencoach konsultieren.

Anja flüchtet – und hat bald beste Noten

Anja, wie sie heute von ihren deutschen Freundinnen genannt wird, konsultierte mich, als sie an ihrer Dissertation arbeitete. Sie war als Fünfjährige mit ihren Eltern aus Afghanistan geflüchtet. Trotz Traumatisierung durch das Kriegsgeschehen gelang es ihr mithilfe einer schon länger in Deutschland lebenden Tante, sich rasch einzuleben und binnen weniger Monate die deutsche Sprache so gut zu beherrschen, dass sie mit kaum sechs Jahren normal eingeschult wurde. Später ging sie aufs Gymnasium, hatte beste Noten, übersprang eine Klasse, später noch eine zweite und konnte danach auch problemlos studieren.

Aber nehmen wir einmal an, die Tante hätte Anja nicht gefördert, sondern ganz im Gegenteil gebremst (vielleicht weil sie der Meinung ist, in einem fremden Land sollte man besser nicht auffallen – schon gar nicht als Ausländer und schon dreimal nicht als Frau). Wie hätte sich Anja dann entwickelt?

Frustriert hätte sie sich vielleicht in ihre Innenwelt zurückgezogen, wäre nach außen hin brav angepasst aufgetreten – und allmählich neurotisch verdummt.

Ein hochbegabtes Kind wie ein normalbegabtes zu behandeln – das ist so, als würde man einem 100-Meter-Läufer ein Bein hochbinden (oder es gleich amputieren). Oder einen Ferrari-Motor in einen Smart einbauen – und dann gleich noch eines der Räder abmontieren. Dieses Auto gerät garantiert ins Schleudern.

Hochbegabte Kinder werden im günstigsten Fall »nur neurotisch« (was schon schlimm genug ist), wenn man ihre Talente blockiert; im ungünstigsten Fall werden sie zu äußerst talentierten und erfolgreichen Soziopathen. Ersteres ist primär für sie selbst gefährlich. Letzteres gefährdet auch ihre Umgebung. Und manche, wie Osama bin Laden und Adolf Hitler, reißen ganze Städte und Völker ins Verderben. Auf jeden Fall brauchen hochbegabte Kinder nicht nur die Hilfen üblicher Art, wenn sie in Not sind, sondern sie brauchen zusätzlich ganz spezielle Unterstützung bei der Entwicklung ihrer Gaben.

Auffällige Kinder unbedingt testen

Meine Forderung, die ich daraus ableite: Wenn Kinder in der Schule auffällig werden, sollte man sie unbedingt einem Intelligenztest unterziehen. Es ist aus personellen und finanziellen Gründen unmöglich, generell alle Kinder zu testen - obwohl dies wahrscheinlich die sinnvollste Lösung wäre. Aber wenn sie plötzlich schlechte Noten schreiben, nachdem sie vorher gut waren, oder wenn während eines Schuljahres ein stetiger Prozess der schlechter werdenden Noten beobachtet wird, verbunden mit einer Veränderung des gesamten Verhaltens (und auch dafür werden Lehrer bezahlt, dies festzustellen!) - spätestens dann sollte man testen. (Das gilt auch und besonders bei Verdacht auf ADHS - s. S. 166 f.)

Man wird staunen, in wie vielen Fällen man ein hochbegabtes Kind entdeckt, das lediglich an der Schule oder seinen Klassenkameraden verzweifelt und sich in eine Fantasiewelt zurückzieht, wo Leistung und gute Noten nicht mehr gefragt sind. Oder das vielleicht nur noch als stets schlagfertiger, altkluger Klassenclown brilliert!

Arbeit mit Schreibenden und Schreibblockierten

Ich arbeite viel mit Schreibblockaden, vor allem aber unterstütze ich die kreativen Prozesse, die zum Schreiben unerlässlich sind. Ich werde später noch zeigen, weshalb Schreiben und Hochbegabung meines Erachtens eng zusammengehören; wobei für mich das Schreiben eines Computerprogramms, das Komponieren eines Musikstücks oder das Improvisieren beim Jazz und in der klassischen indischen Musik, der Entwurf eines Architekten für einen Bauplan, das Malen eines Bildes und verwandte »vernetzende Tätigkeiten« in diesem weiteren Verständnis von Schreiben enthalten sind.

Hier zunächst nur so viel: Unter diesen »Creative Writers« habe ich in über 500 Seminaren eine Fülle von sehr begabten

Menschen kennen gelernt. Schon während eines Schreib-Wochenendes »Spaß am Schreiben« erfährt man durch die spontan entstehenden Texte, die mündlichen Ergänzungen beim Vorlesen und in den Pausengesprächen manchmal mehr als nahe stehende Personen dieser Schreiber im Bekanntenkreis und in der Verwandtschaft.

Wenn es sich um eine fünftägige Bücher-Werkstatt handelt oder gar um einen zwei Jahre laufenden Kurs, dann wird bald sichtbar, wie viel Talent und oft auch Hochbegabung bei Menschen - nicht selten gut versteckt - hinter der Motivation zum Schreiben stecken. Erzählkunst, Stil, Ausdrucksmöglichkeiten entfalten sich und oft geht damit ein Staunen einher, dass man über so viel Begabung verfügt, »obwohl ich in der Schule so schlecht in Deutsch war«. Das könnte ja an der Art des Unterrichts oder an einem nicht gerade motivierenden Lehrer gelegen haben und nicht an Talentmangel, ist dann eine wichtige Erkenntnis.

Eine Praxis als selbstständiger Psychologe, besonders wenn man sich mit Belangen der Kreativität befasst, ist überhaupt ein lohnendes Feld, um Begabungen kennen zu lernen, schlummernde bzw. *latente* Talente ebenso wie solche, die einem vermiest oder - durch verständnislose Eltern - sogar regelrecht verboten wurden.

Nicht jeder Mann, nicht jede Frau verfügt über die nötige Willensstärke und Disziplin, um sich von solchen Verboten frei zu machen, wie der amerikanische Psychologe William James. Sein Vater übersiedelte extra aus den USA nach England, damit der Sohn den Einflüssen eines Lehrers entzogen wurde, der ihn fürs Malen begeistert hatte. Einige Jahre später hat James sein Talent als Maler dann doch realisiert, wenn auch nur vorübergehend. Er verließ diese Domän wieder, um sich der so ganz anders gearteten Disziplin der Psychologie zu widmen und - nochmals später - der Philosophie. Dass er in beiden Domänen weltbekannt wurde, sei hier nur am Rande vermerkt.

Solche Multitalente sind allerdings selbst unter Hochbegabten eher selten, genauer: Multitalente, die alle ihre Begabungen gleichmäßig intensiv in entsprechende Leistungen umsetzen. Das ist schon aus zeitlichen Gründen wegen der mehrjährigen Perfektionierung pro Talent kaum machbar. Auch wenn schnelle Auffassungsgabe und geringerer Schlafbedarf manchen Vorteil verschaffen: Es gibt eine Schwachstelle, und das ist der - auch bei Hochbegabten ganz normale - menschliche Körper. Ein Musikinstrument beherrschen, das bedeutet dasselbe wie die Antwort auf die unter amerikanischen Künstlern beliebte Witzfrage »Wo geht es hier zur Carnegie Hall?«: »Üben, üben, üben ...«

(Noch ein Hinweis zu den Blockaden: Im fünften Kapitel werde ich zeigen, dass alle Probleme Hochbegabter auf solchen Blockaden beruhen - egal, ob sie als Erwachsene zu depressiven Underachievern werden oder zu aggressiven Kriminellen und Soziopathen. Schreibblockaden sind lediglich ein Sonderfall milderer Art - die → **EXISTENZIELLE BLOCKADE** hingegen ist der Extremfall, der nicht selten zu massiven Störungen und sogar zum Suizid führen kann.)

Den akademischen Zugang nicht unterschätzen

Der intensive Kontakt mit Begabungen bringt naturgemäß tiefer reichende Einsichten als ein Intelligenztest oder ein standardisierter Fragebogen, deren sich Universitätsinstitute bei ihrer Forschungstätigkeit bedienen. Die bei letzteren Verfahren gewonnenen Erkenntnisse mögen zwar oberflächlicher und allgemeiner sein und der getesteten Person wenig Hilfe beim praktischen Umgang mit ihrer (vielleicht massiv blockierten) Intelligenz und Kreativität liefern. Dennoch sollte man diesen akademischen Zugang nicht gering schätzen, denn er ermöglicht umfassendere Vergleiche, als der persönliche Kontakt, und sei er noch so intensiv, bieten kann. Doch dazu mehr im dritten Kapitel über die Erforschung des Phänomens »Hochbegabung«.

Der GR-Faktor: Gefahr und Gefährdung

Ich habe im Geleitwort drei Typen von Hochbegabten vorgestellt: die (äußerst erfolgreichen) Talente, die (gebremst erfolgreichen) Latenten und die (erfolglosen) Underachiever.

Diese Einteilung möchte ich jetzt ergänzen durch eine weitere Unterscheidung, welche mehr die Art ihres Wirkens beinhaltet: nämlich zum Guten oder Schlechten, bezogen auf das Wohlergehen der Mitmenschen.

In Ergänzung zum »Faktor g« für die generelle Höhe der Intelligenz, den Spearman als eine Art Grundmaß einführte, möchte ich einen »Faktor Gr« einführen. Dieses »Gr« soll stehen für: *Gr*oße Gefährdung (für sich selbst), *Gr*ößenwahn, *Gr*auenhafte Gefahr (für die Mitmenschen) und nicht zuletzt auch *Gr*ausamkeit.

Hochbegabte werden nämlich, wenn sie aus dem Ruder laufen, unter Umständen zur Gefahr für sich selbst und andere. Die Grandiosität ihrer Gedanken und Visionen kann auf der einen Seite, richtig ausgebildet und eingesetzt, zu zivilisatorischem Fortschritt führen – auf der anderen jedoch zu Hybris und schrecklicher Selbstüberschätzung, die vor Mord und Totschlag nicht zurückschrecken.

Hochbegabung als Behinderung?

Man muss es ganz deutlich sehen (und ich bin mir bewusst, dass dies eine sehr provozierende These ist): Hochbegabung ist zunächst einmal eine starke Behinderung, genau wie Dummheit. Lenins böses Diktum von den »nützlichen Idioten« (womit er die Intellektuellen meinte) weist darauf hin, dass auch

Hochbegabte ihre Schwächen haben und sich von skrupellosen Führerpersönlichkeiten ausnützen und benützen lassen - und dass sie eventuell anschließend eliminiert werden, wenn sie ihre »Schuldigkeit getan« haben - siehe die Ermordung unzähliger Offiziere und Angehöriger anderer sowjetischer Eliten durch Stalin.

Die Gefährdung Hochbegabter

Filme wie die von Jodie Foster (*Das Wunderkind Tate*) oder mit Matt Damon (*Good Will Hunting*) sollten nicht darüber hinwegtäuschen, dass Talent und Genie bei den Normalbegabten leicht auch Neid, Aggression und sogar Verfolgung auslösen. Dies wird besonders deutlich und drastisch in der Science-Fiction thematisiert, wo es zu regelrechten Treibjagden auf Mutanten kommt. Was sind die Telepathen in Alfred E. van Vogts Zukunftsroman *Slan* anderes als »speziell talentierte Menschen«? (Wobei ihre Begabung, Gedanken ihrer Mitmenschen lesen zu können, äußerst bizarr und märchenhaft ist - aber wer weiß schon, was die Zukunft uns noch bringt?) Und wenn derselbe Autor in seinem Science-Fiction-Roman *Welt der Null-A* seinem Protagonisten ein »zweites Gehirn« andichtet - so lässt sich das mühelos als Metapher für Hochbegabung verstehen. Dass dieser Held Gilbert Gosseyn bald ums Überleben kämpfen muss gegen einen übermächtigen Gegner, kann man als Übertreibung um der spannenden Unterhaltung willen interpretieren. Man kann es jedoch auch als ein dramatisch überhöhtes Schicksal sehen, von dem viele Hochbegabte berichten. Nicht wenige sind an diesem Schicksal zugrunde gegangen - Michael Kramer etwa, der begabte Sohn eines an der Akademie geachteten Malerprofessors im gleichnamigen Theaterstück von Gerhart Hauptmann.

Aber es gibt noch eine andere Ecke, in welcher Hass auf Hochbegabte nicht nur abstruse Blüten treibt, sondern entsetzliches Leid verursacht hat. Der Holocaust war, so möchte ich behaupten, nicht zuletzt eine tödliche Hetzjagd auf die jüdischen Eliten - gerade wegen ihrer Hochbegabung. Speziell an den deutschen Universitäten gab es eine regelrechte neidgesteuerte »Treibjagd auf Hochbegabte« - die Folgen dieser schrecklichen Vernichtung sind heute noch festzustellen, zum Beispiel darin, dass Deutschlands Rang der Forschung in allen Bereichen deutlich zurückgefallen ist gegenüber der Stellung vor dem Zweiten Weltkrieg. Man sollte den Antisemitismus einmal genauer in Richtung dieser Wurzel analysieren.

Man lese den *Professor Bernhardi* von Arthur Schnitzler. Man studiere die Ereignisse des Dritten Reichs an den Universitäten. Man lese die unsäglichen antisemitischen Tiraden von Opernkomponist Richard Wagner, Erfolgsautor Gustav Freytag (*Soll und Haben*) und Ludwig Thoma (ja - auch der bayrische Komödiendichter mit seinem feinsinnigen Humor war ein übler Antisemit). Immer wieder haben erfolgreiche Hochbegabte gegen ihresgleichen polemisiert - nur weil sie einer anderen Religion und Tradition angehörten. Das waren keine ganz normal begabten oder auch dummen Mitläufer-Dumpfbacken - es waren gebildete, gutbürgerliche Kreative, die da in unbegreiflicher (nur neurotisch zu verstehender) Deformation ausrasteten.

Fassen wir all dies zusammen: Das Leben Hochbegabter kann ganz schön gefährdet und gefährlich sein, wenn man der falschen Religion, der falschen Elite, der falschen Partei angehört - oder einfach nur dem falschen Verein.

Eine neue Art von Zivilisation

Mit Sicherheit wird dies erst anders, wenn es gelingt, eine neue Art von Zivilisation aufzubauen, in der die Hochbegabten nicht nur die Meinungsführer, die Mächtigen und die Reichen stellen sollten (all dies ist längst der Fall), sondern in der sie verantwortungsbewusst für *alle* Menschen auftreten:

- also für ihresgleichen (die arrivierten Hochbegabten) ebenso wie für die anderen Hochbegabten mit abweichenden Mei-

nungen, Ideen und Visionen, also die Rebellischen, die Dissidenten, die Querdenker;
- vor allem aber auch für die normalbegabte Mehrheit, die man nicht länger alle vier Jahre in fragwürdigen pseudodemokratischen Wahlen manipuliert, sondern an echten Entscheidungsprozessen beteiligt. Das setzt allerdings andere Schulen und Universitäten voraus, als wir sie heute haben - und ein vor Manipulationen sicheres Internet.

Aber unsere Rumpfform von Demokratie ist, zugegeben, immer noch viel besser als das, was in einem Feudalsystem (Kaiserreich) oder gar in einer Diktatur geschieht. Die heutige Demokratie ist nur ein Zwischenstadium in einer Jahrtausende währenden zivilisatorischen Evolution. Schon die kleinen Länder Schweiz und Island haben demokratischere Strukturen und Mechanismen als Großstaaten wie die USA (in denen zurzeit - 2003 - demokratische Rechte abgebaut werden) oder Indien (wo eine richtige Demokratie aus dem Erbe der britischen Kolonialzeit erst noch im Entstehen ist) oder gar China (wo es allenfalls innerhalb der Führungseliten so etwas wie Ansätze einer Demokratie gibt).

Das wäre doch nun einmal wirklich eine interessante Aufgabe, die der besten Köpfe der Menschheit würdig ist: sich zu einem internationalen Netzwerk zu verbinden, das eine weltweite echte Demokratie schafft - basierend auf den technischen Möglichkeiten des Internets. Die »Kommunistische Internationale«, die einst zu so einem Werk angetreten war, ist damit ja kläglich gescheitert.

Gefahren durch Hochbegabte

Jeder Roman, jeder Film braucht wegen der Spannung einen guten Helden und als Gegenspieler einen mächtigen Bösewicht. Einem Sachbuch kann so ein Spannungsfeld auch nicht schaden.

Für dieses Buch war der Bösewicht lange Zeit Adolf Hitler. Seit den mörderischen Terrorangriffen vom 11. September 2001 ist es Osama bin Laden geworden, dem man - wenn auch bislang ohne Prozess und Verurteilung - eine Katastrophe anlastet, die mehr als 3 000 Menschen aus 63 Ländern das Leben gekostet und eine ohnehin schon bestehende Talfahrt an der Börse noch beschleunigt hat.

Was das mit Hochbegabung zu tun hat?

Von Stalin hieß es in einer Fernsehdokumentation aus dem Mund einer Zeitzeugin, er sei »nicht der Klügste im Kreis des Politbüros nach Lenins Tod gewesen«. Na ja, er hat die anderen Mitglieder des Führungsgremiums immerhin als Einziger überlebt und dafür gesorgt, als einer der vielleicht größten Massenmörder in die Geschichte einzugehen - ein Soziopath höchsten Ranges, der jedoch ohne exzellente Intelligenz niemals an die Spitze eines Weltreichs wie der Sowjetunion gelangt wäre und dort drei Jahrzehnte lang unangefochten hätte herrschen können. Gewiss, sein Regime beruhte auf brutalstem Terror und der Waffengewalt seiner Geheimpolizei. Aber so eine gewaltige Maschinerie zu steuern, bedarf weit mehr als durchschnittlicher Intelligenz.

Gefährliche Typen: Kriminelle und Soziopathen mit brillantem Gehirn

Dieser Typ Hochbegabter macht mir große Sorgen - und nicht nur mir. Ich nenne sie der Einfachheit halber die »Gefährlichen«. Noch einige Beispiele für diese Kriminellen und Soziopathen mit brillantem Gehirn?

Eine eher harmlose Variante begegnet uns in Thomas Manns Schelmenroman *Felix Krull* und im Film *Catch me if you can* von Steven Spielberg. Leonardo di Caprio verkörpert in Letzterem, gedreht nach einer wahren Geschichte, einen Hochstapler, der jahrelang alle an der Nase herumführt, sich mittels gefälschter Schecks um viereinhalb Millionen Dollar bereichert, bis es dem

FBI endlich gelingt, ihm das Handwerk zu legen – und das alles, bevor er 20 Jahre alt ist.

(Hochinteressant ist, wie es mit dem Gentleman-Verbrecher Abagnale im richtigen Leben weiterging: Noch während er seine Haftstrafe in den USA absaß, gewann ihn das FBI als Experten für die Bekämpfung von Ganoven seiner Art – und heute ist er ein hoch dotierter Berater für Banken und andere Unternehmen in Sachen Sicherheit, mit einem Jahreseinkommen von mehreren Millionen Dollar. Das schafft wirklich nur ein Hochbegabter.)

Der talentierte Mr. Ripley, dem Patricia Highsmith fünf Bücher widmete, startet seine – fiktive – Hochstaplerkarriere mit zwei Morden und ist damit gar nicht mehr so vergnüglich wie der – gewaltlose – Abagnale.

Weiterhin sind die Terroristen aller Couleurs zu nennen. Ulrike Meinhof, die äußerst talentierte Journalistin und spätere RAF-Chefideologin, sei hier aus dem linksintellektuellen Lager genannt; Osama bin Laden wurde bereits erwähnt als Beispiel aus dem Lager der militanten Islamisten (die uns noch viel Kummer bereiten werden, weit mehr, als die RAF dies jemals fertig gebracht hat).

Dann gibt es die Großkriminellen, wie wir sie beim internationalen Drogenhandel und in den Topgremien der italienischen und amerikanischen Mafia, der japanischen Yakuza und der chinesischen Triaden finden: exzellente Gehirne, die international vernetzt sind und keine Skrupel haben, ihre Meisterpläne auch durchzuführen und dabei buchstäblich über viele Leichen zu gehen. Filme wie die dreiteilige Reihe *Der Pate* von Francis Coppola und die Serie um den Superagenten James Bond verschaffen uns im sicheren Kinosessel oder zu Hause vor dem Fernseher einen keineswegs nur fiktiven Einblick in diese ganz spezielle Hochbegabten-Welt.

Ein weiteres Beispiel sind die berühmt-berüchtigten Massenmörder, deren Talente sie lange davor bewahren können, gefasst und bestraft zu werden. Der gerne als »genial« apostrophierte Psychiater und Kannibale Hannibal Lecter aus dem Film *Das Schweigen der Lämmer* ist zwar nur eine Fantasiefigur - aber für ihn gibt es leider sehr reale Vorbilder hochintelligenter Mörder. Eine weitere Kunstfigur dieser Art stellt uns Philip Kerr in seinem meisterhaften Thriller *Das Wittgenstein-Programm* vor - und zugleich eine ebenfalls weit überdurchschnittliche Polizeikommissarin, die es endlich schafft, die teuflischen Machenschaften dieses Serienkillers zu durchkreuzen.

Dass solche mörderischen Superhirne nicht nur auf den Schreibtischen von Thrillerautoren entstehen, zeigt der Fall des brillanten Mathematikers Theodore Kaczynsky, der in seinem schizophrenen Wahn als »Unabomber« die Bevölkerung der USA jahrelang mit Attentaten terrorisierte, bis es dem FBI gelang, ihn zu fassen.

Und da sind schließlich, und das sind die Allergefährlichsten, die zunächst gut getarnten Soziopathen, die sich mit brillanter Rhetorik und viel Charisma in unsere Herzen und Hirne einschleichen - um irgendwann ihr wahres Gesicht zu zeigen und ganze Völker ins Elend zu stürzen. Als Soziopathen (die früher übliche Bezeichnung »Psychopath« wird von der Wissenschaft nicht mehr verwendet) bezeichnet man jemanden, der seine soziale Umgebung zu deren Nachteil manipuliert, um eigene Interessen zu wahren oder zu fördern.

Stalin war so einer in der Vergangenheit, desgleichen der einst an der Pariser Universität so eifrige kambodschanische Student Pol Pot, der später in seiner Heimat alle Intellektuellen ermorden ließ, derer er habhaft wurde. Und Peru wurde lange Jahre von den Mordbanden des »Leuchtenden Pfads« terrorisiert, die ein hochrangiger Intellektueller gegründet hat: Abimael Guzman, Philosophieprofessor der Universität Lima. Er ist ursprünglich als »Rebell mit den besten Absichten« angetreten, um ein korruptes Regime zu stürzen, und wurde vielfacher Massenmörder.

Osama bin Laden – »ein Teil von jener Kraft ...«?

Ganz egal, wie die Jagd auf Osama bin Laden und auf Saddam Hussein ausgehen wird (bei Letzterem gelang es zumindest, ihn nach monatelanger Suche im Dezember 2003 aufzuspüren und gefangen zu nehmen): Beide sind möglicherweise durch ihre Untaten auch »ein Teil von jener Kraft, die Böses will und Gutes schafft«. Goethe meinte damit, dass jede noch so schreckliche Zerstörung auch ihr Gutes hat – irgendwann, aus großer intellektuell-abstrahierender Distanz, fern von den oft unzähligen Opfern.

Manche Bösewichter von gestern sind ja durchaus die Wohltäter von morgen. Wer rechnet Napoleon noch die Hekatomben von Toten auf beiden Seiten seiner Kriegsführung an? In Erinnerung behält man ihn als Schöpfer eines fortschrittlichen Gesetzbuches, des *Code Napoleon*. Viele Bewohner der ehemaligen Sowjetunion trauern heute noch Stalin nach, weil er das Land immerhin ins Industriezeitalter katapultierte (Preis: rund zehn Millionen Tote). Und vergessen wir nicht: Ohne die Barbarei des Dritten Reiches und den Holocaust gäbe es heute keinen modernen Staat Israel.

Ein spezielles Problem, das die ganze Menschheit betrifft, sehe ich jedoch bei einer anderen Gruppe: bei den erfolgreichen angepassten Hochbegabten, die vor allem als graue Eminenzen und Experten im Hintergrund agieren und an das jeweils herrschende Machtsystem bestens angepasst sind. Zum Beispiel die Juristen, Militärs und Großunternehmer, ohne die Hitler nie an die Macht gekommen wäre; von denen musste sich typischerweise nach dem Ende des Zweiten Weltkriegs kaum einer vor Gericht verantworten und nur wenige landeten – kurze Zeit – im Gefängnis. Sie waren, als Experten, einfach notwendig für den Wiederaufbau des zerstörten Deutschland und den ideologischen Kampf gegen den Kommunismus.

Beide politischen Lager, der kapitalistische Westen ebenso

wie der kommunistische Osten, holten sich bedenkenlos von den brillanten deutschen Technikern, wen sie kriegen konnten, um mithilfe von Männern wie Wernher von Braun und Manfred von Ardenne ihre eigene Rüstung und Raumfahrtindustrie aufzubauen.

Andere Hochbegabte sind die Dissidenten und Revolutionäre, die intellektuellen (materiell eher machtlosen) Widersacher der etablierten, die Traditionen verteidigenden Führungsschichten. Diese wüten manchmal allerdings, wenn sie schließlich doch noch an die Macht kommen, mit unglaublicher Brutalität gegen die alten Eliten - siehe Französische Revolution, siehe Russische Revolution, siehe das Regime von Pol Pot in Kambodscha.

Das Jahr 2026 als *Point of no return*

Eine Gruppe Wissenschaftler hat 1968 in einer Sonderausgabe der Zeitschrift *Science* festgestellt, dass es in naher Zukunft eine Deadline gibt, jenseits der viele negative Entwicklungen auf der Erde irreversibel, also nicht mehr korrigierbar sein werden: das Jahr 2026. Das war vor ziemlich genau einer Generation. Wir haben gerade noch einmal so lange Zeit, das Ruder in einer gemeinsamen Anstrengung aller klugen, mächtigen und reichen Köpfe herumzureißen, also innerhalb knapp einer weiteren Generation.

Ob die Hochbegabten der Welt sich doch noch zu einem übergeordneten System vernetzen können, das diese Probleme löst? (Wer sonst soll sie bewältigen?) Oder werden die »mad scientists«, die »bad entrepreneurs« und - irgendwann - die »almost dead riches« das Sagen haben?

Die seit der Aufklärung weltweit und international entstehende »Gemeinde der Wissenschaftler« ist immerhin ein Anfang, der hoffen lässt.

Pakt mit dem Teufel: Die »mad scientists«

Auf einen speziellen Typus »gefährlicher Hochbegabter« möchte ich noch näher hinweisen. Goethe hat uns mit seiner Figur des Gelehrten Heinrich Faust den Prototyp vorgestellt. Es sind brillante Wissenschaftler und Ingenieure, die einen »Pakt mit dem Teufel« schließen (wie man das gerne nennt) und bei der Entwicklung ihrer Waffen und anderer technischer Spielzeuge keine Skrupel haben, Tausende zu opfern und Millionen zu bedrohen. Das Fatale daran ist, dass ihre Erfindungen und Projekte neben diesem Fluch meist zugleich mancherlei Segen versprechen und oft auch bringen.

Der schon erwähnte Wernher von Braun war einer von ihnen, ein Hochbegabter wie aus dem Bilderbuch. Er bahnte den Amerikanern den Weg zum Mond und hat mit seinem kühnen Forscherdrang allen Menschen geholfen, durch die positiven Resultate der Raumfahrt ihren Horizont unglaublich zu erweitern: um Jahrmilliarden in der Zeit bis zum Urknall zurück und um Lichtjahrmilliarden in die fernsten Tiefen des Universums. So ganz nebenbei hat er dazu beigetragen, dass die Satellitentechnik möglich wurde und uns heute via Fernseher Information und Unterhaltung mittels hunderter von TV-Programmen zugänglich sind (falls man dies als Segen betrachten darf).

Aber von Braun nahm es billigend in Kauf (so würde man dies bei einer Gerichtsverhandlung nennen, die leider nie stattfand), dass tausende von Zwangsarbeitern sich buchstäblich zu Tode schuften mussten und eine Weltstadt wie London durch seine V-Raketen in Schutt und Asche gelegt wurde, mit vielen Toten und Verstümmelten.

Solche »mad scientists«, wie sie in der Science-Fiction genannt werden, hat es wohl immer schon gegeben (vgl. hierzu auch das Glossar am Ende des Buches): Daidalos, griechisches Erfindergenie und Doppelmörder, ist die früheste uns überlieferte Variante, Dr. Victor Frankenstein die des Jahres 1818, Dr. Seltsam, der atombombenbesessene Forscher im gleichnamigen

Film von Stanley Kubrick die modernste und leider gar nicht *fiction*, wie ein kurzer Streifzug durch die Berichterstattung der Gegenwart zeigt.

Einstein oder Freud?

Bei Albert Einstein ist die Einschätzung schon weit schwieriger. Es ist gut möglich, dass seine Entdeckung der Relativitätstheorie, welche die Atomkraft zugänglich machte, uns eines Tages die Auslöschung der gesamten Menschheit in einem grauenvollen Krieg beschert. Aber Einstein kann man nun wirklich weder böse Absichten noch machtbesessene Skrupellosigkeit unterstellen - allenfalls eine unglaubliche Naivität, die durch seine spätere nachdrückliche Empfehlung an die US-Regierung, die Bombe zu bauen (um Hitler zu stoppen), etwas relativiert wird. Über Einsteins Schuld sind die Akten der Geschichte jedenfalls noch nicht geschlossen. Hiroshima und Nagasaki waren, politisch und kriegsstrategisch gesehen, nicht notwendig: Es waren offensichtlich reine waffentechnische Experimente, mit denen man anhand des Ernstfalls (Tests hatte man ja genug durchgeführt) unter anderem überprüfen wollte, ob Professor Einstein mit seiner Formel $E = mc^2$ Recht hatte. Er hatte Recht: Die durch die Bomben entwickelte Energie war grauenhaft gewaltig und tötete an beiden Orten rund 200 000 Menschen sofort und noch viel mehr auf qualvolle Weise in den folgenden Jahren und Jahrzehnten.

Nur seltsam, dass Einstein, dessen Theorien wirklich kaum jemand nachvollziehen kann oder gar versteht, mit seinen theoretischen Entdeckungen so viel präsenter im Bewusstsein der Menschen ist als ein anderer Hochbegabter: Sigmund Freud. Es gibt eine sehr sinnige Karikatur, die zum Milleniumswechsel die Titelseite des *Time Magazine* zierte: Einstein bei Freud auf der Couch, sichtlich bedrückt und wohl auch sehr erleichtert, sich dem Schöpfer der Psychoanalyse anzuvertrauen.

Warum wird der so unverständliche Relativitätsphysiker Einstein so viel höher geschätzt als Freud, dessen Gedanken jeder einigermaßen gebildete Mensch problemlos nachvollziehen kann? Wahrscheinlich gerade deshalb.

Wir sehen an diesem kleinen Beispiel, dass das Spektrum der Hochbegabung bzw. ihrer Resultate sehr weit gespannt ist und über viele Farben verfügt. Dass Freud uns dabei in manchen Überlegungen weiter helfen wird als Einstein, sei hier schon vorab erwähnt, desgleichen, dass er der Erste war, der sich mit den Problemen der Hochbegabten befasst hat und die einzige brauchbare Therapiemethode entwickelte, auf deren Basis man heute Underachievern wirklich helfen kann.

Die anderen gibt es auch: Einsichtige und Verantwortungsvolle

Die »mad scientists« (von diesen möchte ich Einstein und Freud ausdrücklich ausnehmen - auch wenn der Kontext etwas anderes suggerieren mag) sind leider oft sehr erfolgreich. Die anderen erfolgreichen Talente, von denen ich eingangs geschrieben habe, gibt es jedoch auch, und sie sind zum Glück in der Überzahl. Das sind die »Großen der Welt«. Das sind die Erfolgreichen in jeder Hinsicht. Das sind berühmte Gelehrte, nicht nur mit dem Nobelpreis ausgezeichnet (den Sigmund Freud, beispielsweise, nie erhalten hat). Das sind bedeutende Leute an den Schalthebeln der Macht, die bereits zitierten Stützen der Gesellschaft, also die Eliten in Wirtschaft, Religion und Militär, in Regierung und Verwaltung, die brillanten Staatsanwälte, Richter und Rechtsanwälte und in der Publizistik die »Edelfedern« und Bestsellerautoren - all jene Leute, ohne die keine moderne Kultur und Nation existieren könnte.

Habe ich eine Berufssparte vergessen? Die Intellektuellen. Die Regisseure. Die Topentertainer wie Charlie Chaplin und der in vielen Sprachen parlierende, schauspielernde und exzellente Bücher schreibende Peter Ustinov. Auch er gehört dazu: Chuck

Berry, der Erfinder des Rock 'n' Roll, ein immens begabter Mann; obwohl er es als Farbiger, wie viele seinesgleichen, in den USA nicht leicht hatte, seine Talente zu entdecken und zu entfalten (s. S. 217 f.).

Ted Brauer und seine Familie

Sehr wichtige Begegnungen mit Hochbegabten waren für mich auch die mit Ted Brauer und – indirekt, über seine Berichte – mit seiner Familie. Es begann mit dem Vater Brauer, dem typischen Latenten, der in der Entfaltung seines (Schreib-)Talents gebremst war. Dann folgten einige Gespräche mit Tobias, dem blockierten Underachiever, die dieser leider abbrach.

Gary war ein typischer »Sleeper« (in der Schule) – bis er im Schüleraustausch in den USA enorm gefordert und gefördert wurde. Von da an legte er in Deutschland los wie eine Rakete.

Manni jobbte lange beim Film in Hilfsjobs. Bis ihn der »Call to Adventure« erreichte und er sich an der Filmhochschule bewarb.

Alle waren sie zunächst blockiert: durch das Ehedrama von Ted Brauer und Lena. Lena: ebenfalls eine Spätentwicklerin, auf typisch weibliche Art.

Tobias leistete sich die massivste Blockade: den Widerstand gegen die Schule, die er als enorm frustrierend erlebte – vom ersten Schultag an (Mobbing durch die Lehrerin!).

Ted Brauer wiederum war von Kindheit an traumatisiert durch die unaufhörlichen Streitereien seiner Eltern, die zwei völlig verschiedene Lebensstrategien verfolgten: herausfordernd großzügig die Mutter – ängstlich zurückhaltend der Vater. Dieser Konflikt zeigte sich deutlich im Umgang mit Geld. Beide Eltern waren mit hoher Wahrscheinlichkeit Latente bzw. der Vater ein Underachiever.

Und was ist mit Naukrate?

Wie jedes Kapitel enthält auch dieses zweite eine Figur der Labyrinthiade. Hier soll es Naukrate sein. Auch jemand, dem der Labyrinth-Mythos geläufig ist, dürfte sie kaum kennen – oder war Ihnen der Name vertraut? Den Lexikografen ist sie gerade mal einen halben Satz wert, wenn überhaupt eine Erwähnung. Hier im Buch spielen eine wichtige Rolle die → **FRAUEN IM SCHATTEN**, wie ich sie nenne. Naukrate ist für mich eine von ihnen.

Naukrate war eine der vielen Sklavinnen am Hof des kretischen Königs Minos. Der Herrscher von Knossos gab sie seinem genialen Baumeister, Erfinder und Künstler Daidalos zur Gespielin, Haushälterin und wofür man sonst noch eine Sklavin gebrauchen konnte. Auf diese Weise wurde Naukrate die Mutter von Ikaros. Als Vater Daidalos sich und seinem Sohn die künstlichen Flügel umschnallte und aus dem Labyrinth-Gefängnis floh, blieb sie zurück. Das ist alles, was über sie berichtet wird.

Hochbegabte Männer wählen hochbegabte Partnerinnen

Neben der Berufswahl ist die Partnerwahl einer der wichtigsten Schritte im Leben; das ist bei Hochbegabten nicht anders als bei Normalbegabten. Aber wie wird das Gegenüber gewählt, mit dem man eine gewisse Zeit oder das weitere Leben zusammen verbringen möchte?

Eine befriedigende Sexualität ist wichtig für jede Lebensbeziehung, die gelingen soll. Wenn mich nicht alle eigenen Beobachtungen und die – sehr dünn gesäten – Hinweise in der Literatur täuschen, dann tun sich hochbegabte Männer wie Frauen leichter damit, sexuelle Bedürfnisse zu sublimieren oder in der Fantasie auszuleben. Es gibt ein berühmtes Interview in der Zeitschrift *Playboy*, in dem der britische Schriftsteller Anthony

Burgess (*Clockwork Orange* ist einer seiner bekanntesten Romane) sich darüber äußert, wie viel einfacher und vor allem für die Entwicklung des Fantasielebens anregender es sei, zu onanieren, als mit einem menschlichen Gegenüber Sex zu haben. So etwas würde einem Normalbegabten vermutlich eher nicht in den Sinn kommen. Vom Psychoanalytiker Kurt R. Eissler, der eine viel gelobte Goethe-Biografie geschrieben hat, stammt die Feststellung, dass das Genie in seinen geistigen kreativen Akten wahrscheinlich eine dem Orgasmus entsprechende, ja diese sogar übertreffende und vor allem weit länger anhaltende Befriedigung erziele und sein Liebesleben deshalb mit anderen als den üblichen Kategorien betrachtet und bewertet werden müsse.

Was man mit großer Wahrscheinlichkeit vermuten kann: Hochbegabte Männer wählen gerne hochbegabte Frauen als Partnerinnen, zumindest dann, wenn sie (die Männer) selbstbewusst genug sind. Die psychologische Forschung geht ohnehin davon aus, dass bei der Partnerwahl nicht so sehr »die Gegensätze sich anziehen«, sondern »gleich zu gleich gesellt sich gern« gelte. (*Süddeutsche Zeitung* vom 2.9.2003)

An Selbstbewusstsein hat es Daidalos nicht gemangelt, sofern die Überlieferungen korrekt sind. Es wäre interessant zu wissen, welchen Intelligenzquotienten Naukrate hatte und was sie mit ihren Talenten anfing, nachdem der Mann und Meister sie verlassen hatte. Das typische Schicksal von Sklaven in der Antike bis auf den heutigen Tag lässt nicht viel Hoffnung. Aber vielleicht gelang Naukrate ja ein ähnliches Kunststück wie Scheherezade, der (fiktiven) Schöpferin der Geschichten aus *Tausendundeiner Nacht,* die sogar den bösartigen Serienkiller und Sultan mit ihren wundersamen Geschichten betören konnte? Immerhin war Naukrate dem Minos so wertvoll, dass er sie seinem genialen Experten Daidalos zum Geschenk machte. Wer weiß – vielleicht verdanken wir ja die Erzählung(en) der Labyrinthiade sogar dieser Sklavin? Irgendwoher müssen Plutarchos (ca. 50–125 n.Chr.) und die anderen Autoren der Antike sie ja erfahren haben.

Wäre Ikaros ein Underachiever geworden?

Wie es mit Naukrates Sohn Ikaros weiterging, wissen wir: Er stürzte ab ins - nach ihm benannte - Ikarische Meer und ertrank. Wäre er nicht auf diese Weise zugrunde gegangen, hätte er vielleicht ebenfalls seine Talente entwickelt. Wie der Vater, so der Sohn, könnte man meinen ...

Oder wäre Ikaros am Ende ein Underachiever geworden - bei so einem übermächtigen Vater und Vorbild? Die Söhne Hochbegabter schaffen nicht unbedingt den Riesenschritt aufs väterliche Podest. Entmutigt, tief in ihre Profilneurose verstrickt, enden sie nicht selten äußerst kümmerlich (wie beispielsweise Goethes unglückseliger Sohn August). So erfolgreiche Nachkommen wie bei Sigmund Freud findet man eher selten: der Sohn Ernst ein renommierter Architekt, der Enkel Lucien einer der berühmtesten zeitgenössischen Maler Englands, die Urenkelin Esther eine erfolgreiche Autorin, deren Debütroman *Marrakesch* bereits verfilmt wurde.

Naukrate - eine Hochbegabte?

Doch zurück zu Naukrate. Nehmen wir also an, sie sei, was nahe liegt, auch eine Hochbegabte gewesen. Mit den talentierten Frauen ist das bis in unsere Zeit so: Man weiß wenig oder gar nichts von ihnen. Sie sind die »Frauen im Schatten«. Selbst bei den Juden, die doch sogar das Judentum über die Mutter definieren, zählten und zählen bis heute fast nur die Knaben. Die Mädchen waren gerade gut genug, die Talente weiterzugeben.

Naukrate - vielleicht blieb sie als Einzige im Labyrinth zurück und wurde dort, aus Frustration, zum neuen Ungeheuer (den Minotauros hatte Theseus ja längst erschlagen)? Vielleicht hat sie aber auch eine neue Familie mit irgendeinem Palastdiener oder einem Bauernburschen gegründet und eine neue

Hochbegabtenlinie eröffnet? Doch auch darüber wird in der Labyrinthiade nichts berichtet. Ihre Gestalt versinkt im Dunkel der Geschichte, nur Exgatte Daidalos und der unglückselige Sohn Ikaros spielen bis auf den heutigen Tag eine Rolle in unseren Gedanken. Ich hoffe, dies hiermit ein wenig ausgeglichen zu haben.

Kapitel 3

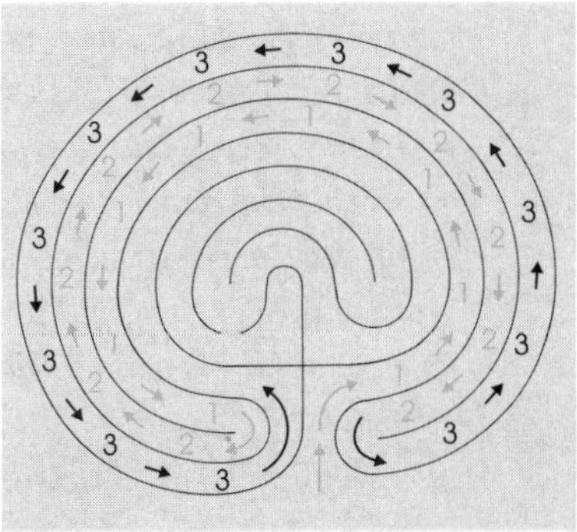

Neun Wege der Forschung

Erfolg in Minos' Reich

... damit Kirch und Policey morgen wohl bestallet sei.

Anonym

Ted Brauers Turbulenzen III

»Ich komme mit der Figur des Minos in meinem Roman einfach nicht weiter. Sie ist so irgendwie unfassbar für mich.«

»Was interessiert Sie so an dieser Figur?«

»Er steht für Macht, Herrschaft, Erfolg.«

»Ist das wichtig für Sie?«

»Für meine Romanfigur auf jeden Fall. Oder meinen Sie für mich persönlich?«

»Für Sie persönlich. Ihr Sohn Tobias scheint den Erfolg systematisch zu vermeiden, ja zu verweigern. Aber wie ist das bei Ihnen?«

»Ich habe den Erfolg immer gewollt und gesucht. Schon als Kind bin ich im Haus herumgelaufen und habe selbst gemachte kleine Holz-

stücke an meine Mutter und an die Hausfrauen verkauft – die brauchte man für das Kaminfeuer und für den Gartengrill. Später, als Student, bin ich mit meinen Artikeln so lange herumgelaufen, bis ein Redakteur sie nahm. Aber Tobias, warum der sich verweigert ...«

»Vielleicht gerade deshalb, weil sein Vater so ehrgeizig ist?«

»Kehren wir doch zu meinem Roman zurück, zum König Minos!«

»Könnte der etwas mit Ihrem Vater zu tun haben? Sie sagten doch, dass der auf Kreta war und dass er für Sie sehr mit dieser Insel verbunden ist.«

»Möglich. Ja, möglich wär's schon. Mein Vater hatte beruflich lange auf Kreta zu tun. Ich kann ihn aber beim Schreiben meines Romans einfach nicht sehen, mit meinem inneren Auge.«

»Den König Minos?«

»Ja. Die anderen Figuren sehe ich alle sehr plastisch vor mir.«

Ein weit verzweigtes Forschungsgebiet

Wir begeben uns nun, wie Sie am Titel-Logo dieses Kapitels erkennen können, in den dritten Bogen des Buch-Labyrinths. Zu diesem längsten Bogen passt, dass dies auch eines der längsten Kapitel ist. (Umfangreicher ist nur das neunte Kapitel, in dem der ganze Weg wieder heraus aus dem Labyrinth durchlaufen wird.) Das war kaum zu vermeiden, denn die Forschungsgeschichte eines Gebiets zeigt am deutlichsten, worum es geht. Und diese Forschungsgeschichte ist beim Sujet »Hochbegabung« wegen der vielen Sachgebiete, die berührt werden, naturgemäß sehr umfangreich. Wenn Sie genau hinschauen, erkennen Sie auch, dass die ersten drei Bögen zusammen so etwas wie eine Randschicht darstellen, gewissermaßen den der Außenwelt zugewandten Bereich des Labyrinthos. Auch dies passt sehr gut zu der Stelle, an der wir uns jetzt im Buch befinden: bei der Art von psychologischer Forschung, die – wie der Intelligenztest – den Menschen von außen betrachtet, als Objekt.

Das nächste Kapitel, für den der vierte Bogen steht, führt uns ganz woanders hin: ins Innere der Person. Der dritte Bogen entfernt uns allerdings, und das passt ebenfalls, zunächst einmal am weitesten vom Kern des Labyrinths - also von der (gedachten) Stelle, wo wir Antworten auf wesentliche Fragen erwarten können. Aber keine Sorge: Wir kommen dort noch hin, zum Kern.

Das Thema »Hochbegabung« hat viele Aspekte. Ich habe es an früheren Stellen schon angesprochen: Im Vordergrund der Betrachtung steht üblicherweise die Messung der Intelligenz als Auswahlkriterium für Schule und Arbeitswelt. Vor allem seit dem Sputnik-Schock 1957 wurde die Untersuchung und (sofern möglich) Vorhersage der Kreativität zu einem weiteren Aspekt der offiziellen Intelligenzforschung. Doch bereits 1895 hatte Sigmund Freud eine völlig andere Linie der Exploration eröffnet: die (Psycho-)Analyse der Blockaden von Intelligenz und Kreativität und wie man diese Blockaden auflösen kann. Wenn auch von ihm so nicht beabsichtigt, ist dies ein wesentlicher Aspekt seiner Neurosenlehre und der von ihm daraus entwickelten Therapieform.

Doch Hochbegabung hat viel mehr Gesichtspunkte, und nicht nur psychologische. Machen wir zunächst einen kleinen Ausflug in die Vergangenheit: Wie fing alles an mit der Erforschung der Hochbegabung? So lässt sich am besten verstehen, worum es dabei geht - und auch, was vielleicht falsch gelaufen ist.

In der Vorgeschichte eines Forschungsgegenstandes findet man nicht selten wichtige Merkmale, die der eingeengte akademische Blick in Jahrzehnten und Jahrhunderten abgeschliffen hat - bis das ursprüngliche Phänomen kaum mehr zu erkennen ist. So geschah - und geschieht - dies meines Erachtens mit der Erforschung hochbegabter Personen. Beispielsweise dadurch, dass diese Forschungen überwiegend als Werkzeug der Früherkennung und als Diagnostikum für möglichen Erfolg in der Schule und auf der Universität dienen. Dieser »Tunnelblick« ist nicht unbedingt ein Makel; aber sicher engt er den Blickwinkel ein (der zum Beispiel ausblendet, wie man Latenten und Underachievern besser helfen könnte).

Wundern Sie sich deshalb nicht, wenn wir unter anderem auch einen Ausflug in die Welt der Märchen und Mythen machen. Aber zuvor sollten wir uns ein paar Zahlen vergegenwärtigen und wie sich die Forschung in Bezug auf Hochbegabung entwickelt hat.

Wo sind all die Hochbegabten?

Wenn ich bei meinen Recherchen anderen Leuten gegenüber erwähnte, über welches Thema ich gerade ein Buch schreibe, und dann eine Reihe von Beispielen nannte, wen ich für hochbegabt halte, dann kam nicht selten - und zwar von fraglos selbst sehr talentierten Leuten - der Einwand: »Aber dann ist ja fast jeder hochbegabt!«

Ich deute das zum einen tiefenpsychologisch als eine Art Abwehr des Gedankens, dass der Betreffende selbst vielleicht ein solches Talent sein könnte - sei es aus falscher Bescheidenheit, sei es aus Unsicherheit in der Selbsteinschätzung. Nur wenige brachten es fertig, ihre Hochbegabung (so vorhanden und bekannt) offen zu akzeptieren.

Einen zweiten Einwand betreffend der Häufigkeit (»... dann ist ja fast jeder ...«) konnte ich leicht entkräften und will es auch hier tun. Wenn wie im Geleitwort erwähnt rund drei Prozent der Bevölkerung einen IQ von 130 Punkten aufwärts haben, dann muss es allein in Deutschland mit einer Gesamtbevölkerung von derzeit rund 82 Millionen Menchen etwa 2,4 Millionen Hochbegabte geben. Und die müssen ja irgendwo sein:

- Leicht zu erkennen ist überall das Drittel der Erfolgreichen, insbesondere der materiell Reichen, Tonangebenden und Prominenten. Man muss nur den Fernseher anstellen, in die Tageszeitung schauen oder das Radio aufdrehen - und schon sind diese Gruppen unübersehbar präsent, und viele von ihnen dürften hochbegabt sein.

- Die (gebremsten) Latenten wird man unter anderen bei den Frauen der Erfolgreichen finden, wo sie gewissermaßen »im Schatten« die Funktion des Bodenpersonals für den höhenfliegenden Ehegatten oder die begabten Kinder ausüben (s. die → **FRAUEN IM SCHATTEN**).
- Und das letzte Drittel, die Underachiever, sieht man meistens deshalb nicht, weil sie sich irgendwo total eingeigelt haben.

Drei Talente in jedem Dorf

Selbst in einem kleinen Dorf mit gerade mal 100 Bewohnern sollte es, rein rechnerisch, drei Hochbegabte geben - wahrscheinlich stellen sie den Bürgermeister, den Arzt (Pfarrer oder Lehrer) und den Sägewerksbesitzer (oder einen anderen Unternehmer). Aber vielleicht sind sie längst in die nächste größere Stadt abgewandert, weil sie dort bessere Chancen zur Verwirklichung ihrer Fähigkeiten vermuten.

Geschichtliche Größe als Kriterium

Warum halte ich die Personen in den Kapiteln dieses Buches für Hochbegabte? Das Kriterium an der Oberfläche ist ihr großer Erfolg im Leben. Der hat sie zu »Großen der Weltgeschichte« gemacht, an die man sich in einigen Fällen - wie beim ägyptischen Baumeister, Arzt und Schriftsteller Imhotep - seit mehreren Jahrtausenden erinnert. Kein schlechtes Kriterium für »Größe« im Sinne von »bedeutender Mensch, der Großes geleistet hat«, meine ich. In anderen - fiktiven - Fällen wurden sie, wie Sindbad der Seefahrer, Dr. Heinrich Faust und der Lügenbaron Münchhausen, zu unvergesslichen Gestalten der Weltliteratur.

Bevor ich im Folgenden genauer begründe, wie die Merkmale von Hochbegabung aussehen, mit denen dieser Erfolg erzielt wurde, soll uns das schlichte Merkmal »großer Erfolg von Dauer« genügen.

Was ist Hochbegabung? Wie erkennt man sie?

Sowohl in der psychologischen Fachliteratur wie in den populäreren Sachbüchern werden verschiedene Begriffe nebeneinander benützt, wobei es manchmal mehr nach einer Mode aussieht, was gerade bevorzugt wird. »Talent« und »Begabung« wurden lange synonym mit »Fähigkeit« benützt: »Sprachtalent« meint dasselbe wie »Sprachbegabung« oder »Fähigkeit, Sprachen zu lernen«. Außerdem wird, wie schon der Titel *Talent and Genius* einer Studie des Psychoanalytikers Kurt R. Eissler über Sigmund Freud und seinen zeitweiligen Schüler und Mitarbeiter Victor Tausk andeutet, das Wort »Talent« auch im Sinn von »begabter Mensch« verwendet, und dies nicht nur im englischen Sprachraum.

Immer wieder werden auch Listen von *Merkmalen* aufgeführt (zum Beispiel dass hochbegabte Kinder sehr früh lesen lernen). Einige dieser Merkmale verweisen – wie das der schnelleren Informationsverarbeitung – auf gehirnphysiologische Tatbestände, die fundamentaler sind als eine *Fähigkeit* im oben genannten Sinn. Dies ist die Basis meines eigenen Modells der Hochbegabung, auf dem auch der im sechsten Kapitel vorgestellte Selbsttest basiert.

Und schließlich sind da noch die beiden Termini »Intelligenz« und »Kreativität«.

Ich verwende in diesem Buch die Bezeichnung »Talent« im gleichen Sinne wie »Hochbegabte(r)«, einfach deshalb, damit ich nicht ständig denselben Ausdruck verwenden muss. Dies erscheint mir außerdem sinnvoll, weil ich den ähnlich klingenden Begriff »Latente(r)« für jene Hochbegabten einführe, die ihr Talent noch nicht so weit realisiert haben wie ein »Talent«, die aber auch keine ausgesprochenen »Underachiever« sind.

Talent – Latenter – Underachiever soll also die ganze Palette der Möglichkeiten, wie sich Hochbegabung darstellt, etwas differenzierter vorführen, als es das Begriffspaar »(erfolgreicher) Hochbegabter – (erfolgloser) Underachiever« suggeriert.

Definitionen anderer Autoren

Der Hochbegabungsexperte Kurt A. Heller, Professor für Psychologie an der Münchner Ludwig-Maximilians-Universität, definierte in einem Rundfunkinterview, das ich 1996 mit ihm führte, Hochbegabung folgendermaßen:

»Von Hochbegabung im akademischen Sinn spricht man bei jenen ein bis zwei Prozent der Kinder einer Jahrgangsstufe, bei denen eine überdurchschnittliche Intelligenz festgestellt wird. Analog spricht man von sportlicher, musikalischer und anderer Hochbegabung bei den ein bis zwei vom Hundert der Fähigsten in diesem Bereich.«

Mehr ins Detail geht die Tübinger Psychologin und Leiterin einer speziellen Beratungsstelle, Aiga Stapf:

»Hochbegabung ist äußerlich nicht erkennbar. In Situationen, bei denen besondere Fähigkeiten nicht zum Tragen kommen können, werden Hochbegabte nicht auffallen. Es bedarf bestimmter Problemstellungen, Situationen und Gegebenheiten, bei denen ihre Begabung sichtbar werden kann ... Mozart, musisch hochbegabt, benötigte ein Musikinstrument, Picasso, künstlerisch begabt, Papier/Leinwand, Farben und Stifte, ein mathematisch Hochbegabter besonders schwierige mathematische Fragen, Aufgaben oder Probleme ...« (Stapf 2003, S. 14)

Problematisch erscheinen mir die weiteren Ausführungen von Aiga Stapf, denn wenn man den Begriff »Begabung« aus dem Diskurs nimmt, entfällt damit auch die sprachliche Basis für *Hoch*begabung und man müsste dafür eigens ein neues Wort einführen:

»Die Begriffe Intelligenz und Begabung erfuhren über Jahrzehnte hinweg Wechselbäder der Ablehnung und Zustimmung. Der Begriff ›Begabung‹ wird in der Psychologie außerhalb der so genannten Begabungsforschung kaum mehr verwendet, da mit ihm oft (implizit) Annahmen über angeborene Merkmale oder Verhaltenstendenzen verknüpft werden. Deshalb wird in der modernen psychologischen Persönlichkeitsforschung ...

eher von ›Fähigkeiten‹ gesprochen, die als Dispositionen erworben oder genetisch (mit)bedingt sein können. (...)

Begabung, im Sinne von Fähigkeit, wird oft synonym oder sinnverwandt mit Intelligenz verwendet. Der begrifflichen Klarheit wegen ist es jedoch vorteilhaft, Intelligenz und Begabung voneinander abzugrenzen. Der Begriff ›Intelligenz‹ ist aus wissenschaftlichen Gründen als Fähigkeit zu abstrakt-analytischem Denken festgelegt.« (Stapf 2003, S. 17 f.)

Es werden folgende Fähigkeitsbereiche (Begabungsbereiche) unterschieden, die als relativ unabhängig voneinander gelten:

- *intellektuelle Fähigkeit* (kurz: Intelligenz), wobei man diese gerne nochmals unterteilt in die »Fähigkeit, abstrakt-logisch zu denken« (zum Beispiel mathematische Aufgaben lösen) und die »praktische Intelligenz« (zum Beispiel ein Fahrrad reparieren);
- *soziale Fähigkeit* (als Kompetenz, zwischenmenschliche Beziehungen sinnvoll und befriedigend für beide Teile zu gestalten);
- *musische Fähigkeit* (Musikalität, die sich entweder im aktiven Spielen eines Instruments oder auch nur passiv im Genießen von Musik äußert);
- *bildnerisch-darstellende Fähigkeit* (das Können eines Malers, Bildhauers, Fotografen);
- *psychomotorisch-praktische Fähigkeit* (diese benötigen Tennisspielerinnen wie Steffi Graf oder Rennfahrer wie Michael Schumacher ebenso wie ein guter Automechaniker, wenn auch mit völlig verschiedenen Ausprägungen).

Die umfangreichen Untersuchungen und statistischen Auswertungen, die Charles Spearman (1863–1945) ab 1904 durchführte und die einen Meilenstein der Intelligenzforschung darstellen, ergaben,

- dass es zwar verschiedene Ausprägungen intelligenter Leistungen im Sinne der eben angeführten fünf Bereiche gibt,
- dass jedoch alledem mit hoher Wahrscheinlichkeit eine Fähigkeit zugrunde liegt, die Spearman als »g« (für generell) bezeichnete.

Hierzu meint Detlef H. Rost in der Einleitung zu der von ihm geleiteten Marburger Studie:

»Eine Vielfalt kaum mehr zu überschauender Forschungsergebnisse belegt die Überlegenheit von ›g‹ zur Vorhersage diverser lebensrelevanter externer Kriterien« (Rost 2000, S. 10) - womit Rost nicht zuletzt die Aussagekraft des bei Kindern und Jugendlichen ermittelten IQ für spätere Leistungen in Schule und Arbeitsleben meint.

Informationspsychologische und gehirnphysiologische Befunde lassen vermuten, dass die hohen g-Werte bei Hochbegabten auf einer schnelleren und komplexeren Verarbeitung von Informationen beruhen (s. S. 149 f. und 152 ff.).

Kreativität als eigene Dimension, die auf Hochbegabung basiert

Kreativität wird in der Regel als eigenständiger Begabungsbereich betrachtet. »Begründete Zweifel bestehen allerdings daran, Kreativität als einen unabhängigen Fähigkeitsbereich anzusehen. Aufgrund überzeugender Befunde ist vielmehr davon auszugehen, dass sich in den oben genannten [fünf] Bereichen Individuen durch unterschiedliche ›Kreativität‹, d.h. Verfügbarkeit von mehr oder weniger neuartigen Einfällen, kennzeichnen lassen. Kreative Leistungen bzw. Produkte, die als Ausdruck von Kreativität gewertet werden, sind in allen Fähigkeitsbereichen denkbar.« (Stapf 2003, S. 19)

Was diesen Bereich der Kreativität angeht, so ist dafür wohl Hochbegabung eine Grundvoraussetzung - zumindest bei jener schöpferischen Gestaltungskraft, die über Alltägliches wie ein neues Kochrezept oder die Variation eines alten Witzes hinausgeht.

(Diese Ansicht wird allerdings von Ellen Winner kritisiert, und zwar mit einem beachtenswerten Argument, wonach keine statistische Korrelation bestehe zwischen dem IQ und der Kreativität bei einer bestimmten Berufsgruppe: Erfinder erreichten in einer von ihr zitierten Studie »nicht mehr als einen Punktwert von 60 beim verbalen IQ, im Gegensatz zu einigen Schriftstellern, die Punktwerte von 160 erzielten«.) (Winner 1998, S. 342)

Dauerhafte Erfolge

Hochbegabung zu erkennen ist, wie schon erwähnt, manchmal verhältnismäßig leicht: Sie zeigt sich zunächst einmal in ungewöhnlichen Erfolgen. Dabei sollte es nicht bei Eintagsfliegen bleiben, sondern der Erfolg sollte möglichst viele Jahre anhalten. Sigmund Freud und Johann Wolfgang von Goethe waren noch mit über 80 produktiv - Thomas Alva Edison erhielt über tausend Patente für seine Erfindungen, an denen er die längste Zeit seines 84 Jahre währenden Lebens arbeitete.

Es gibt jedoch immer wieder Wissenschaftler, Maler, Schriftsteller, Musiker, denen das eine oder andere herausragende Werk gelingt und die danach scheitern (zum Beispiel durch frühen Tod oder durch Drogenmissbrauch). Es gehört eben mehr dazu, eine Karriere aus einer bestimmten Fähigkeit zu machen, als nur dieses spezielle Talent zu haben. Sehr wichtig ist die Fähigkeit, die Ideen auch zu vermarkten, und nicht zuletzt eine gesunde Portion Selbstmarketing - also im übertragenen Sinn in einer von Talenten nur so wimmelnden Welt (wir erinnern uns: Allein in Deutschland gibt es rund 2,4 Millionen Hochbegabte, weltweit an die 180 Millionen!) laut zu schreien: »Hallo, Leute, hier bin ich, und ich habe euch etwas Tolles zu bieten!«

Wer nur mit leiser Stimme hinter dem geschlossenen Fenster seines Arbeitszimmers auf sich aufmerksam macht oder gar sein brillantes Manuskript in der Schublade verkümmern lässt, muss schon sehr viel Glück haben, dass er jemanden findet, der ihn entsprechend *managed* - oder dass ein eifriger Agent oder Verleger ihn entdeckt und vermarktet.

Ist Selbstmarketing eine Fähigkeit im Sinne der oben angeführten fünf Bereiche? Ein Psychoanalytiker würde sagen, es ist die gelungene Entfaltung des natürlichen menschlichen Narzissmus. Aber sicher hat dies auch Anteile des zweiten Bereichs der sozialen Fähigkeit, denn was ist der Markt anderes als ein Geflecht zwischenmenschlicher Beziehungen?

Um beim Beispiel des Schreibens zu bleiben: Nur wer es zusätzlich zu seinen schriftstellerischen Fähigkeiten versteht, sich immer wieder in Szene zu setzen, und zwar nicht nur durch einen neuen Roman alle zwei Jahre, der rückt in die kleine Gruppe der Meinungsbildner auf, die man zu jedem aktuellen Thema befragt. Namen wie Martin Walser, Hans Magnus Enzensberger, Günter Grass und vielleicht noch neun andere bilden das »prominente Dutzend«, wie man es nennen könnte, das den Ton in der kulturellen Debatte angibt - und zugleich in einem sich selbst verstärkenden Regelkreis immer wieder als tonangebend befragt wird. Das fördert den Verkauf des nächsten Buches, der wiederum Stoff für Rezensionen und Fernsehauftritte liefert (denn die Medien schmücken sich am liebsten mit schon bekannten Namen), und so geht es weiter mit diesem Regelkreis.

Wer dieses Spiel nicht beherrscht oder nicht mag, kann allenfalls in der zweiten oder dritten Liga der »top hundred« mitspielen. Aber dort sind die Honorare längst nicht so üppig, dort muss ein Brotberuf für das Lebensnotwendige sorgen, dort ist die Professionalität immer wieder - mangels Betätigungsmöglichkeit - gefährdet. Dort wird man leicht vergessen. Mit weniger Erfolg sinkt die Lust an der Realisierung des Talents, und so geht es weiter mit dem selbstverstärkenden Regelkreis - nur diesmal abwärts.

Es gibt also Aufwärts- und Abwärtsspiralen des Erfolgs auch bei Hochbegabten und viele Talente bleiben schon aus diesen soziokulturellen und persönlichen Gründen leicht in der Latenz hängen oder versinken wieder in eine Art »sekundärem Underachievement«.

Beispiel Lottogewinn

Nun noch ein Beispiel, das Ihnen zunächst etwas absurd anmuten mag, bei dem es aber fraglos um Erfolg und Geld geht: das Lottospielen.

Man kann dabei, genau genommen, drei Varianten unterscheiden:

1. *große Gewinne* (zum Beispiel ein Jackpot mit mehreren Millionen);
2. *viele Gewinne* (wobei es nicht auf die Höhe des Gewinns ankommt, sondern dass man überhaupt zu den Gewinnern zählt);
3. die Kombination beider Aspekte: *öfter großen Gewinn* erzielen.

Nun werden Sie vielleicht einwenden: Das soll eine Fähigkeit sein? Das hat doch nur mit Glück zu tun!

Verschärfen wir also die Bedingungen. Nehmen wir an, jemand gewinnt jede Woche den Höchstgewinn im Lotto, immer wieder. Würde es sich hierbei auch nur um Glück handeln – oder doch um eine Fähigkeit im psychologischen Sinn? Immerhin sind zwei Extrem-Gewinner überliefert, die zweimal kurz hintereinander den Hauptgewinn kassiert haben, einer in Mexiko und einer in Australien.

Mich selbst würde ich, bei Variante 2, unter die »überdurchschnittlich Begabten« in dieser Hinsicht zählen. Ich habe in den fast zehn Jahren zwischen Dezember 1994 und Dezember 2003 immerhin 72-mal etwas gewonnen. Meistens nur die kleinste Ausschüttung – aber auch schon mal 6 666 Euro und einiges zwischen diesen beiden Extremen. Auf jeden Fall habe ich mehr gewonnen als eingesetzt, und ich kann von dem bisher gewonnenen Geld noch gut zehn Jahre das ausgeben, was ich bisher riskiert habe, und habe danach immer noch kein Geld verloren.

Das sollte mir doch, analog zum Intelligenzquotienten, einen geschätzten »Lotto-Quotienten« (LQ) von 120 verschaffen ... Wenn es aber um den rein finanziellen Erfolg geht, dann sind die beiden oben erwähnten Doppelgewinner wesentlich besser - mit einem LQ von 140? Und was ist mit dem Bauunternehmer aus West Virginia, der 2002 fast 315 Millionen Dollar einstrich, als er den Jackpot in der Lotterie »Powerball« knackte? Der hat bestimmt einen LQ von 150, schätze ich.

Sind Lottogewinner hochbegabt?

Vielleicht schon - nämlich dann, wenn diese Glückspilze so etwas wie ein »Sensorium für die Zukunft« haben, eine Art »Zukunftsradar«, das sie Wahrscheinlichkeiten für Ereignisse erahnen lässt. In diesem Fall handelte es sich um eine Fähigkeit wie jede andere auch - wie die, schnell zu laufen, hoch zu springen oder in drei Wochen eine völlig fremde Sprache in sich aufzusaugen. Ich bin sehr gespannt, wie sich meine eigene Fähigkeit (wenn es denn eine ist) in dieser Richtung noch entwickelt. So ein Jackpot mit ein paar Millionen wäre ein schöner Start für den »Human Capital Fund«, den ich im neunten Kapitel beschreibe!

Es ist übrigens keineswegs notwendig, dass andere Menschen ebenfalls über so eine spezielle Fähigkeit verfügen. Ich denke nicht, dass die Zwillinge, über die Oliver Sacks in seinem bemerkenswerten Buch *Der Mann, der seine Frau mit einem Hut verwechselte* schreibt, irgendwo auf der Welt Kollegen haben: Wie schon erwähnt, waren diese beiden Männer in der Lage, mit ihrem »mathematischen Auge« Primzahlen aus einer Menge anderer Zahlen blitzschnell herauszufiltern - so, als würden sie in einer Landschaft die wenigen Bäume erkennen, die deutlich sichtbar aus dem Gras einer fiktiven Savanne herausragen.

Fraglos waren diese Zwillinge hochbegabt im »Erkennen von Primzahlen«.

Erfolgreiche Börsenspekulanten

Ähnlich verhält es sich mit Leuten, die besonders erfolgreich an der Börse spekulieren, und das über längere Zeiträume hinweg. Das widerspricht jeder börsenpsychologischen Erwartung und Erfahrung. Aber es gibt sie: Menschen wie Warren Buffet, den zweitreichsten Mann der USA, der ein unglaubliches und dauerhaftes Geschick darin zeigt, für seine Investmentfonds gute Aktiengewinne zu erwirtschaften. Oder George Soros, der unter anderen gigantischen Kurssteigerungen des von ihm verwalteten Quantum Funds 1992 gegen die Bank von England spekulierte und an einem einzigen Wochenende eine Milliarde Dollar für seine Anleger gewann.

Ob diese Börsenspekulanten außer über gute Marktkenntnisse, wirklich exzellentes Wissen in angewandter Börsenpsychologie und einer guten (und anhaltenden) Portion Glück vielleicht über eine spezielle mathematische Fähigkeit in der Art der erwähnten Primzahlen-Zwillinge verfügen, welche sie Börsentrends besser erkennen lässt, als dies anderen gelingt?

Glück als Begabung?

Ich denke, dass auch »Glück haben« so etwas wie eine Begabung ist – und sei es nur in Form der Fähigkeit, die Augen und Ohren stets weit offen zu haben und aufmerksam die Chancen wahrzunehmen, die andere eben nicht erkennen. Der ewige Glückspilz Gustav Gans in den Micky-Maus-Heften ist so einer, während sein Vetter, der ewige Pechvogel Donald Duck, in der Gegenrichtung talentiert ist.

Das Lottospielen habe ich mit einem pädagogischen Hintergedanken eingeführt. Es ist nämlich – wenn man die dadurch geweckten Fantasien und Träume vom »großen Geld« einmal beiseite lässt – ein äußerst einfaches, gut überschaubares Beispiel, anhand dessen sich wesentliche Elemente einer Begabungsentwicklung aufzeigen lassen. Es muss

1. eine Fähigkeit da sein, die sich
2. trainieren und
3. praktisch anwenden lässt, damit man
4. den Erfolg möglichst auch in klingender Münze erlebt.

Lob und Ermutigung durch Eltern und Lehrer, die einen fördern, sind wichtig und sehr hilfreich. Aber der wirklich zündende Funke ist jener Moment, wo man zum ersten Mal Geld bekommt und sich für seine Fähigkeit endlich auch etwas kaufen kann: ein schon lange gewünschtes Buch, eine CD, eine Reise ins Gebirge – letztlich ein Stück Lebensqualität und, um ein großes, aber hier besonders passendes Wort zu verwenden: Freiheit.

Ich war 13, als ich meinen ersten Text an einen Verlag schickte – ein Exposé über eine Mars-Expedition für eine Fortsetzung der utopischen Reihe »Jim Parkers Abenteuer im Weltraum«. Sie wurde verständlicherweise nicht angenommen, aber es kam immerhin ein ermutigendes Dankschreiben des Verlags, und das motivierte mich weiterzumachen. Mit 16 verkaufte ich meine erste Kurzgeschichte an ein Science-Fiction-Magazin. Die zehn Mark, die ich dafür als Honorar bekam, waren der auslösende Kick, intensiver weiterzuschreiben. Alles andere ist, damit verglichen, lau. Erst der Wunsch zu veröffentlichen, dann der Erfolg der ersten Publikationen geben dem Schreiben den entscheidenden Schub in die Ernsthaftigkeit, welche Professionalität erzeugt.

So seltsam es klingen mag: Auch beim Lottospielen sind Ernsthaftigkeit und Professionalität wichtig. Man muss zum Beispiel wissen, dass viele Menschen dazu neigen, ihre Lottozahlen unwillkürlich in bestimmten Mustern einzutragen. Wenn Tausende das gleiche Muster verwenden, mindert dies im Gewinnfall den Ertrag drastisch. Auch sollte man nicht zu viel und nicht zu wenig einsetzen: Der Minimaleinsatz von einem Euro ist zwar äußerst billig – aber vier Kästchen, und das mittwochs und samstags, ergeben schlicht eine höhere Gewinnchance.

Das Allerwichtigste ist natürlich das, was ein bekannter Witz transportiert. Ein Mann fleht im Gebet: »Lieber Gott, lass mich endlich im Lotto gewinnen!« Worauf eine Stimme vom Himmel dröhnt: »Dann spiel doch endlich, du Trottel.« Genau das ist die Grundlage allen Erfolgs: Üben, üben, üben.

Ansonsten muss man nur noch Geduld haben. In der psychologischen Literatur stößt man für die Zeit der → **EXPERTISE**, wie dieser Entfaltungszeitraum genannt wird, immer wieder auf die Angabe »zehn Jahre«. Vielleicht ist das beim Lottospielen ja auch so. Ein Jahrzehnt lang habe ich jetzt bereits trainiert ...

Wozu befähigt welcher IQ? Ein Überblick*

IQ-Wert	**Schulbildung/Tätigkeiten, zu denen dieses Intelligenzniveau befähigt (etwa ab diesem IQ-Wert)**
130	Durchschnitt der Personen, die den Doktorgrad erlangen
120	Durchschnitt der Personen, die erfolgreich eine Universität (USA: College) absolvieren
115	Durchschnitt der Schüler im ersten Jahr einer Universität (USA: Vier-Jahres-College); Durchschnitt der Kinder von Angestellten und Facharbeitern
110	Durchschnitt von Personen, die ein Gymnasium (USA: High-School) abschließen; 50 Prozent Chancen, mit Erfolg ein Studium abzuschließen
105	50 Prozent Chancen für einen erfolgreichen Abschluss eines Gymnasiums oder einer vergleichbaren Schule (USA: High-School)

* Nach Muller 1969, S. 31.

IQ-Wert	Schulbildung/Tätigkeiten, zu denen dieses Intelligenzniveau befähigt (etwa ab diesem IQ-Wert)
100	Durchschnitt der Gesamtbevölkerung
90	Durchschnitt der Kinder aus armen städtischen oder ländlichen Familien; der Erwachsene kann Aufgaben ausführen, die einige Urteilskraft erfordern, beispielsweise eine Nähmaschine bedienen, Montagearbeiten ausführen
75	50 Prozent Chancen, auf eine höhere Schule (USA: High-School) zu kommen; der Erwachsene ist fähig, einen kleinen Laden zu führen oder in einem Orchester zu spielen
60	Der Erwachsene kann zum Beispiel Möbel reparieren, Gemüse anbauen, Elektro-Hilfsarbeiter sein
50	Der Erwachsene kann einfache Tischlerarbeiten oder Hausarbeiten ausführen
40	Der Erwachsene kann zum Beispiel Rasen mähen, Wäsche waschen

Wie viele Kinder findet man in welchem IQ-Bereich?*

Ein Kind mit einem IQ von	entspricht
160	1 von 10 000
140	7 von 1 000
130	3 von 100
120	11 von 100
110	27 von 100
100	50 von 100
90	73 von 100
80	89 von 100
70	97 von 100

* Nach Muller 1969, S. 29.

Amazing mazes:*
Neun wichtige Forschungsansätze

Wir stehen hier nicht vor der klaren, leicht überschaubaren Struktur eines klassischen Labyrinths kretischen Stils, sondern vor einem Irrgarten. Dieses → **YRRINTHOS** der nachstehenden Abbildung hat neun Eingänge, entsprechend den neun Wegen der Forschung, um die es im Folgenden geht. Alle führen sie zum Zentrum mit dem Wort »Ich«. Dieses Ich ist das Individuum auf der Suche nach sich selbst und – in unserem speziellen Fall – nach seiner Intelligenz.

Diese neun Wege spiegeln sich in diesen Gruppen und Ausprägungen wider:

Yrrinthos der Hochbegabungsforschung mit neun Eingängen = Forschungslinien

1. Die *Historiker* berichten uns über einen Zeitraum von mehreren Jahrtausenden vom Aufstieg Hochbegabter zu den Mächtigen der Welt und wie ihre klugen Berater (Wesire, Militärführer) ihnen dabei geholfen haben.
2. Über die *akademische Hochbegabtenforschung* an den psychologischen Instituten (Tests und Statistik) erfahren wir weiter unten noch einiges.

---

* Die englischen Wörter »amazing« (erstaunlich, überraschend) und »maze« (Irrgarten) sind sprachlich eng verwandt: Ersteres stammt aus dem Skandinavischen (norwegisch »masast« = einschlafen bzw. schwedisch »mos« = träge, schläfrig). Letzteres bedeutet »verwirrendes, kompliziertes Netzwerk mit sich hin und her windenden Wegen«; es gibt dazu auch die Adjektive »mazed«, »mazing« (= verwirrend, Rätsel aufgebend).

Nur kurz streifen kann ich die sieben anderen Wege:

3. Die *Betroffenen* selbst äußern sich in Literatur, Musik und Kunst nicht zuletzt über sich selbst, weil sie notgedrungen durch ihr Schicksal als Hochbegabte zu Experten werden; aber auch Eltern und Elterninitiativen möchte ich zu diesen *Selbsterfahrern* rechnen.
4. *Förderorganisationen* wie die »Studienstiftung« müssen in einem gewissen Sinn ebenfalls erforschen, was sie fördern.
5. *Psychiater* und *Kriminologen* können uns einiges aus ihren ganz speziellen Begegnungen mit psychotischen und soziopathischen Talenten erzählen (s. Kapitel 5).
6. Die *Psychoanalytiker* und *Therapeuten* anderer Richtungen gehören zu den kompetentesten Fachleuten in puncto Hochbegabung, auch wenn ihr Ansatz ein völlig anderer ist als der der akademischen Hochbegabungsforscher und sie ihre spezielle Kompetenz selbst kaum zu realisieren scheinen. Wie die Philosophen und Theologen müssen sie sich nicht zuletzt mit der Frage »nach dem Sinn« befassen.
7. Außerdem gibt es noch eine Korona von *Hilfswissenschaften* wie Bildungspolitik, Geschichte, Pädagogik, Soziologie und Wirtschaftswissenschaften. Die Soziologie ist für die Elitendiskussion von großer Bedeutung; die Wirtschaft wiederum interessiert sich schon während deren Studium sehr für die »high potentials«, also jene jungen Hochbegabten, die später einmal die Führungskräfte in leitenden Positionen werden sollen. Sechs dieser Hilfswissenschaften (Anthropologie, Futurologie, Gehirnphysiologie, Genetik, Informationspsychologie und Kybernetik) berücksichtige ich in den nächsten Kapiteln.

Die Medien als spezielles Tool

8. Die *Medien* berichten unaufhörlich, ja fast überwiegend über Hochbegabte – auch wenn dies den Produzenten wie dem Publikum kaum bewusst sein dürfte. Vor allem die Unterhaltungsindustrie und insbesondere die Filmbranche lebt von den Schicksalen der Großen, der Berühmten, von den listenreichen Helden wie Odysseus und ihren nicht weniger talentierten Gegenspielern (bei Odysseus waren dies sogar die Götter). Aber abgesehen von Thrillern und anderen Streifen des Abenteuergenres à la James Bond, gibt es eine Fülle sehr sehenswerter Biografien (unvergesslich, um nur zwei Beispiele zu nennen: *Charlie Chaplin* und *Gandhi* vom Regisseur Richard Attenborough). Und nicht zuletzt gibt es wertvolle Dokumentationen wie Bernd Dosts *Vier helle Köpfe*.
   Eine spezielle Möglichkeit, die viele Hochbegabte nutzen, ist das Bücherschreiben; doch darüber mehr im siebten Kapitel, wo es um die »Tools für Talente« geht.
9. Hochbegabung spiegelt sich schließlich auch in *Märchen* und *Mythen* wider. Viele dieser alten Geschichten sind – wenn auch oft sehr verschlüsselt – Berichte über die Schicksale Hochbegabter. Wenn man diesen – zugegeben: sehr einengenden – Blick auf diese teils uralten Geschichten richtet, entdeckt man erstaunliche Zusammenhänge. Vor allem das Motiv der Heldenreise (die nichts anderes als ein groß angelegter Begabungs- und Intelligenztest ist) wird überall sichtbar, wie Joseph Campbell 1949 in seiner mythologischen Studie *Der Heros in tausend Gestalten* nachgewiesen hat.

Ergebnisse meiner eigenen Arbeit am »Institut für angewandte Kreativitätspsychologie (IAK)« fließen ebenfalls ein, vor allem meine praktischen Erfahrungen aus mehr als 500 Seminaren zum »Creative Writing« (zum Beispiel der Selbsttest im Kapitel 6).

Ein bisschen viel für ein einziges Buch, werden Sie vielleicht einwenden. Deshalb will ich mich in dieser Forschungsgeschichte auch nur auf Hinweise beschränken, die Ihre Neugier für eigene Recherchen anregen sollen. Auf meiner Website www.iak-talente.de stelle ich weiteres Material vor, das die einzelnen Kapitel dieses Buches ergänzt und vertieft.

Der Aufstieg Hochbegabter zu den Mächtigen der Welt

Wissenschaft - sie wird heute mit ehrwürdigen Universitätsinstituten und akademisch gebildeten Gelehrten verbunden, allenfalls noch mit Industrielabors bei IBM und Siemens und anderen Weltfirmen. Aber bis die Inflation der 20er-Jahre ihn vernichtete, gab es noch den einst sehr geachteten Stand der Privatgelehrten; Sigmund Freud war einer von ihnen, auch wenn er immer nach einer offiziellen Professur strebte (die man ihm erst sehr spät und äußerst widerwillig in Wien gab).

Schamanen als Vorläufer vieler Berufe

Doch vergessen wir nicht, wie alles Forschen angefangen hat: mit den über zehntausende von Jahren gesammelten Beobachtungsreihen der Schamanen. Sie studierten die Mondphasen und die Bewegungen der Sterne, das Kommen und Gehen der Jahreszeiten und ihren Einfluss auf Pflanzen, Tiere und Menschen; sie waren also die ersten Wissenschaftler (aus denen sich später die Astrologen und Astronomen entwickelten). Sie beobachteten nicht nur, sondern notierten ihre Funde auch - auf Rentierknochen und auf den Wänden von Höhlen, die sie bemalten; sie waren also die ersten Schriftsteller und Künstler. Gleichzeitig waren sie die ersten Ärzte und Priester, die ersten Psychologen und Soziologen. Später - da nannte man sie schon Priester - wurden sie die Berater und Vertrauten der Mächtigen. Die Schamanen fassten dieses frühe Wissen schließlich auch zusammen in den Erzählungen und den endlosen Gesängen, mit denen sie ihrem Stamm ein geistiges Zentrum in der Gegenwart und ein die Generationen überdauerndes Band der sozialen und kulturellen Zusammengehörigkeit übergaben.

Ich denke, wir gehen nicht fehl in der Annahme, dass die Schamanen die Ersten waren, die man als hochbegabt bezeichnen kann. Oder anders ausgedrückt: Ihre gesellschaftliche Funktion und Position war die erste, in der sich Hochbegabung zeigen und entwickeln konnte. Wozu sonst hätte man in der Frühzeit der Menschheit solche umfassenden Talente gebraucht? Ihr geschickter Umgang mit Menschen, Dingen (Heilkräutern zum Beispiel) und Informationen war jedenfalls ein Segen für ihr Sozialwesen. Desgleichen entwickelten sie neue Lösungen für neue Probleme, also Kreativität - beispielsweise, wenn plötzlich das Wasser der Quelle versiegte, die den Stamm seit vielen Sonnen zuverlässig versorgt hatte. Oder wenn die Winter länger und kälter wurden, die Jagdbeute schrumpfte und das Wild sogar ganz verschwand und der Stamm sein Glück in unbekannten Gegenden suchen musste.

Häuptling und Schriftsteller Galsan Tschinag

Den zweiten Beruf der früheren Menschheitsgeschichte, bei dem Hochbegabung hilfreich war (und körperliche Überlegenheit sicher nicht schadete), stellte der des Häuptlings dar. Einen Schamanen besaß jeder größere Stamm, den brauchte man ständig - weil es immer wieder einmal Jagdunfälle, Krankheiten und psychische wie soziale Malaisen gab, die geheilt werden mussten. Einen Häuptling hingegen brauchte man nicht unbedingt, jedenfalls nicht die ganze Zeit. Ihn wählte man allenfalls in Zeiten der Bedrohung durch andere Stämme oder in anderen sozialen Krisen.

Ein sehr eindrucksvolles Beispiel hierfür aus jüngster Zeit findet man im Bericht *Die Karawane* von Galsan Tschinag. In der Westmongolei geboren, studierte der Autor Anfang der 60er-Jahre in Leipzig. Danach arbeitete er als Journalist wieder in der Mongolei, machte sich aber wegen seiner kritischen Einstellung bei der kommunistischen Führung unbeliebt. Schließlich wurde er Häuptling seines Stammes. In einer abenteuerlichen Unternehmung führte er sein ganzes Volk, das während der Stalinzeit von den Kommunisten zwangsumgesiedelt worden war, über 2 000 Kilometer zurück in die alte Heimat im hohen Altai. Wie seine anderen Werke auch, erweist ihn sein Bericht als glänzenden Erzähler. In der *Karawane* erkennt man jedoch am besten seine Doppelbegabung, die ihn meines Erachtens als Hochbegabten ausweist: Er ist sowohl ein guter Anführer (ich bezeichne dies als »Vernetzung von Menschen«) als auch ein guter Erzähler (»Vernetzer von Informationen«).

Kain, der Städtegründer, und der Beginn der modernen Zivilisation

Richtig wichtig wurden die Hochbegabten erst, als die Menschen sesshaft wurden, als um 8000 v.Chr. die Kultur der Ackerbauern und Viehzüchter begann, welche die der umherstreifenden Jäger und Sammler allmählich ablöste.

Die Geschichte von Kain (dem Pflanzer) und Abel (dem Schafhirten) fasst dieses historische Drama in wenigen Sätzen prägnant zusammen und weist auch auf seinen tragischen, seinen buchstäblich mörderischen Ausgang in vielen Fällen hin. Kain, der mit dem Mal des Mörders auf der Stirn flieht, ist ein neuer Typ des Hochbegabten: der Soziopath, der seine Pläne rücksichtslos durchsetzt. Er vollzieht zugleich den nächsten kulturgeschichtlichen Schritt, indem er, der Bibel zufolge, die erste Stadt gründet. Und dort, in den frühen Städten, beginnt die eigentliche Hoch-Zeit der Hochbegabten. Jetzt werden sie an allen Ecken und Enden gebraucht. Jetzt ist nicht mehr allein körperliche Kraft zur Durchsetzung gefragt – jetzt geht es immer mehr um geistige, seelische und soziale Qualitäten. Ab da geht es um die Fähigkeit, möglichst gut vernetzend zu denken und zu handeln.

Schrift, Überlieferung, Wissenschaft entstehen: Hoch(begabten)kultur

Vor rund 5 000 Jahren entstehen Schrift und Überlieferung, entsteht Wissenschaft im modernen Sinn. Wer sonst soll dies alles ersonnen haben, wenn nicht die begabtesten Köpfe jener Zeit? Ich möchte allerdings hier schon einflechten, dass der Einzelne, und sei er noch so talentiert, ohne eine helfende Gruppe nicht viel ausrichten kann; dieses Team ist nicht weniger wichtig wie der Ideengeber. Aber einer muss eben die Idee haben - und sie vor allem durchsetzen.

Jetzt entwickeln sich die Hochkulturen - die man entsprechend als Hochbegabten-Kulturen bezeichnen könnte. Interessant ist, sich die sieben Persönlichkeiten einmal anzuschauen, von denen die ältesten überlieferten (schriftlichen) Zeugnisse berichten; ich verwende hierfür die Einträge in Kindlers Enzyklopädie *Die Großen der Weltgeschichte:*

- Imhotep (um 2780 v.Chr.), der ägyptische Arzt und Weise, Architekt und Baumeister der ersten Pyramide, Berater des Königs Djoser (Imhotep war also ein erfindungsreicher Vorfahre des Daidalos);
- Ni-Anch-Sachmet (um 2400 v.Chr.) - Königin in Ägypten;
- Sargon von Akkad (um 2350 v.Chr.);
- Hammurabi (um 1700 v.Chr.) - Herrscher von Babylon (von dem die früheste Gesetzessammlung überliefert ist);
- Hatschepsut (um 1500 v.Chr.) - Königin in Ägypten;
- Echnaton (um 1350 v.Chr.) - König in Ägypten und Religionsgründer (Monotheismus);
- Moses (um 1300 v.Chr.) - Begründer des Judentums (ob er wirklich eine historische Persönlichkeit war, ist allerdings umstritten).

Imhotep ist ein typischer Intellektueller ohne eigene Macht - also ein Nachfahre der mythischen Schamanen (der nicht zuletzt deshalb nach seinem Tod zu einer Art Messias hochstilisiert wurde). Moses ist ein Anführer (Häuptling), der zusätzlich noch mit den typischen Eigenschaften eines Schamanen begabt ist (die ihn befähigten, eine Religion zu gründen, deren monotheistische Struktur deutliche Einflüsse von Echnaton vermuten lässt). Die fünf Persönlichkeiten zwischen Imhotep und Moses in dieser Liste sind Herrscher über Großreiche - die modernste Form des Häuptlingstums, als deren historisch jüngste Ausprägung man das Amt des amerikanischen Präsidenten und, wenngleich ohne diese Machtfülle, das des Generalsekretärs der Vereinten Nationen sehen kann.

Erste Begabungsforschung, erste Intelligenztests

Schamanen und Medizinmänner - sie waren auch die ersten Psychologen und haben sich wohl auch als Erste mit so etwas wie Begabungsforschung und intelligenzabhängigen Prüfungen befasst: Wie sonst hätten sie ihre Schüler und Nachfolger ausfindig machen können? Gut möglich, dass die Wirkungen von kräftigen Halluzinogenen sie bei ihren Tests unterstützten, denn diese waren ihnen ja bestens bekannt: der Fliegenpilz und andere psychotrope Pilze (die nicht zufällig heute noch »magic mushrooms« heißen), ebenso wie die Zauberliane Ayahuasca, der Haschisch und das - ebenfalls schon seit Jahrtausenden bekannte - Opium.

Man begab sich - und begibt sich heute noch - als Schamane selbst auf diese »Reise zu den Ahnen«, um die Ursachen von Krankheiten der Seele und der Gruppe ausfindig zu machen (so wie es dann in der Antike die Orakel in Griechenland, China, Indien und überall in den entstehenden Hochkulturen fortführten). Man schickt aber auch die jungen Menschen, die Schamanen werden möchten, auf solch eine Schamanenreise*.

---

* Wer mit den Grimm'schen Märchen vertraut ist, kennt einen Bericht darüber: In der Geschichte vom »Gevatter Tod« wird uns nichts anderes erzählt als der erste Teil eines solchen Abstiegs in die Unterwelt. Wie eine

Mut, Reaktionsfähigkeit, Intelligenz, die bei dieser Schamanenreise verlangt werden – das sind auch spezielle Begabungen, die für das Wirken eines Medizinmannes unerlässlich sind. Dazu braucht er noch Überzeugungskraft, Charisma, Sensibilität und nicht zuletzt die Fähigkeit, sich selbst und sein ärztliches und pries- terliches Wirken (was beim Schamanen ja noch zusammenfällt) auch richtig »an den Mann« zu bringen. Letzteres nennen wir heute »Selbstmarketing«.

Die Märchen und Mythen geben die Erfahrungen dieser Urzeit hochbegabten Wirkens bis auf den heutigen Tag weiter. Aus der Schamanenreise wurde später die – nun nicht mehr an einen therapeutisch-medizinischen Hintergrund gebundene – Heldenreise. Die Essenz ist jedoch dieselbe: Prüfungen in ungewohnter Umgebung bestehen.

Etwas ähnliches ist heutigen Tags das Absolvieren eines Intelligenztests bei einem Testpsychologen!

Akademische Hochbegabtenforschung in vier Phasen

Doch nun zu dem, was ich ihrer Herkunft und Bedeutung entsprechend als »akademisch-psychologische Hochbegabungsforschung« bezeichne. Man kann dabei vier Phasen unterscheiden:

1. Phase der naiven Spekulation aufgrund von Äußerlichkeiten;
2. Phase der wissenschaftlich-kritischen ganzheitlichen Forschung;
3. Phase der wissenschaftlich-kritischen isolierenden Testpsychologie;
4. Entwicklung gezielter Hilfe für Latente und Underachiever.

Fortsetzung aussehen könnte (die dem Märchen erst seinen tieferen Sinn wiedergibt, den eine ursprüngliche Version besessen haben muss), können Sie auf meiner Website www.iak-talente.de nachlesen.

Phase 1: Naive Spekulation aufgrund von Äußerlichkeiten

Um 350 v.Chr. entwickelte der griechische Philosoph Aristoteles (384–322 v.Chr.) seine Spekulationen über die Aussagekraft des menschlichen Gesichts (Physiognomik) in puncto Intelligenz und Begabung. Diese wurden zwar um 1650 von dem Italiener della Porta und 1775 vom Schweizer Pfarrer Lavater wieder aufgenommen, sie sind jedoch im Grunde unbrauchbar, weil

- zwischen den Abläufen im Inneren des Gehirns mit seinem gigantischen Netzwerk von rund zehn Milliarden Neuronen und unglaublichen 500 Billionen Verknüpfungen durch Ganglien auf der einen Seite
- und der äußeren Erscheinung auf der anderen Seite nahezu keine Beziehung besteht.

Wer den schwer kranken, verkrüppelten englischen Physiker Stephen Hawking in seinem Rollstuhl sieht und nicht weiß, um wen es sich handelt, würde niemals auf die Idee kommen, dass er einer der brillantesten Denker unseres Planeten ist.

Aus denselben Gründen wie bei Aristoteles scheiterte 1808 der Versuch des deutschen Arztes und Gehirnforschers Franz Joseph Gall (1758–1828) mit seiner hoch spekulativen »Phrenologie«*. Anders als mit seinen verdienstvollen Studien zur Anatomie des Gehirns beging er damit einen Irrweg: Er meinte, mit dieser Schädellehre bereits vom äußeren Erscheinungsbild eines Kopfes auf die Intelligenzhöhe und Begabungsstruktur seines Gegenübers schließen zu können. Aber schon das Ausmaß des Gehirnvolumens (das ja nicht zuletzt die bloße Größe eines Schädels bestimmt) zeigt, wie untauglich solche äußeren Merkmale als »Intelligenztest« sind: Der russische Autor Turgenjew hatte ein Ge-

* Diese Phrenologie hat eine üble Rolle bei den rassistischen Versuchen gespielt, Angehörige anderer Völker (Indianer, Afrikaner) aufgrund ihres anderen Aussehens als intelligenzmäßig minderwertig hinzustellen.

hirn, das besonders groß war und über 2 000 Gramm wog. Sein nicht minder bedeutender französischer Kollege Anatole France brachte hingegen nur etwas mehr als die Hälfte auf die Waage – und Galls eigenes Gehirn wog auch nur 1 198 Gramm.

Phase 2: Wissenschaftlich-kritische ganzheitliche Forschung

Völlig neue Wege beschritt Mitte des 19. Jahrhunderts ein neuer Typ des Psychologen, der sich an den Naturwissenschaften und ihren Methoden orientierte. Ihn interessierte vor allem die Messung isolierter Teilleistungen und deren mathematisch-statistische Analyse. All diese Arbeiten beruhen auf einer grundlegenden Studie des Göttinger Mathematikers und Astronomen Carl Friedrich Gauß (1777–1855), der um 1800 die nach ihm benannte »Gauß'sche Glockenkurve« der statistischen Normalverteilung entdeckte. Mit dieser lassen sich Aussagen über die Bedeutung von Elementen eines bestimmten Phänomens machen, zum Beispiel über die Höhe der Intelligenz eines einzelnen Menschen im Vergleich zu den Ergebnissen einer Gruppe von Menschen oder der ganzen Bevölkerung.

Der Erste, der auf dieser Basis in großem Stil die intellektuellen Leistungen seiner Mitmenschen untersuchte, war ein Zeitgenosse Charles Darwins: sein Vetter Francis Galton (1822–1911). Er war nicht nur für die Entstehung der wissenschaftlichen Psychologie wichtig, welche die vorher sehr philosophisch orientierten Bemühungen allmählich ablöste, sondern wandte seinen genialen Geist auch vielen anderen Fragen zu. Es passt zu seiner eigenen rastlosen Entdeckerpersönlichkeit, dass sein wichtigstes Werk, 1869 in London erschienen, den Titel *Hereditary Genius* (etwa: Genie wird vererbt) trug. Mit diesem Jahr kann man jedenfalls den Beginn der wissenschaftlichen (psychologischen) Erforschung der Hochbegabung datieren.

Bald darauf, 1879, gründete Wilhelm Wundt in Leipzig das erste »Institut für experimentelle Psychologie«, auf dessen Kon-

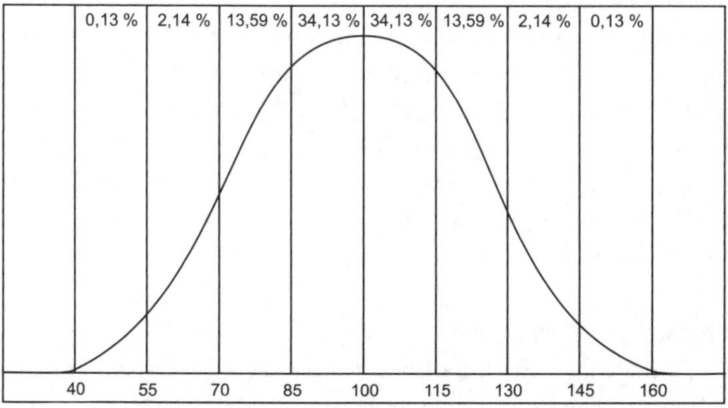

Anhand der Gauß'schen Glockenkurve (auch »Normalverteilung« genannt) sieht man deutlich, dass der größte Teil der Bevölkerung (rund 95 Prozent) über eine durchschnittliche Intelligenz zwischen 70 und 130 IQ-Punkten verfügt; nach diesen Zahlenwerten aus *Psychologie heute,* H. Juli 1994, findet man am linken Rand rund drei Prozent Minderbegabte, am rechten Rand entsprechend drei Prozent Hochbegabte.

zept auch die kurz darauf florierende naturwissenschaftliche Intelligenzforschung mit Messungen und Tests basiert.

Von 1884 bis 1890 nützte Galton das große Interesse der Besucher der Londoner Weltausstellung an solchen Methoden und gewann auf diese Weise wertvolles Grundlagenmaterial für theoretische und statistische Überlegungen zu Intelligenz und Begabung. Nahezu 10 000 Probanden unterzogen sich diesen Versuchen.

Phase 3: Wissenschaftlich-kritische isolierende Testpsychologie

Um 1900 beginnt eine weitere Phase, die nun immer isolierender mit ausgewählten, vergleichsweise leicht zu messenden Fähigkeiten der Testpersonen arbeitet. Sie wird bestimmt vom französischen Forscher Alfred Binet (1859–1911), der den Begriff des »Intelligenzalters« schuf, und dem deutschen Psychologen William Stern (1871–1938), der das Konzept und die Bezeichnung »Intelligenzquotient« erfand und 1928 den Begriff »Hochbegabung« in die Psychologie einführte.

Weitere Details zur Entwicklung der Intelligenz- und Hochbegabungsforschung und zu verwandten Themen habe ich in der Zeittafel ab S. 315 zusammengestellt.

Beispiele von Testaufgaben

Grundlage fast aller Intelligenztests sind eine Reihe zunehmend schwieriger werdender Aufgaben, welche die Testperson in einer vorgegebenen Mindestzeit lösen muss.

Wenn man einem Kind die folgende Zahlenreihe vorlegt und es bittet, sie sinngemäß zu ergänzen, dann sagt das Ergebnis etwas aus über seine Fähigkeit, nicht nur Zahlen richtig zu erkennen, sondern auch einen logischen Schluss über ihre Reihenfolge zu gewinnen:

»1 - 2 - 3 - 4 ...«

Diese Reihe mit einer »5« zu ergänzen, ist nicht schwer. Aber wie steht es hiermit?

»1 - 4 - 7 - 10 ...«

Hier muss schon erkannt werden, dass jeweils »3« addiert wird. Und was ist mit dieser Reihe?

»1 - 2 - 3 - 5 - 7 - 11 ...«

Hier muss das Kind etwas sehr Schweres begreifen, ja, es muss sich schon einmal mit einem bestimmten Zahlentyp beschäftigt haben, denn es handelt sich um eine Folge von Primzahlen.

Es ist gut möglich, dass so mancher Leser, der mit Mathematik in der Schule schlechte Erfahrungen gemacht hat, an dieser Stelle mit dem Gedanken spielt, weiterzublättern. Also machen wir einen anderen Versuch mit Buchstaben:

»a – b – d – g – k«

Wie geht das weiter?

Richtig: Es wird von Mal zu Mal ein Buchstabe mehr gefragt. Also lautet die neue Folge: »a (plus ein Buchstabe: b) – b – (plus zwei Buchstaben: c d) – d (plus drei Buchstaben: e f g) – g usw.«

Das sieht der obigen mathematischen Reihe sehr ähnlich, nicht wahr? Entsprechend gibt es auch nur eine einzige korrekte Antwort, und die lässt sich leicht von einer Hilfskraft mittels einer Schablone oder sogar von einem Computer als »richtig« oder »falsch« einstufen. Aber wie steht es mit einer Ergänzungsaufgabe dieser Art:

»F sch rs«

Erkennen Sie auf Anhieb das Wort »Fischers«? Es könnte doch auch »Fälschers« heißen oder »Forschers«, je nachdem, wie die Aufgabe formuliert ist. Wenn ich Ihnen aber diesen kompletten, wenn auch verstümmelten Satz vorlege, erkennen Sie wahrscheinlich, um welchen Zungenbrecher es geht:

»F sch rs Fr tz f ngt fr sch F sch «

Diese Aufgabe zu lösen ist Ihnen vermutlich nur dann leicht gefallen, wenn Sie a) gut Deutsch können und b) diesen Satz schon einmal irgendwo, wahrscheinlich in der Kindheit, geübt und in Ihrem Gedächtnis eingespeichert haben.

Aus einem Akronym einen kleinen Text entwickeln

Nun wird es noch komplizierter: Ergänzen Sie bitte die Buchstaben des folgenden Akronyms und machen Sie anschließend einen kleinen sinnvollen Text daraus, und zwar mit möglichst wenig Wörtern:

TALENT

Sie zögern? Sie überlegen, was ein Akronym ist? Dieser aus dem Griechischen stammende Begriff heißt wörtlich: »Spitz-Wort«. Eigentlich ist dies eine literarische Übung und eine Anweisung, die einzelnen Buchstaben dieses Wortes als Anfang für neue

Wörter zu verwenden (aus denen dann der Aufgabe entsprechend die Geschichte zu erfinden ist). Mein Angebot:

Tasten
Aluminium
Legislaturperiode
Engel
Nordpol
Teufel

Wie lautet Ihr Text? Meiner sieht so aus:

»Die *Tasten* des neuen Klaviers waren aus *Aluminium* und es stand während der ganzen *Legislaturperiode* im Foyer des Bundestages. Kein *Engel* spielte darauf. Aber als man es einer wissenschaftlichen Expedition zum *Nordpol* mitgab, wäre es mit dem *Teufel* zugegangen, wenn deren Leiter (der in einem früheren Beruf Organist gewesen war) nicht darauf gespielt hätte.«

Nicht unbedingt nobelpreisreif. Aber ein lesbarer, sinnvoller Text (der zum Plot für einen spannenden Thriller werden könnte). Er bringt nur ein Problem mit sich, wenn er Teil eines Tests zur Prüfung von Intelligenz ist: Wie bewertet man ihn?

Wie bewertet man es, wenn der Prüfling schon nicht weiß, was ein Akronym ist und deshalb mit der ganzen Aufgabe scheitert – obwohl er durchaus in der Lage gewesen wäre, aus den sechs Anfangsbuchstaben einen Text zu verfassen?

Sie sehen: Eine gewisse (und zwar spezielle) Bildung ist für die Lösung einer solchen Aufgabe notwendig. Die Intelligenz gebildeter (und mit der betreffenden Sprache vertrauter) Menschen könnte man mit so einer Aufgabe sicher testen. Aber schon die Bewertung des Inhalts stößt rasch an Grenzen. Bekommt man für poetische Qualitäten Zusatzpunkte? Oder für die Verwendung von möglichst wenigen, einfachen oder – im Gegenteil – besonders exotischen Wörtern?

Solche Aufgaben sind für einen Intelligenztest schon kaum

mehr zu verwenden, jedenfalls nicht für einen, mit dem man vielen Menschen gerecht werden möchte.

Nicht anders ist es bei nonverbalen Testteilen. Sie können natürlich ganz gut bewerten, wie jemand mit einem Bleistift durch ein Labyrinth kretischen Typs oder einen Irrgarten fährt - ob das geschickt und ohne die Begrenzungen zu berühren gemacht wird oder plump; ob das langsam oder flott abläuft und dergleichen mehr; ob die Versuchsperson konzentriert oder fahrig und leicht ablenkbar arbeitet.

All dies können Sie protokollieren und mit den Protokollen anderer Probanden vergleichen. Es ist jedoch kein Zufall, dass der einzig wirklich gut durchdachte und entwickelte Labyrinth-Test von Férdy Chapuis aus dem Jahr 1959 sich nicht durchsetzen konnte. Er ist bei aller scheinbaren Einfachheit in Wahrheit viel zu kompliziert. Deshalb werden Irrgärten heute nur noch selten und allenfalls als Untertest eingesetzt, um die feinmotorische Geschicklichkeit wenigstens annähernd zu erfassen.

Von den mathematischen Formulierungen der Gauß'schen Glockenkurve und ihrer oben gezeigten Darstellung als Normalverteilung leitet sich eine gängige Definition der Hochbegabung ab: Wer in einem (entsprechend geeichten und standardisierten) Intelligenztest eine bestimmte Anzahl von Aufgaben in der vorgegebenen Zeit richtig löst und dabei exakt 97,7 Prozent der Bevölkerung übertrifft, also selbst zu den erlesenen 2,3 Prozent gehört, wird als hochbegabt bezeichnet. Mit anderen Worten: Unter 1 000 Menschen findet man 23 Hochbegabte, welche 130 und mehr Punkte erreichen. Dies ist eine völlig künstliche und willkürliche Festlegung, mit der sich jedoch praktisch ganz gut arbeiten lässt.

Man kann jedoch auch völlig anders vorgehen und sich überlegen, welche Eigenschaften Menschen mit außergewöhnlichen intellektuellen (oder auch sportlichen und künstlerischen) Leistungen haben. Dies ist allerdings, weil komplexer, sehr viel schwieriger zu prüfen als die vergleichsweise einfachen Aufgaben der verschiedenen Untertests der heute üblichen, sehr zuverlässigen (stabilen) Prüfverfahren. Zu ihnen gehört der »Hamburg-Wechsler-Intelligenztest für Kinder (HAWIK)«, mit dem sich recht gute Aussagen über die künftigen Leistungen eines Schülers machen lassen. Letzteres gilt allerdings nur, wenn dieses Kind von Schule und Elternhaus optimal gefördert wird.

Termans Langzeitstudie

Anders als die üblichen Tests, die gerade mal ein bis zwei Stunden dauern und nur eine Art Momentaufnahme der Fähigkeiten des Getesteten wiedergeben, ermöglicht eine Langzeitstudie tiefer gehende Erkenntnisse. Die wichtigste dieser Studien stammt von Lewis M. Terman (1877–1956). 1921 wählte der amerikanische Psychologe nach langen Vorentscheidungen insgesamt 1 528 Schüler mit einem IQ-Wert von 135* und höher im Alter zwischen acht und zwölf Jahren. Er leitete dieses Forschungsprojekt bis zu seinem Tode 1956, und es wird heute noch weitergeführt. Die gegenwärtig lebenden »Termiten«, wie die Teilnehmer an dieser Studie genannt werden, sind mittlerweile hochbetagt und werden in regelmäßigen Abständen erneut befragt.

Termans Ergebnisse brachten große Überraschungen mit sich, denn sie widerlegten einige Vorurteile über Hochbegabte, vor allem, dass es sich um fehlangepasste, unglückliche, neurotische Individuen handle – nach dem Motto von »Genie und Irr-

---

* Dieser IQ-Wert von 135 ist mit Vorsicht zu genießen: Wie viele andere ausländische IQ-Angaben lässt sich dieser nur annähernd mit den bei uns üblichen vergleichen, die sich meistens am HAWIK (s. oben) oder HAWIE orientieren. Auch in Deutschland sind über 90 verschiedene Intelligenztests in Gebrauch, deren Skalen nicht unbedingt vergleichbar sind: Dem IQ 130 im »Hamburg-Wechsler-Intelligenztest für Erwachsene (HAWIE)« entspricht der IQ 120 im Intelligenz-Struktur-Test (IST) nach Amthauer.

sinn« (s. Zeittafel, S. 321: 1927, Lange-Eichbaum). Diese begabten Kinder waren körperlich gesünder als vergleichbare Normalbegabte, zeigten weniger psychische Auffälligkeiten, besaßen Sinn für Humor und gute Führungsqualitäten, waren überdurchschnittlich beliebt und großzügig. Ihre späteren Erfolge als Erwachsene waren ausgezeichnet, sowohl in Bezug auf ihre berufliche Karriere wie ihre Bildung und Ausbildung.

(Kritiker wie Ellen Winner, s. S. 162 f., werfen Terman jedoch vor, dass er mit seiner Vorauswahl alle Problemkinder (→ **UNDERACHIEVER**) bereits beim Start herausfilterte; er ließ nämlich von Lehrern die besten und in deren Augen hochbegabten Schüler der jeweiligen Klasse für die Teilnahme am Langzeitversuch vorschlagen.)

Für Terman gab es nur ein einziges entscheidendes Kriterium: den Intelligenzquotienten. »Gemäß dieser Ein-Faktor-Theorie stand für ihn lange Zeit fest, dass hohe Intelligenz im weiteren Verlauf des Lebens in besonderen oder gar hervorragenden Leistungen zum Ausdruck kommen würde, da Intelligenz biologisch festgelegt sei. Er war, wie so viele Forscher zu Anfang des 20. Jahrhunderts, Anhänger des ›biologischen Determinismus‹, musste aber im Laufe der Zeit sein biologisches Denken revidieren.« (Franz Mönks, www.pi-linz.ac.at)

Es zeigte sich jedoch allmählich, dass eine im Schulalter festgestellte hohe Intelligenz nicht ohne weiteres späteren Erfolg garantiert. Viele der »Termiten« versagten im Berufsleben völlig. »Zwei künftige Nobelpreisträger, William Shockley, der das Transistorradio erfand, und Luis Alvarez, der Entdecker der Elementarteilchenresonanz, wurden als Kinder sogar aus der Studie ausgeschlossen, weil sie beim IQ-Test zu schlecht abgeschnitten hatten! Als die Terman-Probanden gefragt wurden, was für sie das Wichtigste im Leben sei, nannten sie Familie, Freunde, staatsbürgerliche Pflichten und moralische Werte – genau die Dinge, die schöpferische Menschen nicht selten für ihre Arbeit opfern.

Möglicherweise ist eine zu starke Anpassung der Kreativität abträglich.« (Winner 1998, S. 259)

Die weiblichen Teilnehmer der Terman-Studie wurden, obgleich hoch- und höchstbegabt, im späteren Leben übrigens überwiegend Hausfrauen.

Freuds Psychoanalyse: Ein wirklich gutes Analyseverfahren

Ein anderes und wirklich gutes Analyseverfahren, mit dem man Hochbegabung ebenfalls erkennen kann, geht völlig andere Wege. Es ist allerdings unmöglich zu standardisieren oder zu eichen und hat nicht so sehr naturwissenschaftliche Grundlagen (obwohl manche Anhänger dieser Methode und vor allem ihre Gegner das gerne so hätten) als künstlerische: die ab 1895 von Sigmund Freud begründete Psychoanalyse und einige der später daraus entstandenen psychotherapeutischen Verfahren.

Psychoanalytisch-tiefenpsychologische Empathie (Einfühlung in das Seelenleben anderer Menschen) - das ist eine völlig andere Tätigkeit als das Durchführen und Interpretieren eines standardisierten Tests, der einige wenige Merkmale einer Persönlichkeit misst. Es gibt übrigens einen Test, der der psychoanalytischen Methode nahe steht und ebenfalls für das Einschätzen der Intelligenz verwendet werden kann: der »Kleckstest« nach Rorschach. Mit ihm erkundete man nicht nur Charakterzüge wie aggressive oder depressive Disposition, sondern setzte ihn (wenn auch stets in Zusammenschau mit einem standardisierten Intelligenztest wie dem HAWIE) auch zur Eingrenzung der intellektuellen Fähigkeiten ein. Da solche Farbmuster jedoch noch weit schwieriger in ein standardisiertes und leicht durchzuführendes Verfahren einzubinden sind als der Labyrinth-Test, verwendet man »den Rorschach« heute kaum noch.

Wir sehen: Die Tendenz geht immer stärker in Richtung einfachster, leicht zu standardisierender Aufgaben.

Statistischer Vergleich Hochbegabte vs. Underachiever

In der folgenden Tabelle vergleiche ich die Prozentangaben verschiedener Studien über Hochbegabte; dabei wird als Vergleichsgrundlage ein IQ von 130 aufwärts zugrunde gelegt. Für Deutschland entspricht ein Prozent der Gesamtbevölkerung etwa 820 000 Menschen (allen Alters), wobei die Bezugsgröße 82 Millionen ist (Stand: 2002), was uns bei einem angenommenen Anteil von drei Prozent zu einer Gesamtzahl von 2,4 Millionen Hochbegabten (vom Säugling bis zum Greis) führt. Für die gesamte Welt sind dies bei einer Weltbevölkerung von 6 Milliarden 180 Millionen Hochbegabte. Bei Letzterem wird vorausgesetzt, dass sich Hochbegabung weltweit genauso entsprechend der Gauß'schen Glockenkurve (s. S. 115) verteilt wie in Deutschland - worüber sich trefflich streiten lässt.

Rost (2000, S. 38) geht einmal von einem IQ = 129+ aus, in einer Folgestudie von 124+. All dies ist eigentlich kaum kompatibel und wirklich vergleichbar.

Ich selbst habe mich, wie schon am Anfang des Buches vermerkt, für drei Prozent Hochbegabte entschieden. Wenn ich davon zwei Drittel (2 x 33 = 66 Prozent) für den Anteil der Underachiever ansetze, so mache ich dies zum einen, weil dies sich leicht rechnen lässt (je ein Drittel der angenommenen drei Prozent Hochbegabten an der Gesamtbevölkerung), zum anderen aber vor allem, weil ich den extrem niedrigen Werten der Marburger Studie nicht traue - zu sehr weichen diese von den amerikanischen Befunden ab (s. S. 124).

Studie bzw. Quelle der Daten	Angenommener prozentualer Anteil der Hochbegabten an der Gesamtbevölkerung	Angenommener Anteil der Underachiever an der Gruppe der Hochbegabten
Deutsche Gesellschaft für das hochbegabte Kind (DGhK)	»In der Bundesrepublik gibt es schätzungsweise 300 000 (hochbegabte Kinder)« – das entspricht 2 bis 3 %	Ca. 70 % (»... mehr als zwei Drittel verkümmern ...«, *Labyrinth,* Nullnummer von 1978)
Rost und Hanses 1993 (Marburg)	2,7 %	12 %
Heller 1996 (München)	1 bis 2 %	50 %
Winner 1998 (USA)	2 bis 3 %	50 %
52 amerikanische Professoren (USA)	»Rund 3 % der Amerikaner erzielen einen IQ über 130, oft als Schwelle für Hochbegabung angesehen« (zit. n. Rost, S. 17)	keine Angaben
Funke 1998 (Heidelberg)	2 % (IQ 130+, Funke, S. 104)	keine Angaben
Rost 2000 (Marburg)	2,7 % (IQ 129 aufwärts, in der Folgestudie IQ 124 aufwärts, s. Rost, S. 38)	10 bis 15 % (Rost, S. V)
Stapf 2003 (Tübingen)	ca. 2 %	»... könnte es sich um ca. 10 % handeln« (Stapf, S. 157)
vom Scheidt 2004 (München - hier im Buch)	3 %	rund 66 %, davon 33 % echte Underachiever plus 33 % gebremste Latente

Vergleich der Prozentangaben verschiedener Studien über Hochbegabte

Stark voneinander abweichende Zahlen

Analysiert man die großen deutschen Studien, die von den Psychologieprofessoren Kurt Heller (München) und Detlef Rost (Marburg) durchgeführt wurden, und vergleicht sie mit den Studien der Tübinger Psychologin Aiga Stapf und der amerikanischen Psychologin Ellen Winner, so springt - bei vielen durchaus vorhandenen Ähnlichkeiten - eine Diskrepanz sofort ins Auge: Die nebeneinander stehenden statistischen Grundziffern weichen derart voneinander ab, dass man sich fragt, ob der Wissenschaftsgegenstand, der hier verhandelt wird - die Hochbegabung - denn wirklich derselbe ist.

Schon dass die Grundgröße (prozentualer Anteil der Hochbegabten an der Gesamtbevölkerung) von »ein bis zwei Prozent« (Heller) über »zwei Prozent« (Stapf) bis drei Prozent schwankt, muss irritieren. Schließlich steht »ein Prozent« für derzeit rund 820 000 Hochbegabte in Deutschland, bei der Annahme »drei Prozent« sind es bereits fast 2,5 Millionen, und wenn man gar von fünf Prozent spricht (je nachdem, ab welchem IQ man Hochbegabung annimmt - bei 125 ist die Messlatte anders als bei 130), dann landen wir bei über vier Millionen.

Noch seltsamer wird der Zahlenvergleich, wenn man sich anschaut, wie hoch der Anteil der Underachiever angesetzt wird. Er schwankt zwischen 50 Prozent (Heller ebenso wie Winner, die viele amerikanische Studien bündelt) und ca. 70 Prozent (Deutsche Gesellschaft für das hochbegabte Kind) einerseits und andererseits dem, was Detlev Rost bei der groß angelegten Marburger Studie herausfand: dass nämlich der Anteil der Underachiever an den Hochbegabten lediglich »rund 10 % bis 15 % ausmacht ...«

Kein Grund zur Aufregung? Nun, es macht einen Unterschied, ob allein in Deutschland im Minimalfall (zehn Prozent von einem Prozent Hochbegabtenanteil) lediglich 82 000 Menschen (davon etwa 30 000 Kinder und Jugendliche) vom Schicksal des nicht verwirklichten Hochbegabtenpotenzials betroffen sind oder im Maximalfall (70 Prozent von drei Prozent Hochbegabtenanteil) fast zwei Millionen!

Statistiken lassen sich bekanntlich gut hintrimmen auf die Antworten, die man sucht und gerne auch bestätigt finden möchte. Dagegen ist kein Wissenschaftler gefeit:

- Das fängt mit der Auswahl der Fragen an, die man stellen wird.
- Das geht weiter mit der Zielgruppe, die man testet und interviewt.
- Es endet noch lange nicht bei der statistischen Verrechnung der Ergebnisse
- und schließlich ihrer sinnvollen Interpretation: Da müssen alle Werte noch gebündelt werden, es muss nochmals ausgelesen und interpretiert und schließlich zwischen zwei Buchdeckel gepresst werden.

Wer hat nun Recht? Der Verdacht, den ich schon im Geleitwort geäußert hatte, verfestigt sich immer mehr, dass hier nicht nur verschiedene Forschungsansätze eine Rolle spielen, sondern handfeste bildungspolitische Ziele.

Die englische Regierung hat sich in den 60er-Jahren des 20. Jahrhunderts von den empirischen Befunden und statistischen Berechnungen des weltbekannten Psychologen Cyril Burt (der dafür von der Queen sogar zum Sir geadelt wurde) dazu verführen lassen, das ganze Schulsystem der Insel zu verändern. Dabei verlagerte man das Schwergewicht mehr auf die *angebliche* Tatsache, dass Intelligenz angeboren sei und von der Umwelt, also auch von der schulischen Erziehung, wenig zu beeinflussen. Das Adjektiv »angeblich« ist wichtig, denn nach Burts Tod stellte sich heraus, dass seine Forschungen, die auf internationalen Zwillingsuntersuchungen beruhten, massiv gefälscht waren.

Das heißt nicht, dass die Burt'schen Ergebnisse unbedingt falsch waren. Man kennt aus der Wissenschaftsgeschichte viele Beispiele, dass Forscher erst einmal nur eine Ahnung, eine Intuition hatten, die sie nur schwer beweisen konnten, die sich aber später als richtig erwies. Es dauerte 350 Jahre (!), bis der britische Mathematiker Andrew Wiles eine Gleichung seines französischen Kollegen Pierre de Fermat beweisen konnte, die jener kurz vor seinem Tod an den Rand eines Buches gekritzelt hatte und die man treffend als »Fermat'sche Vermutung« bezeichnete.

Vieles deutet darauf hin, dass Hochbegabung auf einer angeborenen Fähigkeit des Gehirns beruht, Informationen schneller und komplexer zu verarbeiten, als es Normalbegabten möglich ist. Da lässt sich mit noch so viel Erziehung nichts daran ändern: Einen IQ von 100 kann man auch nicht durch intensives Lernen auf 130 hochpuschen. Cyril Burt mag also trotz der Fälschungsvorwürfe Recht behalten mit seinen Ergebnissen. Aber der Verdacht der Fälschung wird sich seit Burt, der so berühmt und so anerkannt und so vorbildhaft war für die statistische Testpsychologie und Intelligenzforschung, gegenüber den Ergebnissen jeder solchen Studie einschleichen.

Niemand wird jemals die 1 000 Aktenordner, in denen die Marburger Studie von Rost und seinem fleißigen Team begraben ist, durchforsten oder diese Studie genauer unter die Lupe nehmen – schon ganz einfach deshalb, weil kein Experte die eigene Lebenszeit dafür verschwenden möchte und dafür lieber eine eigene Studie erstellt! Wir müssen solche Forschungsergebnisse glauben. Aber wir sollten misstrauisch sein, wenn ihre Befunde allzu sehr abweichen von dem, was bis dato publiziert wurde.

Forschungsstrategien

Jeder, der mit Hochbegabung zu tun hat, nähert sich diesem Phänomen auf eine bestimmte Art. Wer forscht, tut dies aus einer speziellen Perspektive und muss notgedrungen andere Perspektiven ausblenden. Dagegen ist nichts einzuwenden, so lange die »Voreingenommenheit« bzw. Ideologie dahinter sichtbar und somit verhandelbar bleibt.

Ein Testpsychologe geht anders an Hochbegabung heran als die Mutter eines »wizz kids«*, der äußerst talentierte Dichter anders als der Psychoanalytiker und der Lehrer oder der Bildungspolitiker anders als der Filmregisseur. Manche kommen dem Phänomen dabei unglaublich nah (wie Bernd Dost mit seiner Fernsehdokumentation *Vier helle Köpfe*), manche entfernen sich sehr weit davon (wie so mancher Testpsychologe, der nur noch die Messergebnisse sieht und nicht mehr den talentierten Menschen, und wie mancher Lehrer, der die Schüler lieber alle »gleich [begabt]« hat als »verschieden«).

Und eine Berufsgruppe scheint gar nicht wahrzunehmen, dass Hochbegabung ein Phänomen ganz eigener Art ist, dem man mindestens so viel Bedeutung zumessen muss wie der Triebdynamik: die Psychoanalytiker - obwohl doch gerade sie üblicherweise noch den winzigsten Details ihrer Klienten und Patienten die größtmögliche Aufmerksamkeit schenken. Trotzdem sollte man zur Kenntnis nehmen, dass niemand sich mehr mit Kreativität und ihren Störungen befasst hat als die Psychoanalytiker, allen voran Sigmund Freud. Dass diese Studien von der universitären Forschung total ignoriert werden, sieht man an den Büchern des bekannten Kreativitätspsychologen Mihaly Csikszentmihalyi.

Deutschland weit abgeschlagen?

Im September 2003 wurde eine Studie der OECD**-Länder mit dem Titel »Bildung auf einen Blick« veröffentlicht. Sie enthüllt, dass das große und wirtschaftlich so starke Deutschland innerhalb der 30 OECD-Länder nur Rang 22 beim Anteil der Angehö-

---

* Abgeleitet vom englischen Begriff »wizzard« = Zauberer/Genie - ein Ausdruck, der schon lange vor dem Auftauchen von »Harry Potter« in den USA als Bezeichnung für ein besonders schlaues Kind üblich war.

** Organization for Economic Cooperation and Development (Organisation für wirtschaftliche Zusammenarbeit und Entwicklung).

rigen eines Jahrgangs erreicht, die mit einem Hochschulstudium ihre Ausbildung abschließen: In Deutschland sind das 30 Prozent - in Kanada, das die Liste mit Rang 1 anführt, sind es 51 Prozent, in Irland, Japan und Korea immerhin noch 40 Prozent.

Würde man die Underachiever und die gebremsten Latenten früher erkennen und entsprechend fördern und ermutigen, dürfte sich das Reservoir kräftig erweitern, aus dem sich später Hochschulabsolventen rekrutieren! Aber so lange - dies ein weiteres Ergebnis der Studie - im Schnitt auf 25 Schüler ein ziemlich überforderter Lehrer kommt, wird sich da wenig ändern.

Der Artikel in der *Süddeutschen Zeitung* vom 17. September 2003 trug übrigens den bezeichnenden Titel »Bildungspolitik ein Grund für die Wirtschaftsflaute«.

Phase 4: Entwicklung gezielter Hilfe für Latente und Underachiever

Gezielte Hilfe für Latente und Underachiever - wie könnte das aussehen? Hier gilt es ein gewaltiges Potenzial zunächst zu erkennen, dann zu ermutigen und zu fördern. Aber wozu?

Nachdem dies der Schwerpunkt der nächsten Kapitel sein wird, möchte ich hier nur zwei Gedanken nochmals nennen, die ich weiter oben schon in anderem Zusammenhang erwähnt habe:

- Hochbegabte, die ihr Potenzial nicht realisieren, leiden darunter - schon allein aus diesem Grund muss ihnen Hilfe angeboten werden.
- Die amerikanische Hochbegabungsforscherin Ellen Winner bringt den anderen zentralen Gedanken so auf den Punkt: »Keine Gesellschaft kann es sich leisten, ihre begabtesten Mitglieder zu ignorieren.«

Und was ist mit Minos?

»... damit Kirch und Policey morgen wohl bestallet sei.«

Das Motto für dieses dritte Kapitel stammt aus dem Jahr 1654. Es zeigt deutlich, wofür das Establishment einst Talente gefördert sehen wollte. Mit dieser Tafel an der Michaeliskirche in Schwäbisch Hall warb man für Stipendien, die begabten Studenten zugute kommen sollten. Die etablierten Eliten vertraten zum einen die weltliche Macht (»Policey«) und zum anderen die geistliche (»Kirch«). An beiden war kein Vorbeikommen, wenn man nicht Kopf und Kragen riskieren wollte. Wer sich freilich mit diesen Repräsentanten der »gesellschaftserhaltenden Kräfte« arrangierte, dem standen alle Türen und Tore offen.

Das ist auch heute nicht viel anders. Die »Studienstiftung des deutschen Volkes« fördert und vertritt zwar die junge wissenschaftliche Elite, gewissermaßen als eine dritte Säule der Macht neben Staat und Kirche. Aber wenn der Autor Rolf-Ulrich Kunze so ein Motto der ersten umfassenden Studie über die Geschichte dieser Einrichtung voranstellt, geschieht dies doch kaum zufällig, sondern ist gewissermaßen als Botschaft zu verstehen. Ich interpretiere diese Botschaft so, dass sich die Studienstiftung den tragenden Kräften der Gesellschaft verpflichtet sieht, die auf größtmöglichen Erfolg aus sind – im Idealfall nicht nur für sich selbst, sondern für das gesamte Gemeinwesen. Und das ist ja auch in Ordnung so.

Auslese für die herrschenden Eliten?

In diesem Kapitel ist viel von Forschung und Psychologie die Rede gewesen, von Tests und Auslese der Begabtesten und Tüchtigsten. – Warum habe ich in der Kapitelüberschrift den Namen des Minos so hervorgehoben?

Im kretischen König begegnet uns ein völlig anderer Typ des Hochbegabten. Im Gegensatz zu Perdix und Naukrate (s. Kapitel 1 und 2), die Nebenfiguren des Labyrinth-Dramas sind, tritt mit Minos ein wirklich Mächtiger in den Mittelpunkt. Er thront über dem ganzen Geschehen und gibt die Anweisungen.

Betrachtet man die Entwicklung der Hochbegabungsforschung im 20. Jahrhundert genauer, so findet man schon bei der ersten, die um 1908 von Binet und Simon durchgeführt wurde, ein bemerkenswertes Element: Sie wurde von der französischen Regierung in Auftrag gegeben und diente letztlich einem recht brutalen Aussortieren der Minderbegabten.

Die nächste große Kampagne war der »Army Alpha Test«, welcher der amerikanischen Regierung (genauer: der militärischen Führung) dazu diente, die Soldaten möglichst effizient auszusortieren in solche, die man gut einsetzen konnte, und solche, die man nicht brauchte. Das mag für den Kriegsfall angehen. Aber dieselben Methoden wurden nach dem Ersten Weltkrieg im großen Stil eingesetzt, um die in großen Wellen in die USA strömenden Einwanderer entsprechend auszusieben.

Es ist kein Zufall, dass diese Massentests von den herrschenden Eliten angeordnet wurden. Intelligenztests sind und bleiben Verfahren, die sicherstellen sollen, dass Investitionen - ob in schulische oder berufliche Laufbahnen - sinnvoll eingesetzt werden. Es geht - wie bei Minos, dem ersten König der europäischen Geschichte - um Herrschaft, Macht, Erfolg, Leistung - und nicht zuletzt um Anpassung.

Herrscher müssen auch distanziert von ihren Untertanen sein. Wenn sie einzelnen Individuen zu nahe stehen, können sie wichtige Entscheidungen nicht mehr treffen, die das ganze Sozialsystem betreffen. Diese - möglichst objektive - Distanz muss auch der Tester und der statistisch auswertende Psychologe einnehmen, sonst kann er/sie nicht vernünftig arbeiten. Wer könnte deshalb symbolisch besser als der kretische König für die Macht der Testpsychologen stehen, die nicht selten die Weichen für eine berufliche Karriere stellen?

Ich habe selbst während eines psychologischen Praktikums bei einer großen Computerfirma solche Tests durchgeführt und kann mich noch an die bange Erwartung der Getesteten erinnern, wie dieses Prüfungsabenteuer wohl ausgehen wird. Als ich mich, drei Jahre zuvor, für das Studium der Psychologie beworben hatte, saß ich auf der anderen Seite des Tisches. Damals waren zwar Zulassungsbeschränkungen nach Art eines Numerus clausus nicht erlaubt – aber das psychologische Institut hatte eine elegante Lösung gefunden: ein strenges Ausleseverfahren in Form einer Eignungsprüfung. Wir waren fast 100 Prüflinge, die unter anderem einen Intelligenztest und ein persönliches Interview absolvieren mussten. Eine sehr stressige Erfahrung. Der Institutsleiter kam mir damals wirklich wie eine Art Regent vor, der über das Wohl und Wehe eines künftigen Untertanen seines Reiches der Psychologie entschied.

Innerhalb der Psychologie wiederum, wir sahen es in diesem dritten Kapitel, sind heutzutage die Testpsychologen und Statistiker mit ihrem naturwissenschaftlichen Hintergrund die kleinen Herrscher, die den Ton angeben mit ihren scheinbar so klaren und objektiven Methoden. Scheinbar, möchte ich betonen. Denn wenn es auf praktische Hilfe ankommt, zum Beispiel für einen Underachiever, dann ist es mit diesen Methoden vorbei. Dann ist nicht mehr der Naturwissenschaftler gefragt (der Macher und Häuptling, könnte man sagen), sondern der Heiler, also der Medizinmann mit seinen geheimnisvollen Ritualen. Wer von den Figuren der Labyrinth-Sage könnte dafür stehen? Wir werden es im sechsten Kapitel sehen.

Die Labyrinth-Geschichte ist übrigens noch in anderer Form zutiefst mit der Intelligenz- und Hochbegabungsforschung verbunden. Wie schon erwähnt, steht am Beginn der Testpsychologie und der psychologischen Experimente der Irrgarten. Das beginnt 1899 mit den Rattenversuchen von William S. Small, der die Tiere durch einen Holzkasten laufen ließ, der dem »maze« im Park von Schloss Hampton Court bei London nachgebildet war. Es ging weiter mit gezeichneten Irrgärten, durch die Testpersonen einen Bleistift führen und damit ihre feinmotorische

Geschicklichkeit beweisen mussten: In der neuesten Version des »Hamburg-Wechsler-Intelligenztests für Kinder (HAWIK)« (3. Auflage, USA 1991, Deutschland 1999) ist ein Untertest mit einem »maze« enthalten. Und 1959 erschien von Férdy Chapuis das Buch über den von ihm weiterentwickelten Labyrinthtest (der sich allerdings, wie schon beschrieben, nicht durchsetzen konnte, weil er zu komplex und deshalb zu schwierig zu standardisieren und auszuwerten war).

Der Tester wird getestet

Um dies abzurunden: Während meines Studiums habe ich eine Science-Fiction-Geschichte gelesen, die mir sehr zu denken gab. Darin entführen Außerirdische einen Testpsychologen in ihr Raumschiff hoch oben im Weltraum und setzen ihn dort genau der Situation aus, mit der er bis dahin unten auf der Erde im Laboratorium seine Versuchstiere traktiert hat: Er muss, um zu überleben, den richtigen Weg durch etwas finden, dessen Natur ihm erst allmählich bewusst wird: ein riesiges Yrrinthos, mit Falltüren, elektrisch geladenen Platten und starken Stimuli, auf die er nicht falsch reagieren darf. Darunter befinden sich leckere Speisen und das Foto einer nackten Schönen.

Wer den kanadischen Film *The Cube* betrachtet, irrt mit den sechs Protagonisten ebenfalls durch eine Art dreidimensionales »maze« aus 17 576 würfelförmigen Räumen. Wie in einem gigantischen Intelligenztest müssen die Personen ihre Fähigkeiten und ihr Reaktionsvermögen für unbekannte Situationen unter Beweis stellen. Wobei am Ende nicht irgendein abstrakter IQ-Wert steht – sondern das nackte Überleben. »Sie wurden von einer unbekannten Macht aus ihrem Alltag gerissen, ohne zu wissen, weshalb und zu welchem Zweck. Angsterfüllt suchen sie nach einem Weg aus dem Labyrinth, das voller tödlicher Gefahren steckt.« (Rückseitentext der DVD)

Der mächtige König Minos ließ das Labyrinth durch seinen Erfinder-Experten Daidalos bauen, um dort den Minotauros zu verstecken, die Schande seines Ehelebens. Aber tiefenpsychologisch betrachtet ist dort etwas ganz anderes verborgen: so etwas wie seine eigene dunkle Seite, sein *Schatten*. Dieses kretische Labyrinth bekommt aber, vor dem Hintergrund der modernen Testpsychologie, noch einen weiteren Sinn: Es dient dem Minos auch dazu, seinen Rivalen Theseus zu testen. Wie dieser Test ausging, wissen wir: Der athenische Rivale bestand diese Prüfung – und das minoische Reich ging unter.

Kapitel 4

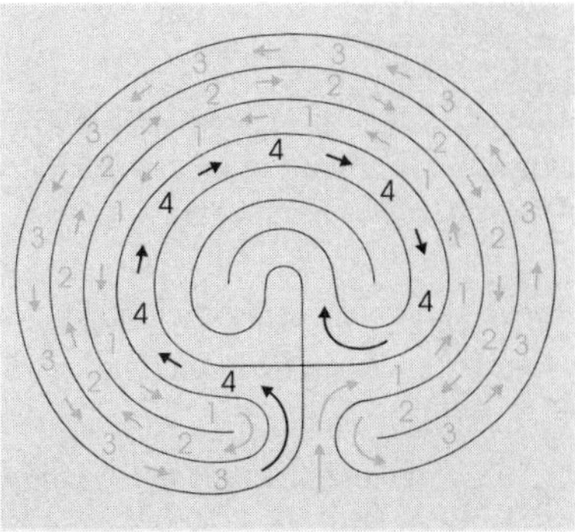

Drei von hundert ticken anders

Die Merkmale des Theseus

Im Labyrinth begegnet man nicht dem Minotauros.
Im Labyrinth begegnet man sich selbst.

Hermann Kern

Ted Brauers Turbulenzen IV

»Mit welcher der verschiedenen Figuren der Labyrinth-Geschichte identifizieren Sie sich, Herr Brauer?«

»Eigentlich mit allen, je nach Situation und Kapitel im Verlauf der Geschichte.«

»Und wenn Sie sich für eine entscheiden müssten?«

»Theseus, ohne jeden Zweifel.«

»Wer entspricht denn in Ihrer Familie dem Theseus?«

»Dazu fällt mir spontan mein ältester Sohn ein. Wenn der sich etwas in den Kopf gesetzt hat, geht er los und macht das, zieht das durch. Neulich hat er mir eine E-Mail geschickt – hier, ich hab sie dabei.«

Von: Gary Brauer
An: Ted Brauer
Betreff: Neues Büro in LA
Hey Dad. Grüße aus Los Angeles. Heute haben wir das Büro eingeweiht, mit nettem, kleinem Team. Gute Leute mit den richtigen Connections in der Filmbranche. Grüße, Gary.

»Sieht so aus, als sei er recht erfolgreich, Ihr Ältester.«

»Oh ja, ich werde manchmal richtig neidisch auf ihn.«

»Und was macht Ihr Jüngster, der Tobias?«

»Sieht so aus, als würde er sich allmählich fangen. Neulich hatten wir zum ersten Mal seit Monaten, ach was, seit Jahren ein richtiges Gespräch.«

Der vierte Bogen des Labyrinthos

Wenn man die Schlingen des Labyrinthos in einen äußeren und einen inneren Bereich unterteilt, dann kennzeichnet der vierte Bogen, in dem wir uns jetzt bewegen, gewissermaßen den Übergang von der Außen- zur Innenwelt. Er weist außerdem eine Eigenart auf, die ihn von den anderen sechs Schlingen unterscheidet: Zweimal berührt er den Kern, das heißt, zweimal kommen wir ganz nah an das Wesen der Hochbegabung heran.

Bisher befassten wir uns mehr mit der Oberfläche des Phänomens hoher Intelligenz, betrachteten ihre verschiedenen Erscheinungsformen von außen; dafür stehen auch die Messungen samt dem IQ, wovon das vorangehende Kapitel handelte. Die folgenden Überlegungen zu einzelnen Merkmalen, in denen sich Hochbegabung manifestiert, stellen den Übergang dar ins Innere der Hochbegabtenpersönlichkeit.

Merkmale von Hochbegabung

Der IQ ist ein abstrakter Wert, der nichts weiter aussagt, als dass jemand damit zu einer bestimmten Bevölkerungsgruppe zählt. Wer in einem der gängigen Intelligenztests einen IQ von 130 erreicht, gehört zu jenen etwa drei Prozent der Bevölkerung, die man als »hochbegabt« bezeichnet.

Aber was bedeutet diese Auskunft für den Getesteten? Er kann zunächst einmal, ohne Interpretationshilfe, mit diesem Ergebnis in der Regel wenig anfangen, schon gar nichts Praktisches. Diese Erkenntnis kann allerdings einem Jugendlichen, der wie Tobias in unserem Fallbeispiel große Schulschwierigkeiten hatte und ein typischer Underachiever ist, sein Selbstbewusstsein zurückgeben: wenn er nach dem Test weiß, dass er kein Dummkopf ist und deshalb schlechte Noten hatte, sondern dass er im Gegenteil intelligenzmäßig ganz woanders steht. Auch wenn er seinen Eltern gegenüber immer wieder von »Psychokacke« spricht, wenn sie ihn als Hochbegabten bezeichnen und er dieses Wort nicht mehr hören kann – im Innersten dürfte es doch eine wichtige Bestätigung seines Selbstwertgefühls sein, dieses Testergebnis erzielt zu haben.

Hochbegabung äußert sich nicht nur in einem mathematischen Quotienten, sondern auch in bestimmten Merkmalen, welche ich nun vorstellen möchte. Nahezu keines dieser Merkmale* kommt nur bei Hochbegabten vor – aber bei ihnen sind sie alle weit stärker ausgeprägt als bei Normalbegabten.

---

* Die beiden Merkmale, die nach meinen Beobachtungen in mehr als drei Jahrzehnten psychologischer Praxis eigentlich nur bei Hochbegabten vorkommen (wenn auch nicht bei allen), sind diese:
positiv: ständige kreative Produktion (allerdings nur bei der Gruppe, die ich als »erfolgreich und kreativ« bezeichne);
negativ: → **ARROGANZ** aufgrund von Erfolg.

Die Merkmalliste von Professor Heller

Beginnen wir mit einer Liste von Kurt A. Heller, Professor für Psychologie an der Ludwig-Maximilians-Universität München. In der Zeitschrift *Grundschule* (Nr. 5 /1996) stellt er die Frage, woran Lehrerinnen und Lehrer besonders begabte Grundschüler erkennen könnten. Heller führt folgende Merkmale an:

- ausgeprägte Leseinteressen und selbst in Gang gesetzte Freizeitaktivitäten;
- im Vergleich zur Altersgruppe deutlich vergrößerter Wortschatz und erweiterter sprachlicher Ausdruck;
- breites Wissensspektrum;
- hohe intellektuelle Denkfähigkeiten, die sich zum Beispiel in Mathematik oder allgemein bei formal-logischen Denkanforderungen zeigen;
- besondere kreative Fähigkeiten, zum Beispiel Ideenvielfalt und Originalität der Ideenproduktion oder der Lösungsmethode;
- hohes Lerntempo und hervorragendes Gedächtnis für besonders interessierende Gegenstände und Lerninhalte;
- kognitive Neugier und Erkenntnisstreben, Wissensdurst und Fragelust, ausgeprägte Interessen;
- aufgabenorientierte und von eigenem Antrieb gesteuerte Lern- und Leistungsmotivation;
- ausgeprägte Überzeugung von der Wirkung der eigenen Persönlichkeit (Selbstwirksamkeitsüberzeugung) und außergewöhnliche Selbstständigkeit im Urteil;
- hohe Eigenverantwortlichkeit und Freude an intellektuell herausfordernden Aktivitäten usw.

Das »usw.« am Schluss dieser Aufzählung deutet an, dass es noch einige andere Merkmale gibt - rund 90, wie wir im sechsten Kapitel sehen werden.

Die Merkmallisten von Stapf, Winner und Rost

Aiga Stapf vom Psychologischen Instiut der Universität Tübingen nennt eine Reihe von Indizien für Hochbegabung, die sich bereits bei kleinen Kindern beobachten lassen. »Schon Säuglinge unterscheiden sich bezüglich ihres Bedürfnisses nach geistiger Stimulation, ihrer Fähigkeit zu einer ausgeprägten Aufmerksamkeit und Wachheit in einer neuen Situation.« (Stapf 1995, S. 11) Im Einzelnen fällt auf, dass ein solches Kind

- geringes Schlafbedürfnis hat;
- aus eigenem Antrieb und in raschem Tempo früh, also vor Schuleintritt, Lesen und Rechnen lernt;
- über einen altersunüblichen umfangreichen Wortschatz verfügt - was leicht zu Schwierigkeiten mit gleichaltrigen Spielkameraden führt;
- sehr genau beobachtet und daraus eigene Schlüsse zieht.

Auf der anderen Seite des Atlantiks hat Ellen Winner, Professorin für Psychologie am Boston College, in ihrem beachtenswerten Buch *Hochbegabt* ebenfalls eine ganze Reihe solcher Merkmale angeführt, die sie nach bestimmten Themen ordnet. Ich habe sie zusammen mit den Merkmalslisten von Heller und Stapf als Grundstock für den Selbsttest im sechsten Kapitel verwendet. (Winners ausführliche Liste finden Sie in ihrem eigenen Buch auf den Seiten 33–37.)

Auch Professor Detlef H. Rost, der an der Marburger Universität die Langzeitstudie über *Hochbegabte und hochleistende Jugendliche* durchführte, nennt solche Merkmale, wenngleich weit verstreut über die Publikation, weshalb die Details nur mühsam verglichen werden können.

Wenn man die Fähigkeiten und Eigenschaften aus den genannten Studien zusammenfasst, erhält man einen guten Überblick über die Merkmale von Hochbegabten.

Ich selbst habe eine alphabetisch geordnete Merkmalliste in das Glossar ab S. 330 integriert.

Erfolg und andere ergänzende Merkmale bei Erwachsenen

Die Merkmale der Heller'schen Liste wurden überwiegend an Kindern gewonnen und sind vor allem für die Einschätzung von (Schul-)Kindern gedacht. Wenn man diese Liste für Erwachsene ergänzen möchte, fällt einem sofort ein Merkmal ein, das bei Kindern noch wenig sinnvoll ist – von schulischen Leistungen und Schulnoten einmal abgesehen: der berufliche *Erfolg*.

Hochbegabte Kinder, die sich dem Schulsystem sehr gut anpassen und entsprechend gut für die Schule lernen können, besetzen problemlos die ersten Plätze als Klassen- und Schulbeste. Auch als Erwachsene sind diese gesellschaftlich gut angepassten Hochbegabten meistens an der Spitze. Andere Hochbegabte tun sich da schwerer oder wählen bewusst einen anderen Weg. Heller umschreibt dies in seiner Liste mit einer Vorliebe für »selbst in Gang gesetzte Freizeitaktivitäten«. Mit anderen Worten: Diese Kinder absolvieren zähneknirschend die Schule, weil das nun einmal von den Erwachsenen so verlangt wird, aber sie strengen sich nicht sonderlich an, sind mit durchschnittlichen Noten zufrieden und schauen nur, dass sie nicht sitzen bleiben und ein passables Abitur erzielen. Ich nenne sie »Shiras-Kinder«, nach einer Autorin, die dieses Phänomen beschrieben hat.

Der Shiras-Effekt

Den Shiras-Effekt habe ich benannt nach der amerikanischen Autorin Wilmar H. Shiras. In ihrem Roman *Children of the Atom* beschreibt sie die Erlebnisse einer Gruppe von ungewöhnlich begabten Kindern mit extrem hoher Intelligenz. Es handelt sich um Nachkommen von Wissenschaftlern, die bei Atomunfällen verstrahlt wurden und deshalb Mutanten mit neuartigen Eigenschaften wie Telepathie gezeugt haben. Das Interessante am Verhalten dieser »wizz kids« ist, dass sie nach ersten negativen Erfahrungen mit ihren Talenten diese verbergen (»In Hiding« heißt entsprechend die erste der Geschichten). Mehr zufällig entdeckt ein Psychologe bei einem getesteten Kind, dass dessen Ergebnisse »zu durchschnittlich« sind – so, als habe dieses Kind ganz bewusst seine Testergebnisse manipuliert, und zwar nach unten.

Viele hochbegabte Kinder machen in der Schule offenbar genau dies: Sie strengen sich nicht sonderlich an, tun gerade so viel wie nötig, um das nächste Klassenziel zu erreichen, und schaffen auf diese Weise eben noch das Abitur oder die mittlere Reife – wenn auch mit einem Notenergebnis, das weit unter ihren Möglichkeiten liegt.

Dahinter stecken nicht selten Erlebnisse mit Mobbing; viele normalbegabte Kinder haben etwas gegen »Klugscheißer« und »Streber« und lassen es diese deutlich merken, dass sie unbeliebt sind. Wenn das gemobbte Kind dann nicht viel Selbstbewusstsein (oder auch die nötigen Körperkräfte zur nachhaltigen Gegenwehr im Rahmen einer Prügelei) besitzt, wird es dazu neigen, sich ans Durchschnittsniveau anzupassen.

Gary (der älteste Sohn von Ted Brauer und Bruder von Tobias aus unserem Fallbeispiel) war so ein durchschnittlicher Schüler, bevor er während eines Amerikaaufenthalts im Rahmen des Schüleraustauschs Ehrgeiz entwickelte, intensiv lernte und bald zu den besten Schülern gehörte. Das hielt an und so schaffte er zurück in Deutschland das zweitbeste Abitur seines Jahrgangs und wurde bald darauf Stipendiat der Studienstiftung.

Andere Kinder werden einfach frustriert durch einen Unterricht, der sich nach den Schwächsten richtet oder nach dem Durchschnitt und die Aufgeweckteren mehr oder minder sich selbst überlässt: in den üblichen großen Klassen Gift für einen überdurchschnittlich begabten Schüler, der sich bald langweilt. Und man sollte nicht übersehen, dass auch Hochbegabte für ihre geistige Entwicklung Anregungen und pädagogische Hilfen* brauchen, genau wie jeder andere Mensch auch – nur eben hochbegabtengerecht, am besten durch entsprechend ausgebildete Mentoren.

Ich selbst habe mich auf dem Gymnasium (nach einem sehr guten Anfang in der Grundschule) nie sonderlich angestrengt. Außer in Mathematik (wo ich schlechte Noten mit Nachhilfe durch einen älteren Studenten und Mentor ausgleichen konnte) und den Naturwissenschaften, in denen die Noten oft »ausreichend« und auch mal »mangelhaft« waren, war ich »gut« bis »befriedigend« und mogelte mich von Jahr zu Jahr so durch. Ich las oft lieber meinen *Karl May* oder *Hans Dominik* unter der Bank, gut getarnt in der letzten Reihe, als dass ich mich am Unterricht beteiligte, der ja nicht selten entsetzlich langweilig war. Mein gutes Gedächtnis und mein rasches Verstehen, dazu gute sprachliche Fähigkeiten, retteten mich immer wieder. Einmal schrieb ich einen Hausaufsatz für Deutsch am Morgen während der halben Stunde Bahnfahrt von Rehau nach Selb (ich war Fahrschüler); obwohl die Handschrift kaum leserlich war, bekam ich ein »gut«. Das ermuntert natürlich, so weiterzumachen.

Im Nachhinein finde ich es schade, dass ich in Mathematik, Physik und Chemie so miserable Noten hatte – interessierten mich doch in meiner Freizeit naturwissenschaftliche Themen brennend. Ich war schon als 14-Jähriger Mitglied im Verein für Weltraumfahrt und las begeistert Sachbücher zu solchen Themen. Und Science-Fiction verschlang ich sowieso, las sie sogar dutzendweise im englischen Original (freiwillig!), weil es für mich nicht genug gute deutsche Romane gab: Meinen Englischkenntnissen hat das sicher nicht geschadet.

---

* Völliger pädagogischer Unsinn ist es, die klügeren Kinder damit zu beschäftigen, dass man sie als Hilfslehrer zur Unterstützung schwächerer Kinder einsetzt. So darf Anerkennung und Förderung nicht aussehen – es sei denn, das hochbegabte Kind bietet dies selbst an. Und auch da ist höchste Vorsicht geboten: Gerade Hochbegabte neigen zum → **HELFERSYNDROM**, vor allem dann, wenn sie kein ausgeprägtes Selbstbewusstsein haben.

Andere hochbegabte Schüler sind aus den unterschiedlichsten Gründen gar nicht in der Lage, Bestleistungen zu erbringen, zum Beispiel, weil sie durch schreckliche Erlebnisse traumatisiert wurden. Dazu genügt oft schon eine Scheidung - heutzutage ja kein seltenes Ereignis in einer Familie. Solche Kinder wiederholen trotz exzellenter intellektueller Ausstattung nicht selten eine Klasse oder kommen im Extremfall sogar in eine Förderschule. Diese Underachiever verweigern aus einer Art *unbewusster* Trotzhaltung jede Leistung.

Eine weitere Variante verweigert sogar ganz *bewusst* die schulischen Leistungen und die Anpassung an das Schulsystem, weil sie die Ineffizienz dieser Institution mit ihrem wachen Verstand früh begreifen und nicht einsehen, warum sie dort eigentlich ihre Zeit vertrödeln sollen. Dies scheint mir ein sehr neuer Typ von Verweigerer und Minderleister zu sein, gewissermaßen eine »Luxusvariante«, die erst in einer sehr liberalen Gesellschaft möglich wurde, wie sie seit den 60er-Jahren bei uns entstanden ist. Verständnisvolle Eltern (die oft eigene schlechte Erfahrungen mit der Schule auf die Kinder projizieren) verstärken diese Einstellung und üben nicht mehr den früher üblichen autoritären sozialen Druck aus, der keine Alternative zur Schule kannte.

Ich will dies nicht zu positiv bewerten, denn in irgendeiner Form muss sich jeder Mensch an seine (soziale) Umgebung anpassen. Aber verstehen kann ich diese Einstellung und Verweigerung nur zu gut: Unsere Schulen sind aufs Ganze gesehen wirklich miserabel (was uns nicht erst die PISA-Studie offenbart hat). Andererseits wird jeder Mensch, der seine Begabungen nicht in sinnvolle Aktivitäten umsetzt, irgendwann große Probleme mit der Frustration bekommen, die damit einhergeht. Das kann sich bis zu massiven Depressionen wegen des verfehlten Lebensentwurfes und sogar zum Suizid steigern.

Sich klar zu werden über die eigenen Möglichkeiten empfiehlt sich also auf jeden Fall.

Alternativen zur Schule

Die Verweigerung der Schulleistung sollte man aber auch nicht zu hoch spielen, denn so mancher Underachiever findet außerhalb der Schule durchaus eine berufliche Möglichkeit, um sich sinnvoll zu betätigen und seine Gaben zu realisieren. (Die Verweigerer sind übrigens meistens männlich - die weiblichen Hochbegabten passen sich besser und leichter an.)

Auch hier kann der Selbsttest dieses Buches eine gute Alternative sein; denn Schulverweigerer und -abbrecher lehnen nicht selten ab einem bestimmten Punkt der Enttäuschung und Frustration auch die Teilnahme an einem Intelligenztest ab, der ihre Hochbegabung zum Vorschein bringen könnte.

Expertise und Faszinosum als Mittel zum Erfolg

Es mag seltsam erscheinen, wenn ich auch die *Expertise* als ein spezielles Merkmal Hochbegabter anspreche - also den Weg, den jemand geht, um seine Fähigkeiten zu verwirklichen. Aber man wird hier häufig einem besonderen Ehrgeiz begegnen. Hochbegabte machen oft gegen große Hindernisse in ihrer Umgebung stur ihre Karriere - als wüssten sie, dass ihr Seelenheil davon abhängt. Und das tut es ja auch: Wer seine extraordinären Talente nicht umsetzt, bleibt sein Leben lang frustriert und blockiert.

Was ist es, das da in eine bestimmte Richtung zieht, wie ein Blinkfeuer am Horizont? Ich nenne es das → **FASZINOSUM**. Hochbegabte sind fasziniert von einer Aufgabe, einem Projekt, einem Lebensziel wie zum Beispiel »Pianist werden«. Sicher, auch Normalbegabte lernen gerne ein Instrument oder widmen sich einem Hobby. Aber wie so viele andere Merkmale ist auch die Expertise bei Hochbegabten besonders stark ausgeprägt.

Vererbung oder Umwelt – Hardware oder Software?

Seit gut einem Jahrhundert gibt es einen Streit zwischen den Intelligenzforschern, der sie in zwei - nicht selten verfeindete - Lager gespalten hat. Psychologen, Pädagogen und Bildungspolitiker, die letztlich darüber bestimmen, was in den Schulen gelehrt wird, sind ideologisch zersplittert in der Frage, ob Intelligenz angeboren (Erbtheorie) oder erworben (Milieutheorie) und damit durch Erziehung und Training zu beeinflussen ist.

Vehemente Verfechter der Vererbungstheorie der Intelligenz sind Hans Jürgen Eysenck, Richard J. Herrnstein, Charles Murray und Arthur Jensen. Von den Anhängern der Milieutheorie werden die Erbtheoretiker vor allem deshalb angegriffen, weil sie zum Teil gravierende Vorurteile gegenüber Minderheiten (Schwarzamerikaner, Indianer) mit ihren Forschungsergebnissen unterstützen. Die Erbtheoretiker berücksichtigen - was die Gegner zu Recht monieren - zu wenig, dass negative Umwelteinflüsse die Entwicklung auch guter und hervorragender Intelligenzanlagen dramatisch schwächen können; schon mangelhafte Ernährung in der Kindheit schädigt die Entwicklung des Gehirns nachhaltig.

1981 attackierte der renommierte Paläontologe und Genetiker Steven Jay Gould speziell den amerikanischen Psychologen Arthur Jensen in drei Punkten:

1. Es werde der Begriff der »Vererbbarkeit« falsch interpretiert.
2. Die Versuche, den Intelligenzquotienten verstorbener Personen (wie beispielsweise des Kopernikus) im Nachhinein auszurechnen, seien nicht zulässig.
3. Die Annahme, dass es einen grundlegenden »Faktor g« gebe (den schon Spearman 1904 postuliert respektive aus seinem statistischen Material abgeleitet hatte), der vererbt würde, wies Gould am entschiedensten zurück.

Letzteres ist jedoch mehr ein Argument auf der wissenschaftstheoretischen Ebene, welches auf die Annahme eines hypothetischen Konstrukts (»Faktor g«) der Korrelationsstatistiker abzielt.

Nur ein Scheinproblem?

Ich halte diese Debatte für ziemlich überflüssig. Denn dass etwas vererbt werden muss – die Hardware des Gehirns gewissermaßen –, das bezweifelt ein Naturwissenschaftler wie Gould am wenigsten. Und dass hier etwas äußerst Wichtiges von den Vorfahren an die Nachkommen weitergegeben werden muss, kann man zwei Studien entnehmen:

1997 stellt Robert Lehrke in seinem Buch *Sex Linkage of Intelligence: The X-Factor* die neuesten genetischen Erkenntnisse zur Vererbung der Intelligenz vor. Minderbegabung kommt ebenso wie Hochbegabung bei Männern deutlich häufiger vor. Bei den Frauen sind diese beiden Extreme seltener; bei ihnen häufen sich in der Normalverteilungskurve die Mittelwerte der Intelligenz. Als Ursache gilt inzwischen die Inaktivierung eines zweiten X-Chromosoms bei Frauen. (FAZ vom 23. März 2005)

Intelligenz ist ein positives Auslesemerkmal im Sinne der Evolutionslehre, weshalb es nicht überrascht, dass Frauen bei der Partnerwahl nicht nur körperlich starke Männer bevorzugen, sondern möglichst auch intelligente. Die genetische Anomalie des doppelten X-Chromosoms sorgt dafür, dass Mütter eine besonders günstige Kombination von Genen weitergeben, wahrscheinlich auch jene, die für Hochbegabung sorgen. Demnach bestimmt weitgehend die Mutter, dass höhere oder niedere Intelligenz vererbt wird.

Forscher wie Horst Hameister, Professor für Medizinische Genetik an der Universität Ulm, ziehen hieraus sogar den Schluss, dass »wir unsere Intelligenz den vor vielen Millionen Jahren in Afrika lebenden ›Evas‹ verdanken, die ihre Partner nicht zuletzt nach ihrer geistigen Begabung auswählten«. (2002, S. 48)

Nicht minder interessant, wenn auch auf einer ganz anderen Argumentationsebene, die sehr auf das Individuum abzielt, sind die Ergebnisse, die Niels Galley vom Psychologischen Institut der Universität Köln 1999 publizierte: Die Augenbewegungen, mit denen jemand ein Bild oder eine Szene abtastet, liefern erstaunliche Hinweise auf die Höhe der Intelligenz der betreffenden Person: Je schneller jemand so einen optischen Eindruck erfasst, umso höher ist sein Intelligenzquotient.

Beides, sowohl die X-Chromosom-These von Lehrke wie die so einfach nachzuweisende Relevanz der Blickfrequenz für die Intelligenzhöhe, muss etwas mit der Physiologie des Gehirns zu tun haben und somit vererbbar sein.

Das »zweite Erbgut« der ersten neun Lebensmonate

Es gibt jedoch außer dem grundlegenden Substrat des Gehirns und Nervensystems, eben der »Hardware«, noch eine weitere Schicht von Einflüssen auf den Menschen: die Prägungen, welche gerade in den ersten Lebensmonaten stattfinden. So macht es offensichtlich viel aus, ob eine Bezugsperson (in erster Linie die stillende Mutter) in den ersten neun Monaten sich dem Kind zuwendet und mit ihm spricht oder ob dies nicht geschieht. In diesem Dreivierteljahr werden nämlich die intensivsten Verknüpfungen innerhalb des Gehirns geschaffen: »500 Billionen Ganglien verbinden die 15 Milliarden Neuronen des Gehirns.« (Vester 1996, S. 36)

Dies geschieht, wohlgemerkt, durch die Interaktionen des Neugeborenen mit seiner Umwelt, vorzugsweise durch Reizzufuhr, und da noch einmal vor allem durch den Austausch sinnvoller Informationen, welche beispielsweise die Mutter oder der Vater durch aufmerksame Zuwendung und durch Sprechen mit dem Kind erzeugen. Außerdem spielt die Gemütsverfassung eine große Rolle, insbesondere das »Urvertrauen«, wie der Psychoanalytiker Erik H. Erikson dies treffend genannt hat. – Hier wird die Bedeutung der Frühzeit des kindlichen Erlebens, auf welche Sigmund Freud aufmerksam gemacht hat, von ganz anderer Seite nachhaltig unterstützt.

Die Erfahrung zeigt, dass der Erziehungsstil der Eltern durch deren eigene Kindheitserfahrung so massiv geprägt worden ist, dass sich hier Veränderungen wahrscheinlich nur über viele Generationen hinweg herbeiführen lassen. So etwas wie Urvertrauen kann man nicht erzeugen, nachdem man ein Buch über seine Notwendigkeit gelesen hat - das muss man selbst als Kind erlebt haben (wobei neueste Untersuchungen andeuten, dass so etwas wie eine Neigung zu Depression und somit wohl auch zu Urmisstrauen ebenfalls vererbt sein könnte).

Wie gesagt: Diese interne Vernetzung der Neuronen, welche das Denken erst möglich macht, ist als solche noch nicht angeboren (wenn auch das Erbgut die Grundlagen dafür bereitstellt) - aber sie wirkt sich ähnlich wie das Erbgut aus, ist gewissermaßen ein »zweites Erbgut« und kaum mehr zu beeinflussen als das »erste Erbgut«. So ist wohl auch zu verstehen, was der Neurobiologe Aljoscha C. Neubauer mitteilt: »Untersuchungen an Menschen über sechzig Jahre [Lebensalter] lassen vermuten, dass der IQ in Wirklichkeit zu rund achtzig Prozent vererbt wird!« (Neubauer 2002, S. 44)

Über der ersten und zweiten Schicht kann man sich eine dritte Schicht von Einflüssen vorstellen, die immer mehr durch Erziehung und Training verändert werden kann. Sie reicht etwa bis ins sechste, siebte Lebensjahr. Erst ab diesem Alter, der Zeit der Einschulung, greifen jene Erziehungsmaßnahmen, welche die Schule bereithält. Diese können noch so gut sein (häufig sind sie es aber leider nicht) - die Höhe der Intelligenz kann man damit nicht mehr beeinflussen. Es ist lediglich möglich, dass ein normalbegabtes Kind durch großen Ehrgeiz und Fleiß überdurchschnittliche schulische Leistungen ähnlich einem Hochbegabten erzielen kann. Man nennt diese Schüler → **OVERACHIEVER**. Sie sind quasi das Gegenstück zum Underachiever, der hochbegabt ist und wenig gute schulische Leistung daraus erbringt. Wären unsere Schulen weniger auf das Auswendiglernen von – oft sehr fragwürdigen – Wissensbrocken ausgelegt, sondern mehr auf selbstständiges Lernen, Begreifen und kreatives Gestalten, würden sich Overachiever wesentlich schwerer tun.

Biologie der Hochbegabung: Geschwindigkeit

Der Hirnforscher Aljoscha C. Neubauer, Professor an der Universität Graz, hat in einem Artikel mit dem Titel »Jäten im Gehirn« folgende Elemente eines biologischen (genetischen) Substrats für hohe Intelligenz zusammengestellt:

- »Der Schlüssel zum biologischen Verständnis der Intelligenz [liegt] vermutlich in der Art und Weise, wie im Gehirn Informationen fließen. [...] Intelligentere Personen können Informationen aus der Umwelt schneller aufnehmen, sie im Kurzzeitgedächtnis speichern und von dort wieder abrufen sowie schneller auf Wissen zugreifen, das im Langzeitgedächtnis gespeichert wurde. Die Analogie zum Computer kann sogar noch weitergeführt werden: [...] Intelligente besitzen auch eine größere Kapazität des ›Arbeitsspeichers‹ im Gehirn.
- Dumme und kluge Menschen scheinen sich gerade in der räumlichen Verteilung der Aktivität im Gehirn, vor allem in der Großhirnrinde, zu unterscheiden.
- Hochintelligente scheinen auch besser in der Lage zu sein, die Energieressourcen des Gehirns auf jene Areale der Hirnrinde zu konzentrieren, die für die Aufgabenbewältigung erforderlich sind.
- Intelligentere verbrauchen weniger Energie im Gehirn.

Unterschiede zwischen verschieden intelligenten Personen könnten also von folgenden Faktoren abhängen: der Anzahl der Neuronen, der Anzahl der Dendriten, der Anzahl der synaptischen Verbindungen, dem Grad der Myelinisierung (Isolierung) der Axone.

Die so genannte Myelinhypothese [...] konzentriert sich auf die Isolierung der Axone im Gehirn. [...] Das Ausmaß, wie sehr die Nervenbahnen im Gehirn myelinisiert sind, könnte also die geistige Leistungsfähigkeit eines Menschen bestimmen.

Die Betroffenen besitzen [...] sowohl einen höheren Gehirnstoffwechsel als auch eine höhere Anzahl Synapsen!« Aber es gilt: »Wie die Myelinhypothese ist auch diese Überlegung eher noch spekulativ.«

Es gilt schließlich auch, dass es bisher nicht gelungen ist, »Gene zu identifizieren, die zwischen intelligenteren und weniger intelligenten Menschen unterscheiden lassen«. Und: »Die Suche nach speziellen ›Intelligenz-Zentren‹ verlief erfolglos.« (Neubauer 2002, S. 44–46)

Ellen Winner fasst ihre eigenen Überlegungen zu den biologischen Grundlagen von Hochbegabung in diesem lapidaren Satz zusammen: »Die Fähigkeiten von Kindern mit extremer universeller Hochbegabung müssen hirnorganischen Ursprungs sein ebenso wie die Fähigkeiten von Kindern, deren außergewöhnliche Begabungen eher einseitig sind.« (Winner 1998, S. 37)

Intelligenz und Bio-Computer des Gehirns

Der Selbsttest im Kapitel 6 enthält vor allem zwei Arten von Merkmalen, die ich mit den Schlüsselbegriffen »Geschwindigkeit« und »Vernetzung« (Komplexität der Informationsverarbeitung) charakterisieren möchte.

Wie schon die oben erwähnte Studie von Niels Galley und die Zitate aus Aljoscha C. Neubauers Beitrag (s. Kasten) zeigen, hat hohe Intelligenz, ausgedrückt durch den IQ, etwas mit Geschwindigkeit zu tun: Es ist einleuchtend, dass ein schneller arbeitendes Gehirn die Aufgaben des Lebens (oder eben auch eines Intelligenztests) leichter und effizienter bewältigen kann als ein langsameres. Der Vergleich mit dem Computer ist hier sicher zulässig, weil das menschliche Gehirn, wie man inzwischen sicher weiß, die wesentlichen Elemente eines (biologischen) Computers aufweist, also Folgendes kann:

1. Informationen aufnehmen (Wahrnehmung);
2. Informationen verarbeiten (Denkvorgänge);
3. Informationen speichern (Gedächtnis);
4. Informationen abgeben (Handlungen).

In allen vier Bereichen erweisen sich Hochbegabte, wenn sie nicht durch eine körperliche oder seelische Krankheit beeinträchtigt sind oder als Kinder und Jugendliche gravierende Einschränkungen ihrer Entfaltungsmöglichkeiten erleiden mussten, Normalbegabten weit überlegen. Geschwindigkeit (des Denkens) ist also für Hochbegabte keineswegs Hexerei, sondern angeborene Normalität, die später jahrelang trainiert wird. Aber dieses Training betrifft vor allem die Inhalte und deren Vernetzung, zum Beispiel spezielles Wissen über das Thema »Wie schreibt man einen Bestseller?« oder eine Doktorarbeit über »Ursilben der vorindogermanischen Sprachfamilie«. Diese sinnvoll miteinander verknüpften Inhalte sind so etwas wie ein *Gedankennetz* – so der Titel eines Science-Fiction-Romans von Herbert W. Franke, der mich als Student besonders fasziniert hat. Deshalb möchte ich diesen Begriff gerne übernehmen für alle komplexeren Verbindungen von Inhalten. Das können sein:

- Wörter bzw. Absätze (Gedankenmodule) wie in einer Erzählung oder einem Gedicht;
- die Noten eines Saxofonsolos in einer Jazzimprovisation;
- die Zeilen eines Computerprogramms;
- die Farben und grafischen Elemente eines Gemäldes;
- die einzelnen Schritte eines neuen Tanzes oder
- die Personen, welche eine neue Firma aufbauen.

Das gewissermaßen nachgelieferte Modell für alle diese der Menschheit längst vertrauten Gedankennetze könnte etwas sein, dass die wohl revolutionärste Erfindung der jüngsten Geschichte darstellt und den technischen Begriff »Netz« erstmals vielen Menschen ins Bewusstsein gebracht hat: das Internet.

Entwickelt von vielen fraglos Hochbegabten für ihresgleichen (nämlich den Naturwissenschaftlern, Mathematikern und Ingenieuren, welche das Internet ursprünglich aufbauten und verwendeten), wurde dieses zunächst sehr schwer zu benutzende Kommunikationssystem seit den 80er-Jahren vom brillanten Tim Berners-Lee erweitert um jene grafische Benutzeroberfläche des World Wide Web, die seit der Jahrtausendwende in den reichen Industrienationen der Ersten Welt schon mehr als die Hälfte der Menschen privat oder am Arbeitsplatz nutzt.

Unser Gehirn funktioniert weitgehend auf dieselbe Weise: als ein Innen-Welt-Netz gewissermaßen. Bei Normalbegabten arbeitet es vergleichsweise langsam und mit nicht sehr effizientem »Explorer« und trägen »Suchmaschinen«. Für Hochbegabte ist es von ganz anderer Qualität, vor allem in Bezug auf die Taktrate (= Geschwindigkeit) und die Komplexität (= Vernetzungsgrad).

Faktor »g«: Geschwindigkeit und Gedankenvernetzung

Es sieht ganz so aus, als käme dies dem »Faktor g«, den Spearman postuliert hat, am nächsten. Dieses »g« könnte also ganz passend für *Geschwindigkeit* stehen. Das »g« könnte aber auch einem nicht minder wichtigen zweiten Begriff entsprechen: *Generalisierung* oder *Gedankenvernetzung* bzw. *Gedankennetz*. Was nützt denn alle Geschwindigkeit bei der Aufnahme, Verarbeitung, Speicherung und Abgabe von Informationen, wenn – wie beim richtigen »Kollegen Computer« aus Siliziumchips und Metallkabeln im Rohzustand – kein Programm da ist, das diese Milliarden von Informationseinheiten sinnvoll miteinander verknüpft?

Hier kann uns das Experiment von Niels Galley noch einmal helfen. Sie erinnern sich: Je schneller jemand einen optischen Eindruck erfasst, umso höher ist sein Intelligenzquotient. Galley prüfte bei Probanden verschiedenen Alters mittels eines Elektrookulogramms die Frequenz der Blickbewegungen (Sakkaden). (Die Lider werden im Mittel einmal pro Sekunde bewegt.) Die Sakkadenfrequenz sinkt - vor allem bei Kindern - dann drastisch ab, wenn ein optischer Eindruck die Aufmerksamkeit fesselt. Die Fixierungsdauer (= Zeit, während welcher der Blick an einem bestimmten Punkt verweilt), beträgt im Durchschnitt 250 Millisekunden:

1. Davon werden 40 Millisekunden für den Aufbau des Bildes im Gehirn benötigt;
2. noch einmal 40 Millisekunden für die Überprüfung, ob die Augen auch wirklich die richtige Stelle erfassen;
3. eine weitere (unterschiedlich lange) Zeitspanne braucht das Gehirn dafür, die visuellen Informationen zu entschlüsseln (also den Neuigkeitswert gegenüber den vorangegangenen optischen Eindrücken);
4. plus eine gewisse Zahl von Millisekunden, um das nächste optische Ziel zu erfassen.

Der dritte Schritt dieses Experiments zeigt, wie wichtig es ist, dass die - vom Auge aufgenommenen - Informationen sinnvoll mit den Informationen verknüpft werden, die im Gedächtnis schon gespeichert sind.* Sonst kann nicht bewertet werden, ob das eben gesehene Bild vielleicht wichtige Botschaften enthält

---

* Dies dürfte den - scheinbaren - Widerspruch klären, dass die schnellere Informationsverarbeitung der Hochbegabten mit einer verlangsamten Blickfrequenz einhergeht. Dieser Widerspruch lässt sich jedoch zwanglos auflösen, wenn man bedenkt, dass Hochbegabte sehr viel intensiver und entsprechend zeitaufwändiger ihre neu aufgenommenen Informationen (Seheindrücke in diesem Fall) mit einem im Gedächtnis gespeicherten überdurchschnittlich umfangreichen Wissen vernetzen müssen.

wie diese: »Vorsicht: unbeschrankter Bahnübergang – ein Zug nähert sich von rechts!«

Ohne Vernetzung (das heißt: ohne Deutung und Sinnstiftung) ist Geschwindigkeit allein also wenig brauchbar.

Auch hierin sind Hochbegabte offensichtlich überlegen. Sie sind nicht nur extrem neugierig und lernen deshalb sehr früh lesen, sondern sie wollen das, was sie da an Informationen aufnehmen, auch verstehen. Und wenn sie genug gelesen haben, dann verspüren die Aktiveren unter ihnen nicht selten den Drang, selbst Informationen zu verknüpfen, und beginnen zu schreiben – nicht nur, weil der Deutschlehrer das von ihnen verlangt (wenn auch seine diesbezüglichen Anregungen und Ermutigungen sehr hilfreich sein können, wie ich es zu meinem Glück selbst mehrfach erlebt habe), sondern weil sie selbst den starken Antrieb zum »Vernetzten Denken mittels Schreiben« verspüren.

Dass man auch anderes als *Informationen* miteinander vernetzen kann (wenn auch mit deren Hilfe), sei hier nur am Rande erwähnt:

- Der Erfinder Nicolaus August Otto (1832–1891) vernetzte metallene *Objekte* zu einem Motor, ohne den heute kaum ein Auto fahren könnte: den Ottomotor.
- Und die erfolgreichsten Hochbegabten sind wahrscheinlich jene, die *Menschen* zu ganzen sozialen Systemen vernetzen: zu Unternehmen, Parteien, Vereinen und ganzen Nationen. (Es sieht übrigens so aus, als würden Hochbegabte sich auch gerne bevorzugt mit anderen Hochbegabten vernetzen: indem sie sie als Freunde und Kollegen gewinnen, als Mentoren wählen oder mit ihnen Familien gründen.)

Vernetzung der Außenwelt – Vernetzung der Innenwelt

Nimmt man eine andere Einteilung vor, so könnte man sagen:

- Es gibt Hochbegabte, die ihre Talente zur Vernetzung der Außenwelt einsetzen,
- andere konzentrieren sich auf ihre eigene Innenwelt
- und wohl die meisten verknüpfen beide Welten miteinander.

Letzteres ist sicher am effektivsten: Der Autor, der sich ein Buchthema in seinem Kopf ausgedacht hat, bringt dies in der Außenwelt zu Papier und dann - hoffentlich - unter die Leser. Der Psychologe macht sich im eigenen Inneren Gedanken über das, was sein Klient draußen ihm eben gesagt hat, und teilt ihm dann seine Antwort mit. Der Seminarleiter überlegt sich ein Seminarthema und bearbeitet dies dann mit den Teilnehmern. Das sind die drei Varianten, die meine eigene Arbeitswelt bestimmen. Es gibt noch viele andere. Take your choice.

Vernetzung und Geschwindigkeit – die Zauberformel

Hochbegabte, dies zusammenfassend, sind Vernetzer. Und das mit unglaublich hohem Tempo. Vernetzung und Geschwindigkeit - das ist die eigentliche Zauberformel, die hinter den Aussagen eines IQ von 130 aufwärts steckt.

Bevor ich Ihnen die vielen positiven Merkmale und den daraus entwickelten Selbsttest vorstelle, möchte ich Sie noch um ein wenig Geduld für das nächste Kapitel bitten. Es befasst sich mit den negativen Aspekten der Hochbegabung, weil ich denke, dass diese nicht unterschlagen werden dürfen. Schließlich gibt es nicht selten soziopathische Hochbegabte in regierender Funktion und hochbegabte Kriminelle stellen immer wieder eine große Bedrohung der Gesellschaft dar.

Und was ist mit Theseus?

Auch am Schluss dieses Kapitels möchte ich mich wieder einer der Figuren der Labyrinthiade zuwenden.

Aufgrund welcher Merkmale halte ich Theseus für einen Hochbegabten? Dies soll zugleich ein Beispiel für das sein, was ich »BrainSpotting« nenne – eine Art Ferndiagnose (über die wir im sechsten Kapitel im Zusammenhang mit dem Selbsttest noch mehr erfahren).

Theseus ist einer der Urtypen der Hochbegabten. Wenn Sie sich an das erinnern, was ich im dritten Kapitel über die Häuptlinge und Herrscher früherer Zeiten geschrieben habe, nämlich dass sie die Begabtesten ihrer sozialen Systeme waren, werden Sie verstehen, dass ich ihre Nachfahren für nicht minder intelligent halte. Theseus, Sohn des Königs von Athen (nach anderer Lesart sogar vom Meeresgott Poseidon gezeugt), dürfte also einen entsprechend hohen IQ geerbt haben.

Eine ganze Reihe von Jahren verbringt der Prinz damit, seine überragenden körperlichen, seelischen und geistigen Kräfte zu trainieren. Wie er nach und nach seine Heimat von schrecklichen Ungeheuern wie dem Prokrustes befreit, das ist nichts anderes als seine Expertise, sein Training für seinen künftigen Beruf als König. Ob er allerdings, wie sein Vater Aigeus oder der König Minos, auch ein guter Herrscher (also Menschen-Vernetzer) sein wird, muss er erst noch beweisen. Dazu dient die Heldenreise (s. Kapitel 8), welche ihn nach Kreta und ins Labyrinth führt. Dort besteht er seine größte Prüfung, rettet seine Leidensgenossen und wird schließlich König von Athen, das er viele Jahre weise regiert.

Das ist die mythologische Ebene der Theseus-Sage. Es gibt eine andere Ebene, die für uns und das Hochbegabten-Thema noch weit interessanter ist: die tiefenpsychologische. Demnach wäre das böse Ungeheuer Minotauros nichts anders als ein Teil seiner eigenen Persönlichkeit: sein Schatten.

(Dem männlichen Helden könnte man eine weibliche Variante, nennen wir sie »Thesa«, an die Seite stellen, gewissermaßen die Schwester von Naukrate und Ariadne, die sich ebenfalls auf ihren Weg der Selbstverwirklichung machen. Es gibt ja auch weibliche Helden. Aber dazu genügt ein Blick ins Fernsehprogramm, wo es von weiblichen Kommissaren und anderen kühnen Heldinnen inzwischen nur so wimmelt.)

Ist der Held denn immer ein Hochbegabter, werden Sie vielleicht skeptisch einwenden. Sicher nicht. Es gibt viele Beispiele, wo ganz normale oder sogar minderbegabte Menschen in Romanen, Filmen und Dramen die Protagonisten sind – zum Beispiel der geistig sehr beschränkte Bauernbursche aus John Steinbecks Roman *Von Mäusen und Menschen.* Aber im Großen und Ganzen dürfte meine Vermutung stimmen. (Das wäre doch mal eine Doktorarbeit wert – dies näher zu untersuchen!)

Die Heldenreise des Theseus – eine alte Geschichte, die uns im 21. Jahrhundert nichts mehr sagt? Lesen Sie einmal den vierten Band der Harry-Potter-Serie: *Harry Potter und der Feuerkelch.* Der Zauberlehrling Harry ist kein anderer als eine moderne Reinkarnation des Theseus – wie dieser muss er sich im genannten Buch sogar in einem gefährlichen Irrgarten bewähren.

Joanne K. Rowling hat ein feines Gespür für das, was Literatur ausmacht. Kein Wunder: Sie ist ebenfalls eine Hochbegabte. Und das beweisen nicht nur die Honorare, die sie binnen fünf Jahren zur reichsten Frau Großbritanniens gemacht haben, noch vor der Queen, sondern das zeigt jeder Band ihrer Serie, der brillant komponiert und erzählt ist und sich mit den anderen Bänden zu einem wirklich beeindruckenden Ganzen zusammenfügt – auch eine Form von Heldentum, wie mir jede/r bestätigen wird, die/der schon einmal ein Buch geschrieben hat.

Kapitel 5

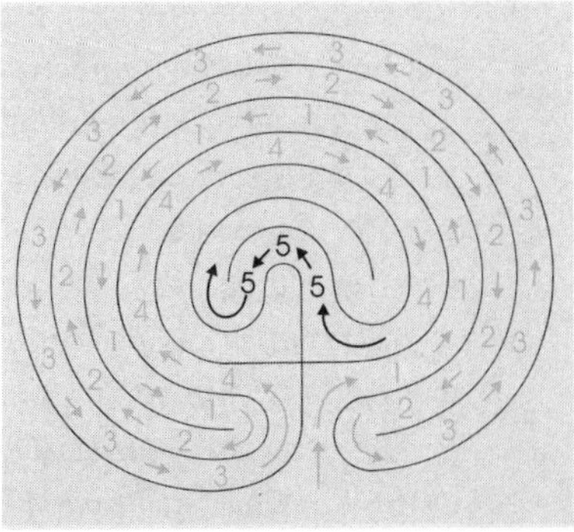

Das Drama der Hochbegabten

Kampf mit dem Minotauros

Die Psychopathen sind immer da.
Aber in den kühlen Zeiten begutachten wir sie,
und in den heißen – beherrschen sie uns.

Ernst Kretschmer

Ted Brauers Turbulenzen V

»Wie geht es Ihnen mit den Figuren Ihres Romans, Herr Brauer?«

»Ich sehe sie ganz deutlich vor mir, wie auf der Bühne eines Theaters. Welches Kleid Ariadne am liebsten trägt, erkenne ich gut. Wie die Stimme des Theseus klingt, ich meine: die Stimme seines modernen Pendants in der Geschichte, das höre ich genau …« (zögert), »nur den Minotauros, den sehe ich nicht richtig vor mir. Er ist sehr fern, wenn ich das mal so sagen darf. Fern – und sehr fremd.«

»Kein Wunder, bei so einem geklonten Geschöpf.«

»Na ja, er ist ja kein richtiger Klon. Ich verstehe das stiermenschliche Element mehr im übertragenen Sinn: ein Mann mit sehr archaischen, ungeistigen Qualitäten – sehr brutal – sehr wild – sehr angreifend – aggressiv ...« (zögert erneut).

»Ein Aggressiver?«

»Ein Mörder!«

»Sie können das also vor Ihrem geistigen Auge nicht richtig sehen – wie sieht es denn mit den anderen Sinnesorganen aus?«

(Brauer lacht): »Ja, da ist etwas. Ich kann ihn hören. Er brüllt gerne, wenn ihm etwas nicht passt. Und der König – also der Unternehmer, der Boss der Weltfirma, die gerade in Konkurs trudelt –, dieser Super-Fuzzi Heimar van Mintern – der spielt gerne Saxofon in seiner spärlichen Freizeit. Wie Bill Clinton.«

»Der ehemalige amerikanische Präsident?«

»Genau.«

»Und was macht der Minotauros?«

(Brauer lacht noch lauter, schüttelt sich vor Lachen): »Kuhglockengebimmel. Auf einer Wiese im Allgäu.«

Der fünfte Bogen umschlingt den Kern

Der fünfte Bogen umschlingt ganz eng den Kern des Labyrinthos, kein anderer kommt ihm so nahe. Das ist sehr stimmig, denn in diesem Kapitel geht es gewissermaßen um die Verhinderung des Talentpotenzials: um Blockaden der Kreativität, um Deformation professionelle, Kriminalität, Soziopathie. Also um jene Karrieren, die das wahre Selbst in seiner Entfaltung behindern. Hier versammelt sich alles Negative und Bösartige, was Hochbegabung *auch* in sich birgt. Es ist die Schlinge, die den Kern (der Persönlichkeit) zu ersticken vermag.

Dies ist der Ort des Minotauros. An ihm kommt niemand vorbei, der das Labyrinthos erkunden möchte, sei es draußen in der realen Welt, sei es im eigenen Inneren, das nicht minder real ist, selbst wenn es sich oft nur um Fantasien handelt.

Es ist eine Welt, die gerade wegen ihrer manchmal bizarren Bösartigkeit fasziniert.

Die positive Variante eines Hochbegabten-Lebenslaufs

Um zu verstehen, wie es zu Underachievement und den anderen negativen Begleiterscheinungen von Hochbegabung kommt, sollten wir uns zunächst einen positiven Lebenslauf eines Hochbegabten anschauen.

In jeder Biografie gibt es sowohl natürliche wie auch katastrophische Momente, in denen Weichen gestellt werden, in die eine Richtung oder in die andere. Am einen Ende kommt das sehr erfolgreiche Talent heraus, das seine Fähigkeiten voll entwickelt hat und mit großer Zufriedenheit auf ein erfülltes Leben zurückblicken kann. Im anderen Fall sehen wir den Latenten oder den Underachiever vor uns, unerfüllt, frustriert, ja krank mit Depressionen und Sinnlosigkeit erfüllt oder gar durch Suizid geendet.

Zu den Underachievern gehören auch Spätentwickler, Querdenker, Visionäre, Innovateure - so lange sie nicht akzeptiert und integriert bzw. erfolgreich sind. Es gehören dazu schließlich auch einige Kriminelle und Soziopathen; sie sind Underachiever wegen ihrer Feindseligkeit gegen die Gesellschaft, die sie daran hindert, ihre soziale Kompetenz zu leben.

Ich lege dem allen Ellen Winners Auseinandersetzung mit den »Neun Mythen« zugrunde, die ich im folgenden Kasten vorstelle.

Neun Mythen

Helen Winner entlarvt neun Vorurteile über Hochbegabte, unter anderen über Termans Langzeitstudie (Winner 1998, S. 17–21):

Mythos 1: Wer hochbegabt ist, ist es auf allen Gebieten (universelle Begabung).

Dem hält Winner entgegen, dass nach ihren Beobachtungen immer eine Mischung aus intellektuellen Stärken und Schwächen vorliegt, dass es sogar Kinder gibt, die in einigen Schulfächern hochbegabt sind und in anderen ausgesprochen lernbehindert.

Mythos 2: Manche als »hochbegabt« Bezeichnete sind gar nicht hochbegabt, sondern nur »talentiert« (für Musik, Eislauf, Tennis usw.).

»... eine solche Unterscheidung ist durch nichts gerechtfertigt. Es gibt keine nennenswerten Unterschiede zwischen sportlich und künstlerisch begabten Kindern. Beide Gruppen zeigen die [wesentlichen] Merkmale der Hochbegabung.«

Mythos 3: Nur wer in einem Test einen außergewöhnlich hohen IQ erzielt, ist hochbegabt.

Winner verweist hier auf die extremen Leistungen von → **SAVANTS** und meint: »IQ-Tests messen ein eng begrenztes Spektrum menschlicher Fähigkeiten, in erster Linie das mathematische und sprachliche Vermögen. Kaum etwas spricht dafür, dass hohe Begabungen in nichtintellektuellen Bereichen wie bildender Kunst oder Musik einen außergewöhnlichen IQ verlangen.«

Mythos 4: Hochbegabung wird nur vererbt.

Das steht im krassen Widerspruch zur Tatsache, dass erst – oft viele Jahre dauerndes – Training (Expertise) die Begabung zum Vorschein bringt.

Mythos 5: Hochbegabung wird nur (durch Erziehung und Training) erworben.

Dem widerspricht die Tatsache, dass »die Biologie einen wesentlichen Anteil daran hat, ob die Umwelt etwas Formbares vorfindet«.

Mythos 6: Ehrgeizige Eltern sind die treibende Kraft hinter großen Leistungen hochbegabter Kinder.

Dem hält Winner entgegen, dass es zwar stimme, dass Eltern von hochbegabten Kindern sich oft aktiv um die Förderung ihrer Sprösslinge bemühen, aber »dieses ungewöhnliche Maß an Anteilnahme und Engagement ist nicht destruktiv. Es ist notwendig, damit sich eine Begabung entfalten kann.«

Mythos 7: Hochbegabte strotzen von seelischer Gesundheit.

Diesem – vor allem von Terman propagierten – Vorurteil der körperlich und psychisch weit überlegenen Hochbegabten stellt Winner ihre Beobachtung entgegen: »Wir haben offenbar die Neigung, hochbegabte Kinder entweder zu idealisieren oder rundweg abzulehnen. Sie sind häufig sozial isoliert und unglücklich, wenn sie nicht das Glück haben, andere hochbegabte Kinder kennen zu lernen. Die Vision vom gut angepassten hochbegabten Kind gilt nur für leichte Hochbegabung, aber nicht für extrem hochbegabte Kinder.«

Mythos 8: Alle Kinder sind begabt.

Diese egalitäre Betrachtungsweise negiert die Unterschiede, die nun einmal in der intellektuellen Ausstattung der Menschen vorhanden sind. Dies resultiert vor allem in falschen Fördermaßnahmen oder gar deren Fehlen für hochbegabte Kinder, während man minderbegabte nachhaltig unterstützt. Winner meint, man sollte die intellektuellen Anforderungen in den Schulen nicht weiter vermindern, sondern deutlich hochschrauben. »Dadurch würden die leicht Hochbegabten die Schule wieder als Herausforderung erleben und wir könnten alle Ressourcen, die wir heute für die Förderung der leicht überdurchschnittlichen Schüler verwenden, für die Förderung der extrem Hochbegabten einsetzen.«

Mythos 9: Hochbegabte Kinder werden zu berühmten Erwachsenen.

Dem setzt die Psychologin entgegen: »Nur sehr wenige hochbegabte Kinder entwickeln sich zu wirklich schöpferischen Persönlichkeiten [...] Außer dem Grad der Begabung spielen zum Beispiel Persönlichkeit, Motivation, familiäre Umwelt, Gelegenheit und Glück eine große Rolle.«

Früheste Kindheit (Geburt bis Kindergartenalter)

Die Unterschiede können schon bei der Geburt einsetzen, ja schon während der Schwangerschaft. Eltern, die davon überzeugt sind, dass Hochbegabung vor allem oder ausschließlich vererbt wird (s. *Mythos 4*), werden sich ihrem Kind gegenüber anders verhalten, als solche, die in erster Linie an Erziehung und Training glauben (*Mythos 5*).

Erstere überlassen vielleicht alles dem Kind (»Seine Talente werden sich schon durchsetzen ...«) und übersehen dabei völlig die Notwendigkeit von Ermutigung und Förderung, Letztere übertreiben es wahrscheinlich mit der elterlichen Aufsicht und plagen sogar ein Kind, das ganz normal begabt ist, mit endlosen Übungen, bei denen eben doch kein Supertalent zum Vorschein kommt. Dabei wird gerne auf Erfolgsmenschen wie Steffi Graf, Boris Becker und die Williams-Schwestern verwiesen, die von ihren Vätern schon im Kindergartenalter unerbittlich auf den Tennisplatz geschickt und Tag um Tag trainiert wurden. Andere Beispiele sind die ungarischen Polgar-Schwestern, die von ihren schachbegeisterten Eltern zu Schachmeistern mit Weltklasse getrimmt wurden.

Was bei diesen Beispielen gerne übersehen wird, ist dies: In allen diesen Fällen wurde schon vorhandene Hochbegabung auf ideale Weise durch das exzessive Interesse (und nicht zu vergessen: das finanzielle Eigeninteresse an solchen Erfolgen!) der Erzieher-Trainer an der Karriere der Kinder gefördert und in eine kontinuierliche Expertise umgesetzt.

Und was gerne verschwiegen wird: Es sind eben auch hier nur etwa drei von hundert Erfolg versprechend und damit geeignet für diese jahrelange Überei und – ja, auch – Tortur. Andre Agassi, Ehemann von Steffi Graf und einer der weltbesten Tenniscracks, sprach wahrscheinlich all diesen hoch trainierten Hochbegabten aus dem Herzen, als er in einem Interview erklärte, er werde seinen eigenen Kindern diese Tortur nicht zumuten, der er durch seine Eltern ausgesetzt war, allem Erfolg zum Trotz.

Letzteres verweist bereits auf *Mythos 6*: dass nur ehrgeizige Eltern die treibende Kraft hinter Hochbegabten seien. Wenn ein Kind (und später der Jugendliche oder Erwachsene) von sich aus kein großes Interesse zeigt, von sich aus kein Faszinosum findet und dem mit gesundem Ehrgeiz nachfolgt, dann ist aller elterlicher Ehrgeiz vergebens, ja kontraproduktiv. Nicht der elterliche Ehrgeiz bringt den Erfolg - nur der Ehrgeiz des Kindes, und der muss aus dessen eigener Mitte kommen und seiner Domän entsprechen.

Als mein ältester Sohn sich als Zwölfjähriger einen Computer wünschte (das war 1983, wohlgemerkt), habe ich nur gelächelt und gedacht: Ja, solche Spinnereien kenne ich aus der eigenen Kindheit. Aber als er ein Jahr später von meinem PC (der mir lediglich als komfortable Schreibmaschine diente) stunden- und dann nächtelang nicht mehr wegzukriegen war, weil er sich die Programmiersprache BASIC selbst beibrachte und ein Programm nach dem anderen schrieb, da wusste ich, dass es ihm ernst war, und ich ermutigte ihn von da an.

An dieser Stelle sei als eine mögliche Belastung von Geburt an ADHS erwähnt. Es ist hier nicht der Platz, näher darauf einzugehen, im folgenden Kasten sage ich einiges dazu - mehr finden Sie auf meiner Website.

ADHS – Hochbegabung und Ritalin

Viele Beobachtungen deuten darauf hin, dass übergroße Unruhe typisch für viele Hochbegabte ist. Seit einigen Jahren gibt es großen Rummel um eine neue Krankheit namens ADHS, das »Aufmerksamkeits-Defizit-Hyperaktivitäts-Syndrom«, auch als »Zappelphilipp-Störung« bezeichnet. Früher nannte man ähnliche Anzeichen »Vegetative Dystonie«, »Neurasthenie«, »Nervosität«. Man findet vor allem das letztere Schlüsselwort in vielen Biografien, zum Beispiel bei Sigmund Freud, der es in einem Brief an seine Verlobte am 27. Januar 1886 so ausdrückte:

»Ein Instrument habe ich mir gekauft, einen Dynamometer, um meine eigenen nervösen Zustände zu studieren.« Und wenige Tage später, am 2. Februar: »Meine Müdigkeit ist nämlich ein Stück Krankheit, Neurasthenie heißt man [...] meine Nervosität.«

Über den ungarischen Mathematiker Paul Erdös notiert sein Biograf, er war »eine äußerst nervöse und zappelige Person, ständig hüpfte er hin und her oder schlenkerte mit den Armen.« (Hoffman 1998, S. 122)

Leibniz war berüchtigt für seine Sprunghaftigkeit, die ihn ständig neue Projekte angehen und so manches nicht vollenden ließ.

Freud verschrieb sich selbst mehr als drei Jahre lang ziemlich kräftige Dosen Kokain, das ähnliche Effekte wie das Amphetamin Ritalin hervorruft, jenes neue »Wundermittel« für ADHS-Patienten. Andere »nervöse« Hochbegabte haben entdeckt, dass Nikotin – neben anderen Wirkungen – auch einen stimulierenden Effekt hat. Koffein im Kaffee und Tee kann Ähnliches bewirken. Beides ist deshalb aus unserer modernen Zivilisation nicht wegzudenken. Alkohol und Haschisch können nervöse Unruhe dämpfen, wenn man nicht zu viel davon zu sich nimmt. All dies sind Möglichkeiten der Selbstmedikation, die Intellektuelle gerne nützen, um sich zu beruhigen.

Die amerikanischen Ärzte Hallowell und Ratey schreiben in ihrem Buch *Zwanghaft zerstreut*, die ADHS-Patienten seien »häufig kreativ, intuitiv, hochintellligent [...] mitten in ihrer Zerfahrenheit haben Erwachsene [...] Phasen geistiger Brillanz.« (1999, S. 121)

Zur Behandlung dieser Störung wird gerade bei Kindern Ritalin verschrieben, immer häufiger und in erschreckend hohen Dosen. Ich halte dies für geradezu kriminell, vor allem wenn man die Kinder vorher nicht testet. Denn eine gewisse Nervosität und leichte Ablenkbarkeit ist wirklich charakteristisch für Hochbegabte und macht ihnen zu schaffen. Es ist wohl ein Resultat ihrer schnelleren Gehirntätigkeit, die dazu verführt, viele Dinge gleichzeitig zu tun.

Ich möchte hier nicht gegen Ritalin polemisieren, schon deshalb nicht, weil ich selbst gute Erfahrungen damit gemacht habe. Ich kenne diese übergroße Nervosität nur zu gut – von Kindheitstagen an. Als ich mit der Arbeit an diesem Buch begann und dabei auf den Zusammenhang »Hochbegabung – ADHS – Ritalin« stieß, wurde ich neugierig und ließ mir das rezeptpflichtige Medikament verschreiben. Statt der angegebenen Menge von zehn Milligramm pro Tag nahm ich jedoch nur ein Viertel davon, also 2,5 Milligramm. Die Wirkung war deutlich und sehr positiv; vor allem konnte ich viel konzentrierter arbeiten.

Die üblichen hohen Dosen jedoch, bis zu dreimal täglich zehn und mehr Milligramm, und das bei Kindern mit viel geringerem Körpergewicht – das halte ich für unverantwortlich.

Kindergarten und Vorschule

Nehmen wir an, die Eltern erkennen die Anzeichen für Hochbegabung (große Neugier und all die anderen Merkmale, auf die ich noch ausführlich anhand des Selbsttests im sechsten Kapitel zu sprechen komme) und gehen geduldig auf die vielen Fragen ein, die unermüdlich gestellt werden. Sie stecken die zusätzlichen Anforderungen durch geringes Schlafbedürfnis des Kindes weg und freuen sich über jeden der schnellen und oft erstaunlichen Fortschritte. Ideal ist es natürlich, wenn da zusätzlich noch Großeltern sind, die das alles mittragen, ermutigen und fördern.

Spätestens der Eintritt in den Kindergarten bringt aber trotzdem eine ernste Hürde: Wird man dort auch so viel Verständnis haben? Oder geht hier das Mobbing los, wenn so manche mündliche Äußerung oder ungewohnte Handlung des hochbegabten Kindes die Erzieherinnen oder die anderen Kinder verunsichert - ärgert - erbost ...?

Bernd Dost hat die hochbegabten Kinder in dem schon erwähnten Film *Vier helle Köpfe* in einem Kindergarten in Hannover gefunden, der speziell für solche »wizz kids« gegründet worden ist. Das ist der Idealfall. Leider machen unzählige Eltern eine ganz andere Erfahrung.

Grundschule und Gymnasium

Dies setzt sich auch in der nächsten Lebensetappe fort, die unser aller Leben mindestens so bestimmt wie die Zeit im Elternhaus. Denn hier werden ja nicht nur Inhalte gelernt und Fähigkeiten unterschiedlichster Art entwickelt und gefördert (oder frustriert) - hier werden auch Freundschaften geschlossen, manchmal fürs ganze Leben. Hier werden auch die ersten ernsthaften Erfahrungen mit dem anderen Geschlecht gemacht.

Wohl dem Hochbegabten, der in der Schule verständnisvolle (und vielleicht sogar selbst hochbegabte) Lehrer findet. Es ist eine lange Zeit, diese - normalerweise - vier Jahre Grundschule. Und es ist eine noch längere Zeit, neun Jahre aufs Gymnasium zu gehen. Wer sich da gut zurechtfindet und anpasst, ist bald obenauf als Klassenbeste(r) oder wenigstens im Mittelfeld (wenn man es vorzieht, sich wie die → **SHIRAS-KINDER** bedeckt zu halten und alle Anforderungen mit einem Minimum an Aufwand zu erledigen).

Universität, Berufswahl und Berufswelt

Ich muss das nicht weiter ausmalen - wer gut bis sehr gut in der Schule war, wird auch auf der Universität gefördert. Allerdings zeigt sich spätestens am Ende des ersten Semesters, insbesondere in den naturwissenschaftlichen und technischen Disziplinen, ob der Student in der Schule nicht nur Inhalte auswendig gelernt hat, sondern auch Lerntechniken, die ihm helfen, sich eigenständig die nun geforderten, sehr viel anspruchsvolleren Stoffe anzueignen. Denn eines begreift man sehr schnell: Überfüllte Hörsäle und pädagogisch unqualifizierte Dozenten sind nicht gerade förderlich für ein sinnvolles Lernen. Aber gut angepasste Hochbegabte, die sich noch dazu aktiv um ihre Karriere kümmern, finden bald einen Professor, der sie anspornt und ihr Mentor wird - wenn nicht schon der Direktor des Gymnasiums sie an die »Studienstiftung des deutschen Volkes« empfohlen hat und diese sie unter ihre Fittiche nimmt. Das ist dann schon etwas sehr Förderliches: plötzlich unter vielen anderen Kommilitonen zu sein, die alle ebenfalls hochbegabt sind!

Im Idealfall wird man dann als »high potential« von einer großen Firma ins Visier genommen, jobbt dort schon während des Studiums in immer anspruchsvolleren Funktionen, macht interessante Auslandsaufenthalte, promoviert nebenbei und startet dann in der Firma eigener Wahl voll durch, mit 50 000 Euro Anfangsgehalt - wenn man nicht gleich eine eigene Firma gründet. Noch vor der Pensionierung (vor der etliche wichtige Preise abgeräumt werden, vielleicht sogar der Nobelpreis?) besinnt man sich auf ein wegen der Karriere in der Haupt-Domän vernachlässigtes zweites Talent und startet eine neue, nun ganz auf die eigenen Bedürfnisse zugeschnittene zweite Karriere als Schriftsteller oder Maler (bei der man finanziell zum Glück völlig unabhängig ist). Wenn man schließlich im hohen Alter und nach einem erfüllten Leben stirbt, zeigt die Fülle der Todesanzeigen mit wichtigen Adressen der Nachwelt noch einmal, was für ein begabter Mensch man war. - Habe ich noch etwas vergessen bei diesem idealen Lebenslauf?

Freizeit, Partnerwahl und Familie

Ach ja, da wäre noch etwas: Ein gut entwickelter Hochbegabter kommt - aufgrund der großen sozialen Kompetenz und emotionalen Sensibilität - natürlich auch im Privatleben bestens zurecht, findet den passenden Lebenspartner, gründet eine Familie und hat möglichst viele Kinder (man denke an die Kennedy-Familie oder viele protestantische Pfarrer und jüdische Rabbiner), die die eigenen Begabungen multiplizieren. Von Ramses dem Großen wird überliefert, er habe tausend Söhne gehabt (begabte Töchter zählten damals offenbar nicht).

Außerdem spielt man in der Freizeit hingebungsvoll Cello oder Gitarre, möglichst in einer kleinen Formation mit Freunden, schreibt ab und zu ein Gedicht und in den Ferien erstaunt man die anderen Teilnehmer des Malkurses mit dem Maltalent, das man auch noch hat.

Der Vollständigkeit halber möchte ich noch ergänzen, dass es außer Arbeit und Beruf und dem Privatbereich mit den persönlichen Beziehungen innerhalb der Familie sowie zu Freunden und Bekannten noch zwei weitere Bereiche gibt, die man nicht vernachlässigen sollte: die eigene Persönlichkeit (die sich ja nicht in Arbeit und Beziehungen zu anderen Menschen erschöpft) und die Welt außerhalb des eigenen Horizonts, die ich »TRANS« nenne. Wohl dem Hochbegabten, der sich auch hier engagiert und all diese Möglichkeiten - und Aufgaben - in eine gute Balance bringt.

Wenn alles Mögliche schief läuft: Negative Varianten eines Lebenslaufs

Wenn man sich ins Gedächtnis ruft, dass ein großer Teil (wahrscheinlich mehr als die Hälfte) der Hochbegabten gerade *nicht* die eben geschilderten Erfolge feiert, dann stellt sich die Frage: Warum wird man ein Underachiever?

»Schlag nach bei Freud«, wäre die einfachste Antwort. Die psychoanalytischen Funde, Erkenntnisse und Theorien des Wiener Arztes und Psychologen (und Schriftstellers!) treffen sicher auch im Großen und Ganzen für normalbegabte Menschen zu, weil sie mit dem Fundament der menschlichen Existenz zu tun haben: Sexualität, Aggression und Narzissmus – und deren misslungener Entwicklung, um das Wesentliche nicht zu vergessen. Aber Hochbegabte sind aufgrund ihrer erhöhten Sensibilität weit stärker gefährdet; darauf verweist auch Winners Ansicht zu *Mythos 7*.

Früheste Kindheit (Geburt bis Kindergartenalter)

Die Eltern von Tobias (aus unserem großen Fallbeispiel) hätten stutzig werden müssen, dass ihr Sohn bereits auf dem Spielplatz anders war als die übrigen Kinder. Er spielte und kletterte gerne für sich – aber brauchte lange, schaute erst sehr aufmerksam den anderen Kindern zu, bevor er sich zu ihnen gesellte. Seine Mutter hat da manches Mal ungeduldig nachgeholfen, wohlmeinend, dass er doch »lernen müsse, mit anderen zu spielen«. Ob sie das heute auch noch tun würde, nachdem sie einiges über Hochbegabte und ihre Eigenarten weiß, dass sie vor allem ihre eigenen zeitlichen Abläufe haben, viel nachdenken, bevor sie handeln – und dann oft ganz anders handeln, als man erwartet?

Kindergarten und Vorschule

Die Eltern hatten an Tobias' fantasievollen Wortschöpfungen und seiner großen Neugier ebenso Freude wie an seiner erstaunlichen Fähigkeit, sich anhand der Sprechblasen von Micky-Maus-Heften selbst das Lesen beizubringen. Aber im Kindergarten eckte er mit seinen Eigenarten rasch an, reagierte aggressiv auf Frustration und Ausgrenzung, machte Gegenstände durch sein »Ungeschick« oder auch mutwillig kaputt. Es bahnte sich eine Entwicklung an, die die Eltern vieler späterer Underachiever nur zu gut kennen: Eine Negativspirale beginnt sich zu drehen, bei dem man am Ende nicht mehr weiß, wer in diesem Teufelskreis der Schuldige ist.

Aber eines sollte sicher sein: Das Kind ist nicht schuld, denn es kommt anders als Normalbegabte auf die Welt – und die Welt (allen voran die Eltern und Erzieher) müssen sich zunächst einmal auf das Kind und sein Anderssein einstellen. Leicht gesagt – unsäglich schwer getan.

Grundschule und Gymnasium

Vier der oben vorgestellten Mythen (die man auch Vorurteile nennen könnte) betreffen die Behandlung von hochbegabten Kindern in der Schule (*Mythos 1, 2, 3* und *8*). Aber ich sollte besser »falsche Behandlung« schreiben, denn genau dies ist der Fall: Aufgrund solcher Vor- und Fehlurteile steckt man hochbegabte Kinder in dieselben Klassen, in denen auch wenig und durchschnittlich Begabte sitzen, und setzt sie von Anfang an unnötigen Frustrationen aus:

Wenn man hochbegabte Kinder für universell begabt hält (s. *Mythos 1*), unterfordert man sie in ihren Lieblingsfächern, statt sie dort speziell zu fördern, und man lobt sie genau dort nicht, wo es am meisten bringen würde (»Das kannst du ja ohnehin gut.«). Stattdessen traktiert man sie mit Fächern, die sie natürlicherweise wenig oder nicht interessieren, weil sie dort eben nicht hochbegabt sind. Viel vernünftiger wäre es, ihnen von dort, wo sie weit überdurchschnittliche Leistungen erbringen, Brücken in die anderen Fächer zu bauen. Vor allem müssen gerade diesen Kindern Lerntechniken zugänglich gemacht werden, die ihre starke Eigeninitiative in Bezug aufs Lernen unterstützen.

Die Minderbewertung von sportlichen und anderen nicht intellektuellen Fähigkeiten (s. *Mythos 2*) entspringt einem unverantwortlichen Dünkel der Pädagogen und ist Gift für diese Kinder. Hier werden schon während der Grundschule, spätestens aber auf dem Gymnasium massive Blockaden verursacht, die zu Underachievement oder verzögerter Expertise (Spätentwickler) führen.

Schauen wir noch einmal zu Tobias, weil er so etwas wie ein Modellfall ist, wie und was schief gehen und einen Underachiever produzieren kann.

Die Eltern Brauer meinten, eine Montessorilehrerin sei doch für ihr ungewöhnliches Kind (wie ungewöhnlich es tatsächlich war, ahnten sie da noch gar nicht) gerade richtig. Sie setzten alles daran, ihn in deren Klasse unterzubringen, und schafften das schließlich auch. Was sie nicht wissen konnten: Diese Lehrerin war zwar sehr kreativ - aber auf eine ungute narzisstische Weise. Sie produzierte sich gerne mit allem, was sie konnte (und sie konnte viel) - und übersah, dass manche Kinder sich dabei gar nicht wohl fühlten, weil sie mit ihrer eigenen, mehr intellektuell-kreativen Eigenart bei ihr nicht ankamen.

Tobias, der ja schon früh lesen konnte, sehr einfallsreich mit Legosteinen baute und auch sonst sehr eigenständige Interessen hatte, war schon noch wenigen Tagen eines von acht Kindern, »die in Therapie gehören«. Mit diesem Stempel begann eine Schulkarriere, die Tobias' Qualitäten total negierte und seine aggressiven Reaktionen nur noch anstachelte, bis er wirklich der Böse der Klasse war, der diese Rolle auch voll annahm.

Als hätte er es geahnt, was ihm da blühte, »wollte er schon vom ersten Schultag an nicht aus dem Haus. Ich habe ihn fast während dem ganzen ersten Schuljahr begleitet und an der Hand ins Klassenzimmer geführt. Ich habe die Uhr eine Viertelstunde vorgestellt, habe ihm alles Mögliche versprochen - wenn er nur in die Schule geht.« (Originalton Ted Brauer)

Der Übertritt aufs Gymnasium war dennoch zunächst kein Problem, weil er im Jahr zuvor eine neue Lehrerin bekam, die ihn förderte. Zu seinem Pech hatte Tobias jedoch in der Grundschule nie richtig gelernt, *wie* man lernt. Außerdem war er jetzt voller Abwehr gegen alles, was mit Schule und Lernen zu tun hatte. Aufgrund vieler negativer Erlebnisse war er wohl zusätzlich von massiver Prüfungsangst erfüllt, sodass schon bald gar nichts mehr ging auf dem Gymnasium. Nach anfänglich guten

Noten sackten die Leistungen rasch ab und es entstand der typische Underachiever.

Universität, Berufswahl und Berufswelt

Die Berufswahl hat ihre Tücken. Wenn man nur ein einziges, sehr gut ausgeprägtes Talent hat, tut man sich da leichter, als wenn es deren mehrere sind. Wer sich mit seinem Vater sehr gut versteht, wächst wahrscheinlich gerne in dessen Beruf hinein, wird Arzt oder Rechtsanwalt wie er. Man weiß, dass erfolgreiche Frauen oft Lieblingstöchter von starken Vätern sind und von ihm entsprechend gefördert wurden. Wenn man den Vater dagegen ablehnt, ist vielleicht gerade das, was das persönliche Talent ausmacht, beeinträchtigt oder massiv blockiert.

Allerdings gibt es - zum Glück - auch einen breiten Zwischenbereich und andere als die familiären Einflüsse (hier ist die Schule für mich ein Segen gewesen). Ich hatte zwar in der Pubertät und noch als Student massivste Schwierigkeiten mit meinem Vater - weil das Schreibtalent in unserer Familie mit großer Wahrscheinlichkeit über die väterliche Linie kommt, machte sich das besonders störend bemerkbar -, aber ich habe seltsamerweise immer gern geschrieben. Es waren einige Lehrer, die mich im Schreiben bestärkten, insbesondere förderten mich jedoch die Freunde im Science-Fiction-Club.

Freizeit, Partnerwahl und Familie

Großer Erfolg aufgrund großer Begabung verlangt großen Einsatz. Akademiker arbeiten wesentlich mehr als Nichtakademiker, gleich, ob angestellt oder freiberuflich; da bleibt dann für Freizeit und Muse, für Ehepartner und Kinder nicht viel Zeit übrig. Von einem Chefchirurgen und Leiter einer Münchner Klinik las ich einmal, er erwarte, dass seine Kollegen wie er 80 Stunden in der Woche arbeiten. Workaholismus ist die typische Begleiterscheinung von Karrieren Hochbegabter - wie Alkoholismus eine echte Sucht. Irgendwann kommt es dann zum Burn-out, zu einer Neurose oder gar zur Psychose. Der Film *A Beautiful Mind* demonstriert das am Beispiel des Mathematikers John Nash, der eine lange schizophrene Phase durchlitt, bevor er wieder gesund wurde und sogar den Nobelpreis erhielt.

Die Realität zeigt, dass beruflich erfolgreiche Menschen dies nur sind, weil sie sich voll und ganz auf ihre Arbeit konzentrieren – und das können sie nur, wenn sie wie ein Mönch leben oder einen Partner haben, der das mitträgt, und zwar unter Hintanstellen eigener Bedürfnisse nach Selbstverwirklichung (in der Regel ist das eine Frau, die Mutter und Muse zugleich ist).

Pablo Picasso, einer der kreativsten und produktivsten Menschen, die auf Erden gelebt haben, benutzte seine vielen Geliebten wie ein Werkzeug, das man weglegt, wenn man es nicht mehr braucht – oder das man wegwirft, wenn es eigene Bedürfnisse anmeldet.

Wie soll das auch funktionieren: Der Tag hat nur 24 Stunden, auch das Genie muss etwa vier bis sechs Stunden schlafen, zwölf bis 14 Stunden wird intensiv gearbeitet, zwei, drei Stunden braucht man für sich selbst zu einsamer Erholung oder um mit Kollegen und Freunden zu diskutieren, sich fortzubilden – was bleibt da für Frau und Kinder?

Davon können nicht nur Künstler ein Lied singen, sondern auch Unternehmer, Ärzte, Politiker. Erst wenn auch die dritte oder vierte Frau davongelaufen ist, begreifen es manche, dass das Leben nicht nur aus Arbeit und dem narzisstischen Genuss von Ansehen, Ruhm und Macht besteht.

Auch das Leben erfolgreicher Menschen hat also seine Tücken, nicht nur das der Underachiever – weil kaum Zeit ist, einmal in Ruhe über sich selbst nachzudenken. Da muss erst der große Zusammenbruch stattfinden. George Soros, einer der erfolgreichsten Wirtschaftskenner und Aktienspekulanten der Welt, schrieb nach einem beruflichen und privaten Zusammenbruch:

»Ich glaube, dass ich in dieser Zeit einen ernsthaften Persönlichkeitswandel durchgemacht habe. Schuld und Scham hatten in meinem Gefühlsleben eine große Rolle gespielt. Aber ich habe das aufgearbeitet. Ich hatte einige Termine bei einem Psychoanalytiker. Es war eher oberflächlich, ich legte mich nie auf eine Couch und suchte ihn auch nur ein- oder zweimal pro Woche auf. Trotzdem war es für mich ein sehr wichtiger Prozess. Ich offenbarte meine geheimen Neigungen, und indem ich sie ans Tageslicht brachte, erkannte ich, dass sie sinnlos waren [...] es wurde bestimmt auch angenehmer, mit mir zusammenzuleben. Ich bin mir sicher, dass meine erste und meine zweite Frau mich für zwei völlig unterschiedliche Menschen halten.« (Soros 1996, S. 61)

Die Deformation professionelle

Ich möchte hier noch ein Phänomen anschließen, welches den Mangel an TRANS erklären könnte und die schlechten privaten Beziehungen und Selbstkenntnisse vieler erfolgreicher Talente, die mit all ihren Erfolgen sehenden Auges unsere Welt zugrunde richten. Das Stichwort heißt *Deformation professionelle* und bedeutet, aus dem Französischen übersetzt, Verbiegung (der Persönlichkeit) durch den Beruf.

Ein gutes Beispiel ist der Autoingenieur, der seine Familie wie die Teile eines Motors wahrnimmt und glaubt, dass diese psychosoziale Welt genau so funktioniert wie ein Motor. Oder der Chirurg, der glaubt, er verpflanzt nur einen großen Muskel, wenn er ein Herz verpflanzt. Oder der Jurist, welcher der Meinung ist, dass die Gesellschaft allein aufgrund der Gesetze funktioniert.

Ich weiß, ganz so primitiv ist es meistens nicht. Aber die Deformation professionelle ist Realität. Auch ich als Psychologe habe eine: Ich neige dazu, alle menschlichen Probleme psychologisch zu erklären, und übersehe dabei schon mal, dass zum Beispiel Migräne auch durch eine zu schwache Brille ausgelöst sein könnte und nicht nur durch einen unterdrückten Wutanfall.

Aber eine solche Deformation professionelle führte auch dazu, dass im Dritten Reich von damals rund 90 000 in Deutschland tätigen Ärzten etwa 550 aktiv an Naziverbrechen beteiligt waren (Mitscherlich 1960, S. 13), darunter honorige Professoren, die ihren hochbegabten Wissensdurst mit Menschenexperimenten stillten. Sie alle waren promovierte Akademiker - aber deformiert zur Unmenschlichkeit, weil sie ihre Versuchspersonen im KZ nicht als Menschen sahen, die leiden, sondern als »Juden« oder »Zigeuner« oder andere Nicht-Arier.

Wie entsteht eine Deformation dieser Art, die Menschen ähnlich wie leblose Objekte und als Verfügungsmasse wissenschaftlicher Neugier betrachtet und jede Individualität ausblendet? Bei Ärzten trägt sicher die Arbeit mit Leichen im Seziersaal und die Abtötung von Gefühlsregungen angesichts leidender Tiere bei Tierversuchen zu dieser Deformation bei. Es ist ja auch sinnvoll, wenn der Chirurg, der mein zerschlagenes Knie punktiert und den Eiter absaugt, nicht allzu sehr mitleidet, wenn ich vor Schmerzen wimmere, denn er muss seine Arbeit gut machen, und dafür kann er, mein Leiden ignorierend, mein Knie schon einmal als gestörte biomechanische Konstruktion betrachten, die er repariert. Er sollte nur hinterher Verständnis dafür haben, dass ich auch ein Mensch bin, der sich riesig freut, wenn der Herr Zauberdoktor aufmunternd lächelt und sagt: »Wird schon alles wieder gut, in ein paar Wochen kannst du wieder Fußball spielen.«

Viele Ärzte machen genau dies nicht - und die begabtesten strotzen manchmal vor Arroganz und Größenwahn und haben normale menschliche Gefühle so ausgeblendet, dass es einen fröstelt. Das gilt auch für die Ingenieure, die für 300 Milliarden Dollar zum Mars fliegen wollen, weil hier auf der Erde sowieso alles kaputtgeht und die Menschheit eine zweite Chance braucht. (Das stammt *nicht* aus einem Science-Fiction-Roman!)

Gezielte Hilfe für Latente und Underachiever – ein erster Hinweis

Gezielte Hilfe für Latente und Underachiever - wie könnte das aussehen? Hier gilt es ein gewaltiges Potenzial zunächst zu erkennen, dann zu ermutigen und zu fördern.

Nachdem dies der Schwerpunkt der Kapitel 7 und 8 sein wird, möchte ich hier nur zwei Gedanken nochmals nennen, die ich weiter oben schon in anderem Zusammenhang erwähnt habe:

1. Hochbegabte, die ihr Potenzial nicht realisieren, leiden darunter - schon allein aus diesem Grund muss ihnen Hilfe angeboten werden.
2. Die amerikanische Hochbegabungsforscherin Ellen Winner bringt den anderen zentralen Gedanken so auf den Punkt: »Keine Gesellschaft kann es sich leisten, ihre begabtesten Mitglieder zu ignorieren.«

Und was ist mit Minotauros?

Die Geschichte des Dämons, den man wegen seiner Gefährlichkeit einsperrt, möglichst weit entfernt und in der Tiefe, gibt es nicht nur in *Tausendundeiner Nacht*. Drachen hausen in der Mythologie in verwunschenen Höhlen, der Leviathan durchpflügt die Abgründe des Meeres. Auch den Minotauros hat man auf diese Weise weggeschlossen, im Verließ des Labyrinthos. Symbolisch kann man dies als Blockierung der animalischen Kreativität verstehen - ist der kretische Stier doch dem mächtigen Meeresgott Poseidon zugeordnet!

In der Kulturgeschichte ist der Stier eine bekannte Figur, der Totem der frühen Ackerbauer-Kulturen. Ägypten verehrte ihn im Apis-Kult. Auf Kreta waren Stiere ebenfalls ein wichtiges Ziel religiöser Verehrung, bei der Frauen und Jünglinge wie

Akrobaten über den Rücken des Tiers sprangen. (Die spanischen Stierkämpfe legen heute noch Zeugnis von der zentralen Rolle dieses Kults ab, der im ganzen Mittelmeerraum verankert war.)

Es ist gut vorstellbar, dass der Minotauros, der stierköpfige Mensch, ein Überrest jener Stierverehrung auf Kreta war - vielleicht ein Priester mit einer Stiermaske? Als die kretische Kultur unterging und von der athenischen abgelöst wurde, hat man dann das einst positive Symbol böswillig in das Negativ eines menschenfressenden Monsters verkehrt - ähnlich, wie das Christentum aus den weisen Frauen der heidnischen Frühkulturen Hexen machte.

Hierzu passt gut der kriminelle und soziopathische Aspekt, der gelegentlich aus Hochbegabten herausbricht: Der Minotauros verkörpert in diesem Fall den aggressiv-mörderischen, den archaisch-triebhaften Anteil der Persönlichkeit. Auch die Déformation professionelle, die ja ein pervertierter Ausdruck des Talents und ein psychischer Abwehrmechanismus ist, passt trefflich zu dieser Interpretation.

Tiefenpsychologisch steht der Minotauros auch für die nicht gelebten Anteile der Persönlichkeit - für das, was im Schatten bleibt, in der Höhle, in der Düsternis des Labyrinth-Verlieses. Das entspricht wiederum genau dem, was das Problem der Underachiever und der Latenten ist: Sie realisieren ihre Fähigkeiten nicht, lassen sie im Schatten, im Unbewussten.

Und schließlich kann man den Minotauros auch noch als Darstellung einer Familientragödie sehen: Die Königin Pasiphaë geht fremd, betrügt den Minos und bringt einen Bankert zur Welt. Da sie die Tochter des Sonnengottes Helios ist und Mütter bevorzugt die Hochbegabung weitergeben, dürfte auch der Minotauros ein Hochbegabter sein.

Ob das Töten des Ungeheuers die Lösung ist, wie die Theseus-Sage als Bestandteil der Labyrinth-Geschichte vorschlägt, darf aus heutiger psychologischer Sicht bezweifelt werden. Der

Schatten muss integriert und das nicht gelebte Potenzial verwirklicht werden. Die siebenfache Umkreisung der Mitte des Labyrinth-Symbols unterstreicht dies: Es ist nicht einfach, zum verborgenen Kern der Persönlichkeit vorzudringen, es kann sogar höchst gefährlich sein. Das ist die Botschaft, die dieser Teil des Mythos uns vermittelt.

Kapitel 6

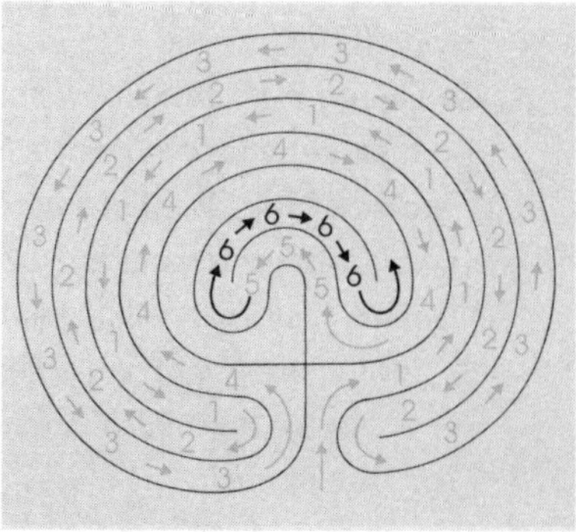

Neuen Sinn im Leben finden

Ariadnes Faden weist den Weg

Ein Weg entsteht, wenn man ihn geht.

Frei nach Franz Kafka

Ted Brauers Turbulenzen VI

»Sie sehen so gestresst aus, Herr Brauer.«

»Ich wollte heute ein neues Kapitel anfangen – das, in dem ich die weibliche Hauptfigur einführen möchte.«

»Ariadne?«

»Ja, ihr nachgebildet. Aber sie hat natürlich mit meiner Frau zu tun.«

»Hat sie den Stress verursacht?

»Ja und nein. Sie wollte unbedingt mit mir etwas unternehmen, weil sie heute ihren freien Tag hat. Das ist eine Vereinbarung zwischen uns: dass wir einmal in der Woche einen Tag von allen Terminen frei-

halten – den Montag – und gemeinsam etwas unternehmen – unser Mond-Tag.«

»Und Sie haben sich nicht daran gehalten.«

»Ja, stimmt schon. Aber heute Früh, gleich nach dem Aufwachen, hatte ich einige Einfälle für dieses Kapitel, notierte sie und wollte dann unbedingt weitermachen. Aber Lena war gleich sauer – dann wurde ich sauer, weil sie nicht verstand, dass ich unbedingt schreiben wollte.«

»Und das bei diesem schönen Wetter heute ...«

»Das hat alles noch verstärkt. Wir stritten jedenfalls. Sie lief weg. Ich ging in mich, entschloss mich, das Schreiben hintanzustellen und mit ihr wandern zu gehen – und was macht sie? Sie hockt vor ihrem Computer und fängt an, ihre Texte abzutippen, die sie während eines Kurses in Creative Writing verfasst hat. Sie schreibt – und bei mir ging gar nichts mehr! Und dann kam auch noch Tobias ...«

»Tobias? Wie geht's dem?«

»Na, wie wohl – er gammelt rum, braucht dauernd Geld, macht Schulden bei Freunden – deswegen kam er ja an, brauchte dringend Geld, weil sie ihm das Telefon gesperrt haben.«

»Und Ihr Romanprojekt bleibt bei alledem auf der Strecke.«

»Genau. Und was mache ich nun?«

Der sechste Bogen

Beim sechsten Bogen fällt auf, dass er den fünften, der alles Negative in sich sammelt, umfasst – so, als wollte er das übrige Labyrinthos davor schützen. Er ist der Ariadne zugeordnet, die uns nun weiter hineinführt ins Innere. Der Selbsttest soll so etwas wie ihr hilfreicher roter Faden sein.

Der Selbsttest

Um das Verständnis und die Bedeutung der Merkmale für Hochbegabung zu erleichtern, wie ich sie bisher vorgestellt habe, möchte ich sie jetzt neu anordnen und durch eigene Beobachtungen ergänzen, und zwar sortiert nach übergeordneten Themen, zum Beispiel »*Geschwindigkeit*«.

Die *Hardware* (physiologische bzw. gehirnorganische Merkmale) äußert sich direkt eigentlich nur in der erhöhten Geschwindigkeit der Informationsverarbeitung: in beschleunigtem Denken und in der Fähigkeit, komplexere Zusammenhänge zu verarbeiten. Alles andere ist mehr oder minder *Software*: durch Milieu und Erziehung vermittelte oder beeinflusste psychische, psychosoziale und soziokulturelle Merkmale. Entsprechend habe ich den Selbsttest, nach einigen allgemeinen und anders schwer einzuordnenden Merkmalen, nach den vier Kategorien der Informationsverarbeitung geordnet: Aufnahme, Abgabe, Speicherung und Vernetzung von Informationen (wobei ich Letzteres noch ergänze durch die spezielle Vernetzung von Menschen und Objekten).

Folgen Sie nun Ihrer Neugier, nehmen Sie sich vor allem geduldig ein wenig Zeit.

Wenn Sie den Test für sich selbst machen: So manches wissen Sie vielleicht nur aus Erzählungen Ihrer Eltern – vor allem Mütter geben solche Informationen gern voller Stolz (oder auch mit unverhohlener Ablehnung!) immer wieder zum Besten.

Wenn Sie den Test für einen anderen Menschen machen, ein eigenes Kind oder jemanden, auf dessen mögliche Hochbegabung Sie neugierig sind: Seien Sie sich bitte dessen bewusst, dass solche Ferndiagnosen immer nur mit allergrößter Vorsicht zu betrachten und sehr unzuverlässig sind!

Manche der Merkmale haben auch eine negative Variante, aber diese kann (wie bei Fällen von Hyperaktivität ein ADH-Syndrom) den-

noch Anzeichen für Hochbegabung sein – deshalb bitte ebenfalls ankreuzen.

Einige der Merkmale sind sehr spekulativ, entstammen jedoch eigenen langjährigen Beobachtungen und sinnvollen Überlegungen: zum Beispiel, dass Hochbegabte vermutlich eine *längere Lebenserwartung* haben und aufgrund dessen wohl auch eine verlängerte Pubertät (manchmal weit bis ins dritte Lebensjahrzehnt).

Die Enge des Bewusstseins (bei jedem Menschen ein Maß dessen, was man gleichzeitig an Eindrücken aufnehmen kann) scheint bei Normalbegabten deutlich enger zu sein als bei Hochbegabten, wo man von einer *Weite des Bewusstseins* sprechen könnte; diese kann allerdings neurotisch blockiert sein. Eine Neigung zu *Perfektionismus* kann sich sowohl sehr positiv auswirken (bei einem Forscher, der unbeirrbar sein Projekt zu Ende bringt: Sigmund Freud sezierte während eines Physiologiepraktikums in Triest die Hoden von 800 Aalen!) oder sehr negativ (ein Autor, der mit Recherchieren nicht aufhören und deshalb sein Buch nicht abschließen kann).

Am besten nehmen Sie die drei folgenden grundlegenden Merkmale als Maßstab, welche Ellen Winner am Anfang ihres Buches *Hochbegabt* vorschlägt, und überlegen dabei: Wo war das bei Ihnen oder Ihrem Lebenspartner der Fall? Wo beobachten Sie dies bei einem eigenen Kind?

1. Hochbegabte (Kinder) sind frühreif, das heißt, sie sind ihren Altersgenossen in der – nicht nur intellektuellen – Entwicklung voraus und zeigen weit vor der Zeit Fähigkeiten, die andere später oder gar nicht entfalten (das frühe und eigenständige Lesenlernen könnte man hierzu zählen).
2. Sie halten sich konsequent an ihr eigenes Drehbuch – lernen nicht nur schneller, sondern tun dies anhand ganz eigener, selbst entwickelter Strategien.
3. Sie verfügen über eine geradezu »wütende Wissbegierde« (wie Winner das treffend formuliert).

Am effektivsten setzt man die folgende Liste ein, wenn sie Grundlage für ein anschließendes Beratungsgespräch ist, bei dem man Punkt für Punkt die Selbsteinschätzung kritisch überprüft.

Bedenken Sie auch, dass dieser Test primär für Erwachsene gedacht ist; es gibt allerdings eine Reihe von Merkmalen, die die Kindheit betreffen. Für Kinder wiederum ist so ein Merkmal wie ein abgeschlossenes Hochschulstudium natürlich absurd.

Das Verfahren ist einfach: Lesen Sie die Texte zu den einzelnen Merkmalen durch, überlegen Sie, ob das Element zutrifft, und - ist das der Fall - machen Sie dann in der letzten Spalte im vorgesehenen Kästchen ein Kreuzchen. Anschließend zählen Sie die angekreuzten Kästchen zusammen. Insgesamt sind damit 90 Punkte möglich.

Wenn Sie sich bei dem einen oder anderen Merkmal nicht sicher sind, notieren Sie ein *Fragezeichen*. Diese können interessante Einstiegsmöglichkeiten für ein Beratungsgespräch sein. Für sich selbst können Sie es mit dieser Empfehlung halten: Wenn man sich über etwas so Wichtiges (und alle diese Merkmale zielen auf ein wichtiges Element Ihres Lebens ab) im Unklaren ist, ist wahrscheinlich eine unbewusste Blockade im Spiel. Bei solchen existenziellen Lücken wird eine Vertiefung besonders ergiebig ausfallen - was nicht heißt, dass diese Vertiefung leicht sein muss (wie jeder weiß, der einmal eine Psychotherapie gemacht hat). Aber es lohnt sich allemal, über diese unklaren Merkmale ein wenig nachzudenken. Solange Sie sich unsicher sind, addieren Sie jedes Fragezeichen mit einem halben Punkt zur Gesamtsumme.

Sie erhalten mit dem Resultat nicht Ihren genauen IQ - das wäre äußerst unseriös von mir, so etwas zu versprechen. Dieser Selbsttest erfüllt nicht die Kriterien eines standardisierten Intelligenztests. Bitte ignorieren Sie auch, dass da immer wieder Äpfel mit Birnen durcheinander geschüttelt werden, denn diese Merkmale sind nur bedingt gleichwertig. Aber Sie bekommen trotzdem eine, wie ich meine, recht brauchbare Annäherung an die Frage »Bin ich selbst hochbegabt?«.

Ich habe auf eine feinere Unterteilung der einzelnen Merkmale in starke, mittlere oder schwache Aussagekraft verzichtet, weil dies ohnehin nur auf Schätzungen beruhen würde und entsprechend unzuverlässig wäre. Jedes angekreuzte Merkmal entspricht also einem einzigen Punkt.

Vorsicht: Frauen schätzen sich bei solchen Bewertungen gerne zu niedrig ein – wenn Sie dazugehören sollten, geben Sie sich ruhig (mindestens) zehn Prozent mehr Punkte.

Für Männer gilt das Gegenteil: Sie überschätzen sich gerne. Wenn Sie zu dieser Gruppe zählen, ziehen Sie bitte zehn Prozent von Ihrer Punktzahl ab.

Das ehrlichste Ergebnis erhalten Sie wahrscheinlich, wenn Sie den Fragebogen nicht nur selbst auswerten, sondern dies auch von jemand anderem machen lassen, der Sie gut kennt. Vielleicht trifft ja der Mittelwert die Realität?

»Bin ich hochbegabt?« Eine Checkliste zur Selbsteinschätzung

Die Liste* der (positiven) Varianten von Hochbegabung ist sehr lang. Aber ich denke, es lohnt sich, sie in aller Ruhe durchzugehen. Bitte bedenken Sie, dass bei all diesen Merkmalen, wenn auch nicht gesondert angegeben, besonders stark zählt, wenn sie sehr früh im Leben, oft schon vor Schuleintritt (also vor dem sechsten Lebensjahr) auftreten. Und wie gesagt: *Bitte auch negative Ausprägungen, falls vorhanden, hier in dieser Liste ankreuzen!*

Die Zahlen in der ersten Spalte stellen keine Wertung für irgendeine Rangfolge dar, sondern dienen lediglich einer simplen Durchnummerierung.

---

* Erst nach Redaktionsschluss entdeckte ich noch ein Merkmal, das wegen der Erblichkeit von Hochbegabung zu den wichtigsten zählt: Wurde ein eigenes Kind als »hochbegabt« identifiziert – so ist man selbst (und/oder der andere Elternteil) dies mit hoher Wahrscheinlichkeit ebenfalls.

	MERKMAL	**Ja, trifft zu** (bitte ankreuzen)
	Allgemeine Eigenschaften	
1	Das am leichtesten zu überprüfende Merkmal: ein abgeschlossenes *Hochschulstudium*	☐
2	Eine *Promotion* zählt in vielen Studien als Indiz für einen IQ von 130 aufwärts, Promotion in Naturwissenschaften sogar als IQ 140+	☐
3	Sehr gute und leicht erworbene *Schulnoten* am Beginn oder während der ganzen *Grundschulzeit*, (die vielleicht immer schlechter werden)	☐
4	*Schlafbedürfnis* deutlich verringert, zum Beispiel nur vier bis sechs Stunden am Stück, die vielleicht durch kurze Schlafphasen untertags ergänzt werden (s. hierzu auch die Webseite des Autors)	☐
5	*Hohes Einkommen* von ca. 50 000 Euro aufwärts (als Ergebnis des Erfolgsstrebens)	☐
6	Suche nach und Bindung an einen ebenfalls *hochbegabten Lebenspartner*	☐
7	*Psychoanalyse* oder vergleichbare hochwertige (tiefenpsychologisch orientierte) Psychotherapie mit mindestens 100 Stunden wurde gemacht oder man befindet sich noch in Therapie – starkes Indiz für den Wunsch, vorhandenes Potenzial zu realisieren	☐
8	Ausbildung in → **TZI** oder einem ähnlichen Verfahren, um die vorhandenen Fähigkeiten zur Vernetzung von Menschen und Informationen durch berufliche Fortbildung weiterzuentwickeln	☐

9	Sehr ausgeprägtes *Selbstbild, Selbstbewusstsein, Selbstwertgefühl* Negative Ausprägung: *schwaches Selbstwertgefühl* oder auch das Gegenteil: *ein übersteigertes Selbstwertgefühl,* das zu Arroganz und Überheblichkeit führt (Profilneurose)	☐
10	Starker *Freiheitsdrang* (der sehr zu selbstständiger, freiberuflicher Tätigkeit motiviert)	☐
11	*Gutes Lebensgrundgefühl,* weil die Begabungen entsprechend erfolgreich umgesetzt wurden Negative Ausprägung: *Frustrationsgefühle,* weil die Fähigkeiten nicht angemessen realisiert werden – eine Psychotherapie würde sich lohnen	
12	*Deutlich verlängerte Pubertät* (weit bis ins dritte Jahrzehnt) infolge erhöhter Lebenserwartung (sehr spekulativ)	☐
	Geschwindigkeit der Informationsverarbeitung im Gehirn	
13	*Rasche Auffassungsgabe*	☐
14	*Entscheidungsfreudigkeit* (rasches Handeln) Negative Ausprägung: *Nervosität, Ungeduld, immer in Eile, Hyperaktivität* (Verdacht auf ADHS?)	☐
15	*Hoher Energielevel*	☐
16	*Schnelle körperliche Entwicklung*	☐
	Umgang mit/Aufnahme von Informationen	
17	*Neugier, Fragelust* (ein für hochbegabte Kinder sehr typisches Merkmal) Negative Ausprägung: *irritierende Fragerei* um des Fragens willen (bei Kindern)	☐
18	*Frühes Lesen* (Lesen wird oft schon vor Schulbeginn gelernt, sogar selbst beigebracht – eines der sichersten Anzeichen für Hochbegabung!)	☐
19	*Vielseitiges Lesen* (Lektüre zu verschiedenen Themen)	☐

20	*Schnelles Lesen* (aber nicht oberflächliches Überfliegen, sondern mit Verstehen der Inhalte – dies ist zum Beispiel für eine Tätigkeit als Redakteur oder Lektor unabdinglich)	☐
21	*Häufiges Lesen* (zum Beispiel jeden Monat wenigstens ein Buch oder regelmäßig Fach-, Spezialzeitschriften)	☐
22	*Lesen von qualitativ hochwertigen Printmedien* (zum Beispiel SZ, FAZ, Spiegel, Focus, Stern)	☐
23	Aus eigenem Antrieb und in raschem Tempo, oft schon vor Schuleintritt, wird der Umgang mit *Zahlen* und dem *Rechnen* gesucht und mit Freude geübt (zum Beispiel bis tausend zählen oder Fragen nach der »größten Zahl«, dem »höchsten Gebäude«)	☐
24	Intensives *Fernsehen mit hochwertigen Inhalten* (auch im Unterhaltungsbereich)	☐
25	Intensive und frühe *Nutzung eines Computers* (das inzwischen wertvollste und sinnvollste Tool für Hochbegabte, vor allem in Verbindung mit dem Internet)	☐
26	Intensive und frühe *Nutzung des Internets* mit hochwertigen Inhalten (zum Beispiel Recherchen zu speziellen Themen)	☐
27	*Vielseitige Interessen* an allen möglichen Themen und Hobbys (die für Außenstehende manchmal nicht in Zusammenhang zu stehen scheinen)	☐
28	*»Weite des Bewusstseins«* und *Themen-Parallelität*: gleichzeitige Verfolgung von zwei oder mehr Themen (große Kapazität für Aufnahme von Informationen = Input)	☐
29	*Lernen mit minimaler Anleitung*, aus eigenem Antrieb (oft schon sehr früh in der Kindheit zu beobachten)	☐
30	*Sehr selbstständiges Aneignen von neuem Wissen* (zum Beispiel durch Schmökern in Lexika)	☐

31	*Freude am Recherchieren*, Aufbau eines eigenen Archivs Negative Ausprägung: *Sammelwut*, aus der nichts Kreatives entsteht	☐
32	Genaue *Beobachtungsgabe*, mit deren Hilfe eigenständig Schlüsse gezogen werden	☐
33	*Ehrfurcht gebietende Erfahrungen* (s. S. 196)	☐
34	Wunsch nach *Abwechslung*	☐
35	*Verfeinerte Wahrnehmung* (zum Beispiel viele neue Details in fremder Umgebung) Negative Ausprägung: Das kann Angst auslösende Situationen zu übergroßer Bedrohung werden lassen, bis hin zu Panikattacken und Paranoia	☐
	Abgabe von Informationen	
36	*Gesprochene Sprache* Gleichaltrigen manchmal weit voraus	☐
37	*Selbst initiierte Freizeitaktivitäten*	☐
38	*Handschrift* manchmal sehr eigenwillig bis unleserlich (s. S. 197)	☐
39	Fähigkeit zur *Selbstironie*	☐
40	Entwicklung *neuer, origineller Ideen*, die sich in ungewöhnlichen *Sprachschöpfungen* äußern oder im *neuartigen Umgang* mit bekannten Materialien	☐
41	*Erfolgsstreben* im Beruf mit großer Umsicht und Zielstrebigkeit (s. auch S. 42 Ehrgeiz)	☐
42	Großer *Ehrgeiz* in der Verfolgung der Ziele – das geht weit über Erfolgsstreben hinaus Negative Ausprägung: von Ehrgeiz zerfressen	☐

43	Fähigkeit, neue *Erkenntnisse in Handlungen umzusetzen* oder in neuen Zusammenhängen zu verwenden	☐
	Aufnahme und Abgabe von Informationen speziell im zwischenmenschlichen Bereich	
44	*Hohe Sensibilität* für innerpsychische und fremdpsychische Zustände und Geschehnisse (»Prinzessin auf der Erbse« - auch bei Jungen) Negative Ausprägung: Diese Sensibilität kann naturgemäß zu einer erhöhten Störbarkeit in Bezug auf das Selbstwertgefühl führen; extreme Reaktion möglich bei Traumatisierung, die zu psychischer und psychosomatischer Krankheit führen kann (hier ist Psychotherapie dringend notwendig)	☐
45	Sich nicht mit fadenscheinigen Argumenten abspeisen lassen und aus Auskünften *neue Fragen entwickeln*, die ein *Thema vertiefen* - »den Dingen auf den Grund gehen«	☐
46	*Querdenker*: geht als Erwachsener gerne ungewohnte Pfade und macht sich unorthodoxe Gedanken, denkt nach Meinung anderer gerne »um die Ecke« und wird deshalb von normalbegabten Altersgenossen oft nicht verstanden	☐
47	Obgleich die höhere *Leistungsfähigkeit* oft nur im intellektuellen Bereich sichtbar wird, sind hochbegabte Kinder ihren Alterskollegen häufig auch in ihrer *sozialen Kompetenz* voraus - dies zeigt sich etwa im Aushandeln von Kompromissen; bei Erwachsenen kann sich dies durch eine entsprechende Berufswahl äußern (Richter, Psychologe, Psychotherapeut)	☐

48	Wird wegen seines *Andersseins* für älter gehalten, als er/sie ist – sucht sich deshalb ältere Freunde und wendet sich gerne an Erwachsene, weil er/sie nur mit diesen seine/ihre Themen besprechen kann Negative Ausprägung: Problem des *Außenseitertums* und der *Isolation*	☐
	Speicherung von Informationen	
49	*Sehr gutes Gedächtnis zu aktuellen Ereignissen*	☐
50	Weit *in die Kindheit* (etwa bis ins dritte Lebensjahr) *zurückreichendes Gedächtnis*	☐
51	Man merkt sich genau, was man hört, und verfügt deshalb bald über einen umfangreichen *Wissensschatz* Negative Ausprägung: Klugredner	☐
	Vernetztes Denken: Verarbeitung von Informationen	
52	Im Vergleich zur Altersgruppe deutlich vergrößerter *Wortschatz*, was leicht zu Schwierigkeiten mit gleichaltrigen Spielkameraden führt; *sprachlicher Ausdruck* oft auffallend weit entwickelt	☐
53	*Schnelleres Begreifen* als bei anderen (= höhere Verarbeitungsgeschwindigkeit für Informationen, Gehirn ist schneller »getaktet«)	☐
54	*Denkt* als Kind nach Meinung anderer gerne *»um die Ecke«* und wird deshalb von normalbegabten Altersgenossen oft nicht verstanden	☐
55	*Hohes Lerntempo*	☐
56	*Erhöhte Ausdauer*	☐
57	*Erhöhte Konzentration*	☐
58	*Aufgabenorientierte Lernmotivation*, die von starkem inneren Interesse (intrinsisch) gesteuert wird	☐
59	Denkt gut *logisch* und kann schon früh *abstrahieren* (Oberbegriffe bilden) und *Analogien* finden	☐

60	Außergewöhnliche *Selbstständigkeit im Urteil*	☐
61	Schon als Kind Interesse an typischen *Erwachsenenthemen* wie Religion, Politik, Gerechtigkeit und Philosophie (Grübeln im Sinne von »Was wäre, wenn ...«)	☐
62	Vorliebe für *ordnende* und *gliedernde Tätigkeiten* (Briefmarkensammeln o.Ä.)	☐
63	Neigung zu *Perfektionismus* – dies kann sowohl positive wie negative Auswirkungen haben (s. S. 184)	☐
64	Leichtes Lernen einer *Fremdsprache*, die bald sehr gut beherrscht wird	☐
65	Leichtes Lernen einer *zweiten Fremdsprache*, die ebenfalls sehr gut beherrscht wird (jede weitere Sprache verstärkt dieses Merkmal)	☐
66	Tätigkeit als *Übersetzer/in* oder *Dolmetscher/in* (verlangt über die Beherrschung einer Fremdsprache hinaus auch noch große Kenntnisse von und Offenheit für fremde/n Kulturen)	☐
67	*Schreiben* aus eigenem Antrieb (beginnt oft in der Pubertät mit Tagebuch) Negative Ausprägung: im Aufschreiben stecken bleiben	☐
68	*Bücherschreiben* (fängt oft mit einer Diplomarbeit oder Dissertation an)	☐
69	*Polythematisches Interesse* (Interesse an mehreren großen Themen, die gleichzeitig verfolgt werden)	☐
70	Besondere kreative Fähigkeiten, zum Beispiel *Ideenvielfalt* und *Originalität* der Ideenproduktion oder der Lösungsmethode	☐
71	Ausgeprägte, *anhaltende Kreativität*	☐
72	*Metakognitives Bewusstsein* (»Diese Kinder sind sich ihrer eigenen Problemlösungsstrategien ungewöhnlich bewusst ...«, Winner 1998, S. 35)	☐

73	*Versunkenheit* (um nachzudenken, kapselt man sich zeitweilig von der Außenwelt ab)	☐
74	Phasen *veränderten Zeitgefühls* (Zeitlosigkeit) Negative Ausprägung: Verlust eines realistischen Zeitgefühls	☐
75	*Grandiosität* – hilfreich bei der Entwicklung von Visionen (»Keine Größe ohne Größenwahn«) Negative Ausprägung: *Größenideen* – äußerst problematisch, wenn sie pathologisch zu *Selbstüberschätzung* und *Größenwahn* werden und in *Hybris* entarten	☐
	Vernetzung von Menschen	
76	Viele und *intensive Kontakte* mit Fremden, die leicht geschlossen werden (s. auch »Charme« und »Charisma«); *gute Freundschaften,* die lange anhalten; *Gründung von Netzwerken* (Verein, Partei, Unternehmen usw.) Negative Ausprägung: *Arroganz, Soziopathie*	☐
77	Ausgeprägter *Charme* als starkes Mittel zur Förderung von sozialer Kommunikation – typisch für erfolgreiche Hochbegabte	☐
78	*Charisma* – eine typische Eigenschaft von erfolgreichen Hochbegabten, die in der Öffentlichkeit wirken	☐
79	*Empathie* (Fähigkeit, sich in andere Menschen und ihre Probleme einzufühlen – wichtig für Ärzte, Psychologen und Psychotherapeuten)	☐
80	Ausgeprägte Fähigkeit zur *Identifikation* mit fremden Personen und Schicksalen (wichtig für Schriftsteller)	☐
81	*Ausgeprägtes Gerechtigkeitsgefühl*	☐
82	Bei Kindern Vorliebe für die Gesellschaft *älterer Kinder* – bei Erwachsenen entspricht dies der Suche nach älteren Vorbildern und Mentoren	☐

83	Hohe *Eigenverantwortlichkeit* Negative Ausprägung: extrem *eigensinniges bis uneinsichtiges Verhalten*, wenn der eigene Wille nicht durchgesetzt werden kann	☐
84	*Persönliche Meinungen und Überzeugungen* werden nachdrücklich vertreten und verteidigt	☐
85	Ausgeprägter *Humor*	☐
86	*Einsamkeit* (wird oft bewusst gesucht), schon als Kind wird gern allein gespielt; wichtig als zeitweiliger Rückzug in die Kreativität Negative Ausprägung: Soziale *Isolierung*, neurotische *Vereinsamung*	☐
87	Typische sozial vernetzende Berufe: *Lehrer, Unternehmer*	☐
88	Gutes *Selbstmarketing*	☐
89	Machtstreben im guten Sinn: mit *Verantwortung* für die Mitmenschen Negative Ausprägung: *Machtstreben* im schlechten Sinn in Form von Soziopathie und Kriminalität	☐
	Vernetzung von Objekten	
90	*Erfindungsreichtum*, Kreativität mit Objekten (lässt sich schon bei kleinen Kindern im Umgang mit Legosteinen etc. beobachten – später im Beruf bei Ingenieuren, Architekten usw.)	☐

Auswertung

0 bis 10 Punkte: Ein Wunder, dass Sie überhaupt ein Buch lesen können ... aber Spaß beiseite: Sie könnten ebenfalls hochbegabt sein, sind aber stark blockiert. Oder Sie sind, wie 97 Prozent der Bevölkerung, mindestens normalbegabt, mit einem IQ etwa zwischen 75 und 125 (denn sonst würden Sie diesem Text wirklich nicht bis hierher folgen). Wie Sie der Vorbemerkung entnehmen konnten, kommt es auch sehr darauf an, welche Merkmale Sie angekreuzt haben - diese sind nicht alle gleich aussagekräftig und gleichwertig.

11 bis 20 Punkte: Respekt - es deutet einiges darauf hin, dass Sie hochbegabt sind.

21 bis 40 Punkte: Vermutlich sind Sie einer der »drei von hundert«, die einen IQ von 130 aufwärts haben.

41 bis 60 Punkte: Sie können davon ausgehen, dass Sie mit sehr großer Wahrscheinlichkeit hochbegabt sind.

61 bis 80 Punkte: Sie gehören vermutlich zur winzigen Gruppe der Höchstbegabten mit einem IQ über 140.

81 bis 90 Punkte: Wenn Sie so viele Merkmale in sich vereinigen, stammen Sie wahrscheinlich, wie Superman, von einem fremden Planeten. Oder Sie haben gemogelt.

Anmerkungen zu einigen der Merkmale

Die Psychoanalytikerin Phyllis Greenacre stellt fest, »dass extrem hochbegabte Personen in der Kindheit häufig von besonders intensiven Gefühlen, Vorstellungen oder Erinnerungen überwältigt wurden. Diese Eindrücke waren so lebendig und stark, dass die Kinder von Staunen, Entsetzen, *Ehrfurcht,* sogar Ekstase ergriffen wurden, also eine Art spirituelle oder religiöse Erfahrung machten.« (Winner 1998, S. 37)

Dies kann auch bei Traumatisierungen zu extremen Reaktionen und Entwicklungen führen. Solche belastenden Erfahrungen (zum Beispiel Vergewaltigung, Krieg, Unfall, Tod eines Elternteils) können auch bei Normalbegabten psychische und psychosomatische Störungen und Krankheit auslösen. Aber kreative Hochbegabte haben - zu ihrem Glück oder Unglück - die Fähigkeit, solche Erlebnisse zu einem sehr stabilen inneren

Weltmodell auszugestalten. Bei Schriftstellern wirkt sich diese Fähigkeit meist positiv auf ihre Produktion aus - aber sie kann auch im Gegenteil zu Blockaden führen und dann ist Hilfe (beispielsweise eine Psychotherapie) dringend anzuraten.

Der englische Autor James Ballard war viele Jahre nur zum Schreiben von Science-Fiction in der Lage, weil diese in räumlicher und zeitlicher Ferne angesiedelten Geschichten ihn davor bewahrten, sich an seine schrecklichen Kindheitserfahrungen in einem japanischen Konzentrationslager der 40er-Jahre des 20. Jahrhunderts zu erinnern. Er konnte sie so neutralisieren und gleichzeitig (in versteckter Form) gestalten. Erst nach der Lebensmitte gelang es ihm, diese Traumata auch in direkter Form, nämlich autobiografisch, zu gestalten. Dieses außergewöhnliche Buch *Das Reich der Sonne* wurde von Steven Spielberg mit demselben Titel erfolgreich verfilmt.

Joanne K. Rowling äußerte sich einmal dahin gehend, dass ein wichtiges Motiv ihrer Buchserie um Harry Potter die traumatische Erfahrung mit dem langjährigen Sterben ihrer Mutter war.

Obwohl Hochbegabte schon als Kinder in vielen Fällen gern schreiben, haben sie häufig Probleme mit der *Handschrift* und ziehen das Tippen vor - heutzutage mit dem Computer. »Manchmal klafft eine große Lücke zwischen ihren früh entwickelten verbalen Fähigkeiten und ihrer Schreibfähigkeit, wahrscheinlich weil sie schneller denken als schreiben können und es langweilig finden, sich um etwas so Banales wie eine ordentliche Handschrift zu bemühen.« (Winner 1998, S. 36)

Die Suche nach und die Bindung an einen ebenfalls hochbegabten *Lebenspartner* ist für mich ein sehr aussagestarkes Indiz. Das geflügelte Wort »Gleich und Gleich gesellt sich gern« ist gerade in puncto Intelligenzhöhe sehr zutreffend. Vor allem Frauen (s. auch die auf S. 146 erwähnte Untersuchung von Lehrke zum X-Faktor) dürften sich Partner suchen, die mindestens ihren eigenen IQ besitzen oder noch begabter sind; Männer lassen sich schon eher mal durch Geld oder Schönheit einer Frau blenden – aber auch die männliche Wahl wird heutzutage mehr von der Begabungshöhe und -vielfalt beeinflusst sein als von anderen Faktoren, und zwar mit steigendem IQ umso ausgeprägter. Ausnahmen wie Goethes Wahl der Christiane Vulpius dürften eher die Regel bestätigen (und ob Christiane Vulpius wirklich so ein schlichtes Gemüt war, wie man ihr nachsagt, sollte zumindest hinterfragt werden.)

Was bei solchen Merkmalkatalogen unbedingt beachtet werden sollte

Anschließend an seinen Katalog merkt Heller warnend an, dass bei der Verwendung von Lehrer-Checklisten einige Maßregeln beachtet werden sollten:

»Die Einschätzung einzelner Schüler/innen kann auf diese Weise nur ein erstes Bild vermitteln, das durch weitere Beobachtungen im Unterricht und erforderlichenfalls durch schulpsychologisch abgesicherte Diagnosen im Einzelfall überprüft werden muss. Jede Liste von Merkmalen repräsentiert eine unvollständige Auswahl von im Einzelfall relevanten Begabungs- und Leistungsmerkmalen, zumal hochbegabte Schüler/innen sich fast immer durch einen ausgeprägten Grad an Individualität kennzeichnen.«

Bei der Identifizierung besonders befähigter Schüler/innen sollte man vorrangig auf die individuellen Lernbedürfnisse achten und mit geeigneten Fördermaßnahmen antworten. In Einzelfällen, etwa bei Verdacht auf Underachievement, werden zur Absicherung des Lehrerurteils zusätzliche Begabungstests empfohlen. »Diese sollten jedoch von entsprechend qualifizierten Beratungslehrern oder Schulpsychologen durchgeführt werden.« (Heller 1996, S. 12 f.)

Da ich mich speziell an Erwachsene wende, möchte ich diese Warnung ein wenig modifizieren. Viele Erwachsene haben überhaupt kein Interesse, sich einem Intelligenztest zu unterziehen, würden aber dennoch gerne wissen, wie hoch ihr IQ ist und vor allem, was er denn eigentlich bedeutet.

Wieder andere wurden gewissermaßen zwangsweise getestet, zum Beispiel bei der Bundeswehr oder wenn sie sich bei einer großen Firma beworben haben, zweifeln jedoch, ob der erzielte IQ-Wert - der einem oft nicht einmal mitgeteilt wird - denn auch stimme. Da die Tagesform und manches andere (wie eine depressive Verstimmung) das Ergebnis sehr verfälschen können, ist es sicher kein Fehler, solche Hilfsmittel wie den obigen Selbsttest als zusätzliches Instrument der Selbsterkenntnis einzusetzen.

Sinnlichkeit und Sinn des Lebens

Wer seine Talente nicht kennt und realisiert, wer keinen Kontakt zum inneren Reichtum findet, wird irgendwann das Leben sinnlos finden. Dies ist meines Erachtens die tiefere Wurzel vieler seelischer Störungen. Es ist damit wahrscheinlich ähnlich wie mit der sexuellen Identität: Wer sich der eigenen Männlichkeit oder Weiblichkeit nicht sicher ist, wird damit große Probleme bekommen. Ähnlich ist es mit der intellektuellen Identität: Sich nicht sicher zu sein, ob man zu viel oder zu wenig »auf dem Kasten« hat, führt zu tiefer Verunsicherung.

Betrachten Sie den Selbsttest als ein erstes Werkzeug, das Ihnen hilft, sich ins Labyrinthos der eigenen Geschichte hineinzubegeben und endlich einmal genauer hinzusehen, was in Ihnen vielleicht noch verborgen ist. Es könnte die erste Faser eines roten Fadens sein, der eine Entwicklung des latenten Potenzials möglich macht. Der letzte einer ganzen Reihe von Schritten könnte das Getting-out sein: heraus aus dem Versteck. Die folgende Figur der Labyrinthiade soll dabei eine hilfreiche Begleiterin sein.

Und was ist mit Ariadne?

Ariadne ist eine der interessantesten und zugleich geheimnisvollsten Gestalten der griechischen Mythologie.

Um 1500 v.Chr. muss »in jener sagenhaften minoisch-kretischen Welt, die ihr Zentrum in Kreta hatte [...] der Ursprung des Dionysos-Kults gesucht werden«. (Colli 1991, S. 23) Ariadne ist diesem archaischen Gott schon versprochen gewesen (als seine Hohe Priesterin?), bevor sie den athenischen Helden kennen lernte und seine Geliebte wurde. War es also doch nicht nur Egoismus oder schiere Ungeschicklichkeit, sondern vielleicht ein – wenn auch später – Respekt vor diesem Gott, weshalb Theseus sie auf Naxos zurückließ?

Sie rettete Theseus das Leben, indem sie ihm (heimlich, sicher gegen den Willen ihres Vaters, König Minos) den geheimnisvollen roten Faden und ein Schwert verschaffte, die beiden Werkzeuge, welche ihn den Minotauros und das Labyrinth bezwingen ließen. Aber auf das Schwert kommt es wahrscheinlich weniger an. Wichtiger ist es, in der Verwirrung und Finsternis den richtigen Weg zu finden, oder, übertragen auf die Situation des suchenden Hochbegabten, das Talent zu verwirklichen. Das geht nicht ohne Werkzeuge und ohne Helfer.

Auf der mythologischen Ebene ist der Ariadnefaden so ein Werkzeug, eine hilfreiche Gabe, wie sie in vielen Märchen vorkommt. Im übertragenen Sinn ist es wohl die Planskizze, die den Weg durch das Labyrinth weist. Und Ariadne ist eine der Figuren der Heldenreise, ohne die man in der Dunkelheit und im Unbewussten stecken bleiben würde.

Und in tiefenpsychologischer Hinsicht? Da stehen Ariadne und ihr roter (!) Faden symbolisch für die Liebesbeziehung. Ich denke, dass es ihre Liebe zu Theseus war, die ihm half, nicht zuletzt den Minotauros im eigenen Inneren, nämlich den Ungeheuer tötenden Helden, zu transformieren und dadurch ein wirklicher Held zu werden. Ein Prinz, der die königlichen Anlagen aus sich herausholt und den Totschläger zurücklässt im Dunkel des kretischen Verlieses.

Ariadne ist, als dem Dionysos geweihte Prinzessin, ohne Zweifel selbst eine Hochbegabte. Sie repräsentiert einen ganz eigenen Typ: die *Frau im Schatten*, die zunächst einmal von ihrem Geliebten und Helden schmählich im Stich gelassen wird. Mehr als 40 Opern befassen sich mit diesem tragischen Schicksal einer Frau, die schwanger auf der Insel Naxos zurückbleibt.

Die Griechen der Antike haben ihren wahren Wert dann doch noch aus diesem Schatten herausgeholt: Sie haben sie zur Gefährtin des Dionysos gemacht, jenes Gottes, der die Leidenschaften verkörperte und der Gegenspieler des vernünftigen Apoll war (ein Gegensatz, dem Friedrich Nietzsche in seiner *Geburt der Tragödie* nachgegangen ist).

Sie haben sie schließlich mit dem geehrt, was Theseus verwehrt blieb (den die Athener am Ende ja wieder aus dem Amt des Königs jagten) und was nur wenigen Sterblichen zuteil wurde: Wer am winterlichen Sternenhimmel den Blick vom Schwanz des Großen Bären über das Sternbild Bootes noch ein wenig weiter westlich wandern lässt, findet dort eine unscheinbare Konstellation mit Namen *Krone,* auch *Diadem* genannt. Dies ist die *Krone der Ariadne.* Sie steht symbolisch für ihren Platz, den sie am Firmament eingenommen hat.

Keine schlechte Auszeichnung für eine kretische Prinzessin (die allerdings, dies sollte nicht vergessen werden, als Enkelin des Göttervaters Zeus und der Europa ohnehin einen ganz speziellen Platz in der Welt einnimmt).

Es gibt also eine Reihe von Gründen, weshalb Giorgio Colli Ariadne in seiner *Geburt der Philosophie* mit dem Beinamen »Herrin des Labyrinths« ehrt und sie sogar Göttin nennt. Eine gute Statthalterin auch für den Sinn des Lebens, meine ich.

Kapitel 7

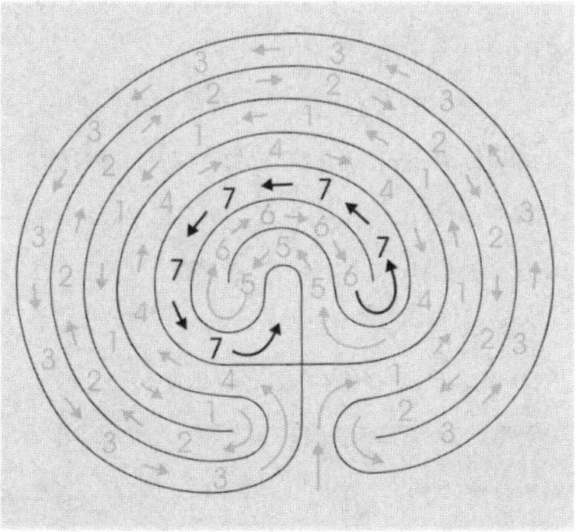

Tools für Talente

Die Gaben des Daidalos

Der mythische Urahn der Erfinder-Mentoren ist Daedalus,
der für die Herrscher von Kreta
allerlei Wunderdinge erschuf.

Christopher Vogler

Ted Brauers Turbulenzen VII

»Haben Sie es einmal mit einem begleitenden Tagebuch versucht?«

»Nein, was ist das?«

»Schreiben Sie den ganzen Frust, oder das, was Sie mir nicht erzählen, in einem eigenen Buch oder einer separaten Datei auf.«

»Tagebuch schreibe ich schon lange nicht mehr, bringt nichts, ist immer dasselbe Gejammere, und wenn ich da Jahre später wieder reinschaue, verstehe ich gar nicht mehr, was ich da irgendwann notiert habe.«

»Nicht irgendein Tagebuch – eine Art Logbuch, das sich nur mit dem Projekt befasst.«

»So wie der Captain eines Schiffes, der alle wichtigen Vorfälle ins Logbuch einträgt?«

»Genau. Ein projektbegleitendes Logbuch.«

(Brauer zögert, spricht dann merkwürdig abgehackt weiter, offensichtlich sehr bewegt, mit Tränen kämpfend:) »Da ist noch etwas. Manni, mein Zweiter. Er hat erste Erfolge mit seinen Filmen und Drehbüchern. Neulich habe ich mich aus einer Laune heraus hingesetzt und eine kleine Geschichte geschrieben, in der ich mir ihn vorzustellen versuchte – wie er an seinem neuen Skript arbeitet. Es war sauschwer – da habe ich zum ersten Mal etwas von ihm begriffen.«

»Dass er es schwer hat mit seiner Arbeit?«

»Nein – dass ich so wenig von ihm weiß. Wo bin ich eigentlich all die Jahre gewesen, als meine Kinder aufwuchsen – warum habe ich so wenig von ihren Talenten wahrgenommen und wie sie es schafften, daraus etwas zu machen? – Heute sehe ich die Ergebnisse und bin manchmal völlig platt!«

»Wie schön – dass Ihnen das jetzt doch noch klar wird. Können Sie es ihm denn zeigen – dass Sie ihn jetzt besser wahrnehmen?«

»Ich hoffe es. Zumindest ist es mir bewusst, dass da bisher viel fehlte.«

»Das ist doch kein schlechter Anfang.«

»Und was fang ich mit Tobias an? Seine Geldprobleme machen mir immer noch Sorgen.«

»Haben Sie ihn schon einmal ein Budget machen lassen, wo er alle Ausgaben und Einnahmen reinschreibt?«

»Einnahmen – dass ich nicht lache! Das mit dem Budget haben wir schon ein paarmal probiert – er macht das nicht.«

»Probieren Sie's immer wieder.«

»Soll ich ihm kein Geld mehr geben?«

»Das bringt kaum etwas – er kennt Ihr weiches Herz, das nimmt er nicht ernst. Verlangen Sie das Budget immer wieder. Bis er seine trotzige Abwehr aufgibt und den Sinn begreift; intelligent genug ist er ja. Das Budget ist das Mindeste, was Sie an Entgegenkommen von ihm

verlangen können. Und er braucht das dringend als Selbstkontrolle. Ansonsten: Geduld, Geduld ...«

»... und nochmals Geduld. Ich weiß. Aber das ist verdammt schwer.«

»Das Schwerste – aber das Wichtigste. Es ist das Einzige, was wirklich etwas bringt. Geduld – und Verständnis. Denken Sie daran, dass bei Hochbegabten die Pubertät wahrscheinlich sehr viel länger dauert als bei Normalbegabten, manchmal weit bis ins dritte Lebensjahrzehnt. Deswegen sehen Leute wie Bill Gates oft so jung und unerwachsen aus.«

»Das kann ja heiter werden – bis ins dritte Jahrzehnt!« (Brauer stutzt, dann schaut er sehr verblüfft:) »Bei mir hat das auch endlos lange gedauert – das mit der Pubertät.«

Der siebte Bogen

Der siebte und letzte Bogen des Labyrinthos führt uns wieder überraschend weit vom Zentrum fort – dem wir doch schon so nahe waren! Aber das passt gut zu Daidalos, dem Genie. Das Genie denkt oft auf sehr krummen Bahnen; aber es verfügt über Werkzeuge, die auch anderen Menschen nützen und sie zum Ziel führen.

Selbsttest absolviert – und nun?

Nehmen wir an, Sie waren neugierig und experimentierfreudig und haben den Selbsttest gemacht. Es gibt nun grundsätzlich zwei potenzielle Ergebnisse und mehrere Möglichkeiten, wie es weitergehen könnte. (Eine besondere Variante wäre, dass Sie erleichtert sind, nur sehr wenig Punkte erzielt zu haben, denn Sie sehen Hochbegabung als mit vielen Problemen verbunden – womit Sie nicht ganz Unrecht haben. Es lohnt sich, trotzdem weiterzulesen.)

Variante 1: Sie haben nur sehr wenige Punkte erzielt

Nun sind Sie enttäuscht, dass Sie »nicht hochbegabt« sind? Bitte ziehen Sie aus Ihrem Ergebnis keine voreiligen Schlüsse. Es handelt sich, wie schon oben bemerkt, um eine Selbsteinschätzung. Diese basiert zwar auf vielen Merkmalen, die nach Ansicht der Experten wesentliche Elemente von Hochbegabung darstellen, ersetzen jedoch keinen richtigen Intelligenztest. Wenn Sie es genau wissen wollen (dies gilt auch für die folgende Variante), dann ist es ratsam, bei einem eigens dafür geschulten (!) Testpsychologen einen der gängigen, speziell geeichten und vor allem aktuellen Intelligenztests zu absolvieren.* Am sinnvollsten ist wohl eine Kombination beider Verfahren: der Selbsttest als erste Annäherung, der standardisierte Intelligenztest als Absicherung.

Aber auch Letzterer gibt keinesfalls eine hundertprozentig sichere Auskunft über Ihr Intelligenzpotenzial. Hyperaktive Nervosität, Zerstreutheit und Ablenkbarkeit oder ein nach innen gekehrtes Verträumtsein (beides Erscheinungsformen von ADHS) können Ihre Fähigkeiten so beeinträchtigen, dass Sie zwangsläufig schlechte Testergebnisse erzielen. Eine depressive Verstimmung kann Ihre Leistungsfähigkeit so reduzieren, dass Sie schon aus Zeitgründen im Intelligenztest schlecht abschneiden.

Es ist deshalb denkbar, dass der Selbsttest klarere Aussagen macht als ein Intelligenztest. Beide Male handelt es sich ohnehin nur um Momentaufnahmen, die man möglichst wiederholen sollte (was beim Selbsttest sicher einfacher ist als bei einem richtigen Intelligenztest).

---

* Entsprechende Adressen finden Sie auf der Website www.die-hochbegabung.de unter dem Schalter »Expertenliste«.

Variante 2: Sie haben gut oder sogar sehr gut abgeschnitten

Nun freuen Sie sich vielleicht, dass Sie mit hoher Wahrscheinlichkeit hochbegabt sind. Vielleicht wussten (oder ahnten) Sie das längst, weil Sie Ihr(e) Talent(e) bereits erfolgreich realisiert haben oder gerade voll durchstarten. Oder Sie entdecken überrascht diese neuen, bislang ungeahnten Möglichkeiten, sind aber zu bequem (zu depressiv?), um Ihr vermeintliches Potenzial in konkrete Leistungen umzusetzen - schade! Lesen Sie trotzdem weiter - vielleicht bekommen Sie ja noch Lust, sich auf die Heldenreise zu machen und Ihre verborgenen Schätze zu heben.

Was tun mit dem Potenzial?

Womöglich scharren Sie wie ein angebundenes Pferd mit den Hufen und wollen endlich loslegen. Aber loslegen womit?

Ich denke, wenn jemand allmählich begreift, dass er/sie hochbegabt ist, kann die erste Reaktion zunächst einmal ein Schock sein. Insbesondere wenn man schon älter ist und mit so etwas nicht mehr gerechnet hat. So ging es mir jedenfalls.

Als ich auf die Idee kam, alle in der Literatur genannten Merkmale zusammenzutragen und den Selbsttest zu entwerfen - da machte es »Bingo!«. Gleichzeitig durchzuckte mich der eher pessimistische Gedanke: »Das kann ja heiter werden ...«

So eine Entdeckung hat nämlich Konsequenzen. Wenn man begreift, dass man ein Leben lang nur auf einem Bein gehumpelt ist (weil das andere hochgebunden oder in Gips verpackt war), und man plötzlich zwei gesunde Beine zur Verfügung hat - dann bedeutet das nicht zuletzt, eine Antwort zu finden auf die Frage »Und was mache ich nun mit diesem zweiten Bein?«. Im Falle der Hochbegabung ist das sicher ein etwas schiefes Bild - besser würde es passen, von der Entdeckung eines bislang nicht genutzten zweiten Gehirns zu sprechen. Auf das läuft es nämlich hinaus, wenn man von nun an vorher nicht genutzte Ressourcen einsetzt.

SelbstverWERKlichung

Wer mit dem bisher ausgeübten Beruf nicht zufrieden ist, könnte zum Beispiel auf die Idee kommen, alles liegen und stehen zu lassen und sich eine neue Tätigkeit zu suchen, die mehr Zufriedenheit durch den Einsatz der neu entdeckten Fähigkeiten verspricht. Das Allerwichtigste ist zunächst einmal die Bestandsaufnahme: Worin bin ich denn (vielleicht) besser als bisher angenommen? Wo ist meine Begabung höher als bisher vermutet?

Ich rate zu Folgendem:

1. Verschaffen Sie sich zuallererst mehr Sicherheit: Machen Sie einen richtigen *Intelligenztest* (s. Anmerkung S. 206). - Keine Lust dazu? Schon mal gemacht, aber mit unbefriedigenden Resultaten? Dann sollten Sie sich auf jeden Fall das Folgende gönnen:
2. Kein Luxus, sondern eine sinnvolle Investition in Ihre Zukunft ist eine *Beratung* oder ein *Coaching*, also etwa ein Dutzend Sitzungen mit einem Psychologen, der etwas von der Thematik und vor allem von der Problematik versteht, die mit Hochbegabung einhergeht - der also beispielsweise Ihre »grandiosen Fantasien« nicht gleich als »neurotisch« abqualifiziert und Sie in eine Therapie schickt.

   Eine Psychotherapie kann angezeigt sein - muss aber nicht!
3. Noch mehr als von einem naturgemäß eher an der Oberfläche bleibenden Coaching haben Sie von einem → **SABBATICAL**.

Vom Sinn eines Sabbatical

Unter einem Sabbatical versteht man eine Auszeit von der bisherigen beruflichen Tätigkeit; das Wort ist übernommen von der Sitte der Juden des Altertums, alle sieben Jahre die Arbeit auf den Feldern ruhen zu lassen und auch bei anderen Projekten innezuhalten. Ideal für eine persönliche Auszeit, um sich Klarheit über die eigene Situation zu verschaffen, wäre ebenfalls ein ganzes Jahr. Aber machen Sie so etwas bitte nicht allein - das kennen Sie ja schon zur Genüge: mit Ihrem Unbehagen, Ihrer Frustration allein zu sein. Lassen Sie sich von jemandem begleiten, mit dessen Hilfe Sie Ihre verborgenen Talente herausfinden und Strategien des Nachreifens entwickeln. So ein kompetenter Begleiter ist ein *Mentor* (das war der Name des Lehrers, dem Odysseus seinen Sohn Telemach anvertraute, bevor er sich selbst auf den Weg in den Trojanischen Krieg machte).

Wenn das nicht geht, probieren Sie es mit dem, was ich als → **VIRTUELLES SABBATICAL** bezeichne: Gehen Sie weiter Ihrem Beruf nach, nehmen Sie sich aber parallel dazu Zeit für Ihren Selbstfindungsprozess. Zum Beispiel, indem Sie ein Buch schreiben - vielleicht auch nur für sich selbst -, das Sie und Ihren Weg der Selbsterforschung zum Thema hat. Das Modell hierfür ist die Heldenreise (mehr hierzu im nächsten Kapitel).

Finden Sie heraus - und vor allem, beweisen Sie es sich -, dass Sie wirklich intelligenter sind, als Sie es sich selbst (und andere Ihnen!) bisher zugetraut haben; dass Sie vernetzend denken können, jene typische Eigenart und Fähigkeit Hochbegabter, mit der wir uns in diesem Buch immer wieder beschäftigen. Mit hoher Wahrscheinlichkeit hat Ihnen bisher fünferlei zur Realisierung Ihrer Talente gefehlt:

1. brauchbare Werkzeuge (Denk- und Kreativitätswerkzeuge wie das → **CLUSTER** nach Gabriele L. Rico);
2. verständnisvolle und ermutigende (!) Begleitung;
3. genügend Zeit;
4. viel Geduld mit sich selbst;
5. andere Menschen in ähnlicher Situation.

Nur Letztere werden Sie wirklich verstehen, nur bei Ihnen werden Sie sich wirklich verstanden und angenommen fühlen. Warum sollten nur Menschen mit negativen Erfahrungen wie Alkohol- oder Drogensucht sich zusammentun, um gemeinsam einen kreativen Gruppenprozess zu durchlaufen – und nicht auch Hochbegabte, die ihr Potenzial entwickeln wollen (was zudem weit aussichtsreicher und viel versprechender ist)?

Intelligenz – hohe Intelligenz umso mehr – braucht konkrete Aufgaben, die eine Herausforderung darstellen, und es bedarf genügend Spielraums, damit sich darin etwas Neues entwickeln kann. Ein wenig (!) grandiose Selbstüberschätzung kann dabei nicht schaden. Ein Buch zu schreiben, verkörpert genau dies:

- große Herausforderung;
- Faszination durch ein interessantes Thema (Faszinosum);
- konkrete Aufgabe;
- Einsatz von guten Werkzeugen;
- Begleitung, Schutz, Anregung und kontinuierliches Feedback (in Form wohlwollender Kritik und Ermutigung) durch die Teilnahme an einer Langzeit-Projektgruppe mit ähnlich Gesinnten.

Das Stichwort heißt *SelbstverWERKlichung*. Kein schönes Wort, ich gebe es zu. Aber ein treffendes, wie ich meine, denn genau um dies geht es: zeigen, was in einem steckt und herauswill, indem man sich durch das Schaffen von einem eigenen WERK selbst verwirklicht.

Bei alledem vergessen Sie bitte nicht: Ein virtuelles Sabbatical mittels Schreiben eines Buches hat nicht das Ziel, einen Schriftsteller aus Ihnen zu machen (das könnte ein nächster Schritt werden – vielleicht – vielleicht – vielleicht – irgendwann ...). Machen Sie bitte auch nicht den riesigen Fehler, den unzählige Schriftsteller begangen haben: Sie hielten die (Hoch-)Begabung im sinnvollen Vernetzen von Wörtern und Sätzen gleich für die Fähigkeit zum literarischen Schreiben und zu finanziellem Erfolg – und scheiterten daran. Denn da liegt leider zwischen Ihnen und der potenziellen Leserschaft ein Riesengebirge mit Namen Buch-

Markt-Industrie. Sie haben zunächst fast keine Chance, mit Ihren möglichen Schreibkünsten genug Geld zu verdienen. Geben Sie also einen vertrauten Brotberuf nicht gleich auf, um nur vom Schreiben zu leben. Das können Sie lange Zeit vermutlich nicht einmal allein - als Single - und mit Familie schon gar nicht.

Nützen Sie Ihre natürliche Schreibbegabung zuallererst, um Ihre Fähigkeiten zu entdecken, sie anzunehmen und zu gestalten, und zwar in kleinen Schritten. Die Betonung liegt auf *klein, sehr klein*!

Sie können natürlich auch Musizieren, Malen oder sich im Tanzen, Bildhauern, Programmieren verwirklichen. Doch das Schreiben eignet sich besser, um Sie inhaltlich im kreativen Prozess der Selbstfindung zu begleiten. Das ist der Grund, weshalb so mancher erfolgreiche Maler, Musiker, Unternehmer irgendwann auch ein Buch schreibt. Der indische Sitar-Virtuose Ravi Shankar verfasste eine Autobiografie über seinen Werdegang und brachte seinen Lesern gleichzeitig das Wesen der indischen Musik näher. George Soros, der Aktienspekulant von Weltformat, hat sich mit seiner *Alchemie der Finanzen* aus seiner größten existenziellen und beruflichen Krise buchstäblich herausgeschrieben. Sogar der superreiche Bill Gates machte sich die Mühe, seine Gedanken zu Papier zu bringen. Vielleicht hat er einem Ghostwriter diktiert, was er der Welt über seine Visionen in *The Road Ahead* zu sagen hat. Aber es war ihm wichtig, das zwischen zwei Buchdeckel pressen zu lassen.

Der Zehnkämpfer Frank Busemann schließlich, 1996 zum deutschen »Sportler des Jahres« gekürt, musste seine Olympiaträume aufgrund massiver Sportverletzungen aufgeben, verfasste stattdessen eine beachtenswerte Autobiografie und entdeckte dabei, wie er es ausdrückte, »die Lust am Schreiben«. In einem Interview sagte er: »Ich wollte mich begleiten, wie ich, von Träumen und Ehrgeiz geleitet, den Weg zur Goldmedaille schaffen würde.« Sein Plan ist fehlgeschlagen, aber »dem Buch hat das nicht geschadet«. (*Der Spiegel*, H. 37/2003, S. 170)

Genau wie man das Scheitern eines Projekts schreibend aufarbeiten und dokumentieren kann, so kann man die Realisierung bislang nicht gelebter Fähigkeiten durch das Schreiben eines Buches gestalten und dokumentierend begleiten.

Vier Schritte, die nun möglich sind

Ich fasse zusammen: Nützen Sie die Chance, welche Ihnen der Selbsttest und die Bestätigung durch einen richtigen Intelligenztest und begleitende Gespräche einräumen, und verändern Sie in kleinen, machbaren (!) Schritten Ihr Leben. Es gibt in Deutschland mehr als zwei Millionen Hochbegabte - warum sollten Sie nicht dabei sein? (Schon dass Sie dieses Buch lesen, spricht für eine gewisse Neugier und Unsicherheit in dieser Richtung - keine schlechte Mischung und ein möglicher Hinweis auf Ihr Potenzial!) Diese vier Schritte können Sie dabei machen:

1. *Selbsterforschung:* Entdecken Sie die (zusätzlichen) Möglichkeiten der Hochbegabung, die bisher nicht genutzt wurden. Der Selbsttest ist hierzu nur eine erste Anregung.
2. *Akzeptanz:* Nehmen Sie dieses Potenzial und seine zusätzlichen Möglichkeiten an (wahrscheinlich der wichtigste Schritt von allen!).
3. *Realisierung:* Setzen Sie die dazugewonnenen Talente in – für Sie! – sinnvolle Aktivitäten um, mit dem Ziel, ein sinnvolleres und reichhaltigeres Leben zu führen. Im neunten Kapitel schauen wir uns vier grundsätzliche Bereiche dafür an: Beziehungen – Arbeit und Beruf – Selbst – TRANS.
4. *Getting-out:* Zeigen Sie sich mit Ihren Fähigkeiten! Das ist sicher das Schwierigste, weil es einen anderen, reiferen Umgang mit dem eigenen Narzissmus verlangt. Aber es lohnt sich. Denken Sie, wenn Sie bisher zu bescheiden waren, immer daran, dass erfolgreiche Menschen diesen Erfolg gerade deshalb haben, weil sie an sich glauben und sich mit dem, was sie können, zeigen.

Das schreibende Begleiten der persönlichen Entwicklung ist nur eines der Werkzeuge, die Sie nun nutzen sollten. Es gibt noch einige andere, die ich gerne vorstellen möchte. Das Wichtigste dieser Tools ist für mich nach dem Selbsttest das geworden, was ich »BrainSpotting« nenne. Man könnte das wörtlich mit »Gehirn-Abtasten« übersetzen – aber das englische Wort drückt es spielerischer aus.

BrainSpotting

Kleine Kinder erraten gerne die Marke und den Zulassungsort vorbeifahrender Autos. Die Briten nennen das »Carspotting«. Ein anderes britisches Hobby ist es, vorbeifahrende Züge zu identifizieren. Auf diesen Wettbewerb für Zugbesessene stieß ich bei der Lektüre des Romans *Trainspotting* von Irvine Welsh (den der Regisseur Danny Boyle kongenial verfilmt hat). Im Roman ist der Ausdruck zugleich die Metapher für die totale Konzentration auf ein eigentlich sinnloses, sehr einfach strukturiertes Geschehen. *BrainSpotting* hingegen ist für mich die intensive Konzentration auf ein ungemein komplexes und äußerst sinnvolles Geschehen: nämlich gewissermaßen aus der Ferne die Hinweise auf Hochbegabung bei einem anderen Menschen aufgrund dieser Merkmale zu entdecken. Mit »Brain« meine ich genau dies: ein Gehirn mit großer Leistungsfähigkeit, wie es Hochbegabte auszeichnet. Die Assoziation zu »Train« ist durchaus passend, weil dort ebenfalls ein enorm leistungsfähiges Vehikel (die Lokomotive) den ganzen Zug zieht. Das zweite Wort, »Spotting«, bezieht sich auf etwas Ähnliches wie das, wofür man ein Radargerät einsetzt: Man macht damit ein zunächst nicht erkennbares Objekt (zum Beispiel ein landendes Flugzeug) sichtbar.

BrainSpotting könnte man also als eine Art Hobby für Hochbegabte bezeichnen. Aber es ist weit mehr: Es ist eine wunderbare Möglichkeit, die eigenen Antennen für seinesgleichen zu trainieren. Sie erinnern sich: Normalbegabte machen etwa 97 Prozent der Bevölkerung aus und Hochbegabte rund drei Prozent. Man stelle sich die Schwierigkeit vor, als Hochbegabter einen passenden Lebenspartner zu finden! Alle anderen kommen damit besser zurecht: Von 100 Menschen, die ihnen begegnen, kommen, wenn man das Geschlecht einmal beiseite lässt, zumindest intelligenzmäßig 97 in Frage – bei den Hochbegabten sind es gerade mal drei*. Da muss man schon ein sehr gut funktionierendes Beziehungs-Radar haben – oder eben BrainSpotting üben.

Bleibt noch die Frage, wie es denn möglich sein kann, aufgrund von nur wenigen Merkmalen des Selbsttests so etwas wie einen Brainspot durchzuführen. Psychologen warnen zu Recht vor Ferndiagnosen dieser Art, weil man allzu leicht eigene Persönlichkeitsanteile auf andere projiziert und fantasiert. In diesem Fall, denke ich, darf man eine Ausnahme machen. Denn ich stütze mich bei den folgenden BrainSpots auf besonders markante Merkmale, bei denen man kaum danebenliegt: früh lesen lernen, sehr kreative Person, sehr erfolgreiche Person, typischer (Vernetzer-)Beruf wie Schriftsteller.

Ich habe während des Wochenendes, als ich diesen Teil des Buches schrieb, meine Antennen ein wenig weiter als sonst ausgefahren und es sind mir dabei tatsächlich Menschen begegnet, die meines Erachtens hochbegabt sind.

BrainSpotting 1: Mein Buchhändler in der »Kuhle«

In den Berufen rund ums Buch wird man überdurchschnittlich viele Hochbegabte finden – wo ginge es mehr um Vernetzung als bei den Inhalten der Bücher, ihrer Herstellung und ihrem Verkauf an die Menschen, die stets begierig auf der Suche nach geistiger Nahrung sind?

---

* Ich weiß: Intelligenz ist nicht alles, aber wenn Sie mit einem Menschen lange Zeit zusammenleben möchten, sollte er sich nicht allzu sehr auf anderem intellektuellen Niveau bewegen – das geht sonst auf Dauer nicht gut.

Kürzlich hatte meine Stammbuchhandlung gleich um die Ecke 100. Geburtstag: die »Kuhle«, wie ihre Kunden sie nach dem früheren Besitzer Lehmkuhl nennen. Das Markenzeichen ist ein weit ausladender Blüthner-Flügel mitten im Hauptraum der Buchhandlung. Zum Jubiläum gab es - was sonst? - eine Dokumentation in Form eines dicken Paperbacks (Heißerer 2003). Aus dem sehr informativen Band (allein die zitierten Lesungen bekannter Autoren, eine Spezialität der »Kuhle«, breiten ein gigantisches Netz des Wissens und der Erfahrungen aus!) entnehme ich mit Staunen, dass der Buchhändler Erwin Schumacher

- »die literarischste Buchhandlung Deutschlands« führt (»Was bei Lehmkuhl auf dem Flügel liegt, das gehört zur Literatur«, merkte einmal Michael Krüger, der Verleger des Hanser Verlags, an - es wurde zum geflügelten Wort nicht nur in Münchens Verlagen);
- ein Team von derzeit 22 Mitarbeiterinnen und Mitarbeitern leitet;
- Vorsitzender im Verband der Bayerischen Verlage und Buchhandlungen war;
- bei der Vergabe des Geschwister-Scholl-Preises und der Etablierung des Münchner Literaturhauses aktiv war;
- 1993 fünfeinhalb Millionen Mark Umsatz machte (für ein materiell so kleines Produkt wie das Buch eine beachtliche Summe - aktuellere Zahlen sind verständlicherweise Geschäftsgeheimnis).

Keine Frage: Er ist ein Multitalent, mein Buchhändler, zumindest ein dreifaches Talent als Vernetzer auf mehreren Gebieten: als (erfolgreicher) Kaufmann, als Spezialist für die vielleicht anspruchsvollste Ware, eben das Buch, und zudem als Kommunikator, als Vernetzer seines Teams und seiner Kunden, die er geschickt in hochkarätige Lesungen lockt. Man stelle sich das - als kaufender Leser - einmal vor: Dieser Mann muss aus den jährlich über 70 000 deutschsprachigen Neuerscheinungen das auswählen, was a) Geld bringt, damit der Laden läuft, und b) gute Qualität hat, damit ihm die anspruchsvollen Kunden die Treue halten.

Wenn das kein Hochbegabter ist, kenne ich keinen.

Sicher entsteht die freundliche Atmosphäre in der »Kuhle« nicht allein durch den Prinzipal: Sie entsteht durch die Freundlichkeit und Kompetenz der einzelnen Mitarbeiterinnen und Mitarbeiter. Aber wenn der Prinzipal nicht die drei Bereiche Informationen, Objekte (Bücher) und Menschen zu einem sinnvollen Ganzen vernetzt, dann entsteht nur eine kühle Buch-Verkaufs-Maschine und keine »Kuhle«, in der man sich gerne informiert und mit Literatur eindeckt.

Als ich Herrn Schumacher fragte, ob er mit diesem Text über ihn einverstanden sei, sagte er spontan: »Ich bin doch kein Hochbegabter – ich bin ein Spätentwickler.«

Nun, ich denke, dass er beides ist: ein hochbegabter Spätentwickler, der seine Talente erst im Verlauf seines Berufslebens entdeckt und entfaltet hat.

BrainSpotting 2: Winona »Donnervogelfrau« LaDuke

Am Abend kommt im Fernsehen eine Dokumentation über Winona LaDuke, genannt die »Donnervogelfrau«, gewissermaßen das Gegenmodell zu Arnold Schwarzenegger. Eine nordamerikanische Indianerin, Tochter einer jüdischen Malerin und des geistigen Stammesführers, der sein Geld als Stuntman in Hollywood verdiente. Eine unglaubliche Person: Mit 17 hatte sie ihren ersten Auftritt vor den Vereinten Nationen in Genf, wo sie für die Indianervölker sprach. Bald darauf bewarb sie sich, wenn auch erfolglos, für die Grünen der USA um das Amt des Vizepräsidenten, wurde in den Vorstand von Greenpeace gewählt und hat mit ihrer Autobiografie *Last Standing Woman* ihr eindrucksvolles Debüt als Schriftstellerin gegeben. Nebenbei zieht diese Powerfrau noch drei Kinder auf und leitet ein Verkaufsbüro für den Wildreis, den ihre Gruppe im angestammten Reservat erntet. Habe ich noch etwas Wichtiges vergessen? Ach ja: Sie hat an der weltbekannten Eliteuniversität Harvard ein Studium in Ökonomie absolviert.

BrainSpotting 3: Chuck Berry und die Jugendrevolte der 50er-Jahre

Chuck Berry hat in den 50er-Jahren durch seinen Rock 'n' Roll eine Menge zur Entstehung einer autonomen Jugendkultur beigetragen. Etliche selbst äußerst erfolgreiche Musiker haben von ihm viel profitiert und daraus keinen Hehl gemacht: Elvis Presley, die Beatles, die Rolling Stones haben mit Versionen seiner Songs wie »Roll over Beethoven« und »Johnny B. Goode« ihre ersten eigenen Erfolge erzielt. Wer kann schon von sich sagen, eine ganze Epoche mit losgetreten zu haben – lange vor den 68-ern und den Hippies?

Warum halte ich den schwarzen Rock 'n' Roll-Musiker Chuck Berry für einen Hochbegabten? Ich kann dies mit einer Fülle von Zitaten aus seiner Autobiografie belegen, von denen ich hier nur eines anführen möchte:

»Ich muss schon neugierig auf die Welt gekommen sein, denn ich habe mich oft über Dinge gewundert, die andere anscheinend als mehr oder weniger selbstverständlich hinnahmen. Als ich noch keine zwei Jahre alt war, hatte ich bereits begonnen, Fragen zu stellen, sodass sich meine Leute wunderten, worüber ich wohl die ganze Zeit nachdachte. Eine dieser Fragen war, warum jeder allein auf die Toilette ging, ich jedoch immer von jemandem hingebracht wurde, wenn ich mal musste. [...]

Daddy ließ von ein paar Weißen ein Telefon anbringen, das Millionen Fragen meinerseits über seine Funktion hervorrief. Es gab zu viel zu lernen, und niemand hatte genug Zeit, mir diese Dinge zu erklären. [...]

Meine Neugier, gepaart mit meiner Fantasie, brachte mich ständig in Schwierigkeiten, machte aber die Schule für mich zu einem besonderen Ort. Mich faszinierten die Orte, von denen wir in Geografie lernten, und ich erging mich oft in Tagträumen darüber, wie wohl der Rest der Welt außerhalb von Missouri aussah ...« (Berry 1995, S. 35)

Eine Fülle weiterer Selbstaussagen, die Berry als weit überdurchschnittlich intelligenten und begabten Mann ausweisen, habe ich aus Platzgründen zusammen mit anderen biografischen Skizzen (zum Beispiel über Arnold Schwarzenegger, die Rechtsanwältin Ally McBeal der gleichnamigen Fernsehserie, Harry Potter und seine Schöpferin Joanne K. Rowling) und anderem zusätzlichen Material auf meine Website www.iak-talente.de ausgelagert - sonst wäre dieses Buch doppelt so dick geworden.

Werkzeuge für einen langen Weg

Die Einschränkungen der Kindheit und Jugend lassen sich nicht einfach so abwerfen. Wenn Sie Ihre brachliegenden Fähigkeiten realisieren möchten, haben Sie einen längeren Weg vor sich. Die realistische Faustregel in der Psychotherapie lautet: Rechnen Sie pro gelebtem Jahr mit einem Monat »Arbeit am Selbst«. Falls Ihnen das sehr lange vorkommt: Mit etwas Sinnvollem sollten Sie sich doch in der Zukunft befassen - und was könnte es Sinnvolleres geben, als das eigene Leben zum (noch) Besseren hin zu ändern?

Für diesen langen Weg brauchen Sie nicht nur Geduld, Zeit und Geld, sondern auch Werkzeuge, mit deren Hilfe Sie Ihre Intelligenz und Kreativität freisetzen und entfalten können. Der Selbsttest und das BrainSpotting sind solche Tools, die zugleich für existenzielle Entwicklungsschritte stehen. Das schon erwähnte »Virtuelle Sabbatical« ist ein weiterer Schritt in diese Richtung. Es wäre zugleich Ihre erste Heldenreise - als Autor. *The Writer's Journey* nennt der amerikanische Drehbuchexperte Christopher Vogler dies in seinem sehr lesenswerten Buch gleichen Titels.

Je intelligenter ein Mensch ist, desto einfacher sollte er es im Leben haben. Dieser weit verbreiteten Laienmeinung stehen diametral zwei Ergebnisse der Hochbegabungsforschung entgegen, wie ich im dritten Kapitel ausführlich belegt habe:

- Es gibt fraglos die erfolgreichen Talente, die von klein auf bestens zurechtkommen - aber plötzlich einen unerwarteten Leistungsknick erleiden.
- Und es gibt ganz offensichtlich solche, die - wie Tobias in unserem Fallbeispiel - von Anfang an die größten Probleme mit der Realisierung ihrer Fähigkeiten haben, ja diese nicht selten als eine Art Behinderung erleben.

Es gibt von den Möglichkeiten, solchen Underachievern zu helfen, folgende drei, die ich aus eigener Erfahrung sehr gut kenne und deshalb empfehlen kann. Die *Psychoanalyse,* das aus ihr abgeleitete Verfahren der *ThemenZentrierten Interaktion* (TZI) und das *Creative Writing* sind ideale Tools zur Förderung von Vernetzung und Vernetztem Denken.

Vernetzung von Informationen über das eigene Selbst in der Psychoanalyse

Die *Psychoanalyse* hilft bei der Vernetzung von Informationen über das eigene Selbst. Die Fragmente der Biografie, auch »Falsches Selbst« genannt, wachsen im Verlauf vieler Gespräche allmählich zu einem kohärenten Ganzen zusammen, das man als das »Wahre Selbst« bezeichnen kann.

Lassen Sie sich nicht davon irritieren, dass über die Psychoanalyse seit den 80er-Jahren nicht mehr so positiv berichtet wird wie in früheren Jahrzehnten. Verhaltenstherapie und Medikamente sind zwar wesentlich billiger (und nicht zuletzt deshalb Mode geworden), aber gerade Hochbegabte sollten sich nicht mit etwas Billigem zufrieden geben, sondern sich das Bestmögliche leisten. Und das ist hier nach wie vor die von Freud begründete Methode.

In dem Jahrhundert seit ihrem Entstehen ab 1895 hat die Psychoanalyse manche Wandlung durchlaufen. Im Kern geht es aber noch immer um die geduldige Bearbeitung der Übertragung von Gefühlen aus der Kindheit auf Menschen der Gegenwart und um den Widerstand bei der Aufdeckung solcher Zusammenhänge, die sich als psychische Abwehrmechanismen äußern. Daran kommt nicht vorbei, wer sich seelisch weiterentwickeln möchte.

Verfahren wie Gestalttherapie, Transaktionale Analyse und Psychodrama bauen letztlich auf denselben Zusammenhängen auf und können, kompetent angewendet, ebenfalls viel bewirken. Ich möchte jedoch darauf hinweisen, dass bei letzteren Methoden (die ich gut kenne, insbesondere die Gestalttherapie durch eine dreijährige Ausbildung) gerade intellektuelle Kompetenz gerne ignoriert oder abgetan wird. Es geht nicht um das »Entweder – oder«, sondern um das »Sowohl – als auch« von gelebten Emotionen, Intuition und Intellekt, besonders bei den kreativen Prozessen, in denen beides zusammenwirkt.

Ausführlich hat den Prozess einer Persönlichkeitswandlung im Verlauf einer Psychotherapie John Knight beschrieben. Der amerikanische Wissenschaftler nannte sein Buch *Geglückte Psychoanalyse*. Es war ein lebensbedrohendes Magengeschwür, das ihn in den 40er-Jahren auf die Couch eines Analytikers zwang. Am Ende dieser zwei Jahre war nicht nur das Geschwür geheilt, und zwar ohne Operation, sondern auch eine Menge in seinem beruflichen und privaten Leben zum Positiven verändert. Dieser autobiografische Bericht sollte wieder einen Verlag finden, denn er ist bestens geeignet, viel Unwissen und daraus resultierende Ablehnung gegenüber der Psychoanalyse zu revidieren. Vor allem versteht man, wie reduziert gerade tüchtige Hochbegabte (Knight war promovierter Chemiker und Erfinder) in der Kenntnis ihrer ureigensten seelischen Bedürfnisse und deren Entstehung in Kindheit und Jugend sein können.

Vernetzung von Menschen und Themen mittels TZI

ThemenZentrierte Interaktion, kurz TZI, ist ein hervorragendes Gruppenverfahren, um sich im »Lebendigen Lernen« zu üben (wie ihre Schöpferin Ruth C. Cohn das treffend genannt hat). Es geht in den Sitzungen darum, eine dynamische Balance zu finden zwischen dem gemeinsam bearbeiteten Thema (Es), den Zielen der Gruppe (Wir) und den Bedürfnissen der einzelnen Teilnehmer (Ich). Letztlich dreht es sich dabei um die immer wieder neue Vernetzung von Menschen und Informationen zu einem sinnvollen Ganzen. (Weitere Details finden Sie auf der Website des Ruth-Cohn-Instituts: www.tzi-forum.de.)

Vernetzung von Informationen über das Selbst, die Außenwelt und deren kompliziertes Zusammenspiel

Creative Writing oder gar das Schreiben eines ganzen Buches ist für mich das beste Beispiel für die Vernetzung von Informationen über das Selbst (die eigene Person der Innenwelt), die Außenwelt und deren kompliziertes Zusammenspiel. Auf dem Papier wächst all dies mehr oder minder kunstvoll zusammen.

Es gibt eine Reihe anderer Methoden, die ihre Vor- und Nachteile haben. Ich kann auf all das hier nicht näher eingehen – es würde den Umfang dieses Buches sprengen. Außerdem habe ich in anderen Büchern bereits ausführlich darüber informiert; Sie finden sie in der Bibliografie. Ansonsten gehe ich davon aus, dass von den Lesern dieses Buches viele, wenn nicht die meisten Zugang zum Internet haben. Auf meiner Website www.iak-talente.de finden Sie viele weiterführende Beiträge und Aktualisierungen. Zum Beispiel eine Zusammenstellung von Zeitgenossen, die sich einer Psychotherapie unterzogen haben.

Was das *Kreative Schreiben*, insbesondere das Schreiben eines Buches betrifft, so möchte ich dazu einen Satz von Franz Kafka zitieren, den ich im Internet fand: »Ein Buch muss die Axt sein für das gefrorene Meer in uns.« Ich selbst würde es nicht so krass formulieren, denn ich sehe das Schreiben eines Buches, ähnlich wie eine Psychoanalyse oder eine Ausbildung in TZI, als einen Prozess des allmählichen, eher sanften Auftauens erstarrter seelischer und sozialer Strukturen. Aber das Ergebnis ist allemal ein Freisetzen blockierter Kreativität, nicht entfalteter Fähigkeiten und insgesamt ein deutliches Mehr an Lebenssinn und Lebensqualität.

Vielleicht ist das der Grund, weshalb der Schriftsteller und Journalist Peter Scholl-Latour meint: »Jeder Journalist träumt davon, Bücher zu schreiben.« Oder weshalb der Prophet Mohammed im Koran die erstaunliche Feststellung macht: »Ein Buch zu schreiben ist mehr wert als 10 000 Wallfahrten nach Mekka.«

Hochbegabte sind keine Genies – die spielen noch einmal in einer anderen Liga. Aber ich denke, dass es eine passende Überleitung zum größten abendländischen Genie Daidalos ist, wenn ich an dieser Stelle einige Gedanken zu diesem Thema zwischenschalte.

Der fragwürdige Genie-Begriff

Der Genie-Begriff ist sehr umstritten und sollte nur ein paarmal in jedem Jahrhundert für wirklich extrem herausragende Persönlichkeiten verwendet werden: wenn sie innovative, die menschliche Kultur verändernde Leistungen erbrachten, die einen → **PARADIGMENWECHSEL** (Thomas Kuhn) herbeigeführt haben.

Ein Genie ist jemand, der in seiner Domän stetig Neues leistet, oder diese Domän überhaupt erst begründet – wie Sigmund Freud die Psychoanalyse. Weitere Beispiele:

- William Shakespeare schuf in seinen Dramen mit großer Sprachgewalt einen ganzen Kosmos von Personen, Schicksalen und Ideen.

- Johann Wolfgang von Goethe hat ein gigantisches Lebenswerk veröffentlicht – allein mit seinem Drama *Faust* hat er sich unsterblich gemacht, denn er schuf darin hellsichtig mit dem hochbegabten Dr. Faust einen neuen Menschentyp, der heute noch modern ist und es sicher bleiben wird.
- Albert Einstein: Neben der Entwicklung der Relativitätstheorie und der Grundlagen der Atomphysik und Kernspaltungstechnik legte er noch das Fundament für die Fotovoltaik, die erst in unseren Tagen auf immer mehr Hausdächern in Form von Solarmodulen praktisch umgesetzt wird.
- Vincent van Gogh schuf malerische Höchstleistungen – zum Beispiel seine Serie von Selbstporträts gegen Lebensende. Er kreierte aber auch einen völlig neuen Malstil, der den Impressionismus bis ins Exzessive steigerte und so modern und in seiner Farbintensität so überwältigend war, dass zu Lebzeiten nur ein einziges Bild verkauft werden konnte.

Jemanden wie Christoph Kolumbus, der vielen als »Genie« gilt, würde ich nur als »Großen der Weltgeschichte« bezeichnen. Er entdeckte zwar den neuen Kontinent Amerika und hatte zu einer Zeit den Mut, ins Unbekannte zu segeln, als sich die Menschen noch fürchteten, über den Rand der Erdscheibe zu stürzen, wenn sie sich zu weit aufs Meer hinauswagten – aber das macht ihn noch nicht zu einem Genie. Was ihn jedoch als Hochbegabten auszeichnet, war unter anderem sein großes Talent, seine Idee so gut zu verkaufen, dass er für seine drei Schiffe Finanziers fand, die ihm zutrauten, »Indien in westlicher Richtung« zu erreichen.

Wenn jemand materielles oder geistiges Neuland betritt, hat er als Pionier zusätzlich einen enormen Platzvorteil. Es geht um den Wechsel der Perspektive, der alles neu und interessant macht. Ist man der Erste und nützt das Neuentdeckte fleißig und mit Charisma (das »Verkaufen« ist dabei immer enorm wichtig, damit die Ideen sich auch durchsetzen), ist man schon auf der Gewinnerseite.

Wenn Freud die kühne Entdeckung macht, dass der Mensch auch als Erwachsener von seinen Kindheitserfahrungen (und vor allem: → **TRAUMATISIERUNGEN**) ein Leben lang beeinflusst wird und dass unsere Ängste, Hoffnungen und Obsessionen aus dieser

Vergangenheit gesteuert werden, dann verändert dies das gesamte Bild vom Menschen. Wenn Freud außerdem die noch kühnere Entdeckung ausspricht und theoretisch untermauert (»gewusst« haben es vor ihm ja schon die Dichter und Philosophen), dass unbewusste Sexualität, Aggression und Narzissmus auf vielfältige Weise unser Denken und Handeln lenken und nicht nur die noblen bewussten Ideale, dann stört er nicht nur den »Frieden der Welt«, sondern rüttelt an ihren Grundfesten.

Freud hat unsere Weltsicht wahrscheinlich mehr verändert als Einstein mit der Relativitätstheorie und deren positiven wie negativen Auswirkungen durch die Kernspaltung. Man kann die Probe aufs Exempel machen, wenn man zum Beispiel ein paar Jahrgänge der *Süddeutschen Zeitung* auf CD-ROM nach Stichworten wie »Sigmund Freud«, »Psychoanalyse« durchforstet: Man wird nahezu jeden Tag in irgendeinem Artikel auf Begriffe aus Freuds neuem seelischen Kosmos und auf seinen Namen stoßen: »Identifikation mit dem Aggressor«, »Verdrängung«, »Trauerarbeit« sind Wortschöpfungen des Wiener Arztes, ohne die viele Artikel geradezu inhaltsleer würden.

Lange Zeit ergingen sich vor allem die Psychiater in Spekulationen über die Zusammenhänge von Genie und psychischen Störungen, etwa Wilhelm Lange-Eichbaum in seinem Klassiker *Genie, Irrsinn und Ruhm* mit vielen Krankengeschichten. Aber derselbe Autor wies als Erster auch auf die Einflüsse der gesellschaftlichen Dynamik hin, welche neuen Ideen erst zum Durchbruch verhilft; er begreift »Genie« mehr als soziokulturelles Konstrukt.

Was ungewöhnlich ist oder einen ungewohnten Blickwinkel verschafft, zum Beispiel ein atemberaubender Film wie Orson Welles' *Citizen Kane* (der noch immer die Hitliste der weltbesten Filme anführt) – das wird gerne als »genial« bezeichnet. Aber diese Etikettierung zielt in vielen Fällen daneben. Das wirkliche Genie wirkt mehr in der Tiefe und viel subversiver: Es verändert die Welt. Wie sie sich ändert, erleben nur die Zeitgenossen – die sich deshalb nicht selten mit Händen und Füßen und ihrem ganzen Verstand dagegen wehren.

Und was ist mit Daidalos?

Der Name des großen Erfinders Daidalos (geschrieben auch: Dädalos, Dædalos, Dedalus) bedeutet »der Einfallsreiche«. Sein Vater war Eupalamos (»der Geschickte«) oder Metion (»der Gebildete«). Der weise Sokrates behauptete, von Daidalos abzustammen.

Dieser legendäre Mensch mag nur eine Fiktion gewesen sein. Aber er erfüllt eine wichtige Rolle. Als Genie verkörpert er den prominentesten Typ des Hochbegabten oder Höchstbegabten. Als solcher war er nicht nur in der Antike Vorbild für viele Menschen, sondern ist es noch heute. Deshalb hat ihn die American Academy of Arts and Sciences zum Namenspatron ihres wichtigsten publizistischen Organs erkoren. Dieses *Dædalos Journal* ist eine der renommiertesten wissenschaftlichen Publikationen unseres Planeten.

Gerade die Ingenieure und Erfinder haben ihn zu ihrem Mentor erkoren, wie nach ihm benannte Preise und Schriften bekunden. Dazu passt, dass Daidalos die Erschaffung wichtiger Werkzeuge zugeschrieben wird: Axt, Säge, Bohrer, Leim, Senkblei, Mast und Segel. Übertragen auf den Kreativen Prozess und das Vernetzte Denken, das für das Genie so wichtig ist, könnte man dies symbolisch verstehen: Axt, Säge und Bohrer helfen beim Zerlegen von alten Zusammenhängen (von Objekten, von Informationen); Leim bringt das Zerlegte in neuer Konfiguration zusammen; das Senkblei sorgt für Richtung; Mast und Segel schaffen die nötige Energie bei der Umsetzung der Ideen.

Als Mentor kann ich Daidalos allerdings nicht sehen.

Wer taugt aber zum Mentor, dieser wichtigen Figur aus der Heldenreise? Jener kühne Mensch, der die Heldenreise selbst schon gemeistert hat und dadurch dem unerfahrenen neuen Helden die nötige Vorbereitung und Begleitung geben kann.

Was den Bereich der Arbeit angeht, so hat Daidalos da mit seinem Erfindungsreichtum sicher Großes geleistet und seine

Heldenreise vollbracht - gleich, ob er nun eine real existierende Persönlichkeit war oder nur eine Fiktion griechischer Mythenerzähler ist. Auf anderen Gebieten, vor allem dem der menschlichen Beziehungen, hat er zweimal versagt, und zwar auf katastrophale Weise: bei seinem Neffen und Lehrling Perdix (den er aus Neid und Eifersucht ermordete) und bei seinem eigenen Sohn Ikaros, dem er zu früh das Fliegen ermöglichte, sodass er abstürzte und im Meer ertrank.

Ich vermute, dass der Grund für dieses Versagen eine typische Deformation professionelle war: die des Ingenieurs, der sich bestens mit seinen Materialien, Geräten und Ideen auskennt, aber nicht so sehr in menschlichen Beziehungen. Auch über sich selbst weiß er recht wenig, hält nichts von Psychologie. Und über Transzendentes macht er sich selten, wenn überhaupt Gedanken. Ich weiß, das ist ein Klischee. Aber die griechischen Erzähler, welche diese Figur des Daidalos ersonnen haben, stellten ihn nicht zufällig als Mörder und »mad scientist« dar. Doch gerade weil Daidalos ein verrückter Wissenschaftler ist, erinnert uns sein negatives Beispiel daran, dass wir Verantwortung tragen und übernehmen müssen bei der Realisierung unserer Talente. Es ermahnt uns darüber hinaus, solche mad scientists rechtzeitig zu erkennen, zu kontrollieren und - wenn nötig - zu stoppen.

Aber es gilt auch: »Bei den Griechen waren nicht die Ikarusflügel, sondern die Dädalusflügel als ein Mittel, das aus einer Notlage befreit, sprichwörtlich.« (Reinhard Pohlke) Bei allen Bedenken sollten wir Daidalos also auch unseren Respekt zollen. Oder mit den Worten des Mythenforschers Joseph Campbell:

»Jahrhunderte hindurch hat Daedalus den Typ des erfinderischen Künstlers dargestellt, jene seltsam gleichgültige, beinahe teuflische Menschengestalt, die sich, außerhalb der normalen Maßstäbe gesellschaftlicher Reputation, nicht an die Moral ihrer Zeit, sondern allein an die ihrer technischen Aufgabe bindet. Er ist der Held des Gedankens – verschlossen, mutig und beseelt von dem Glauben, dass die Wahrheit, wie er sie findet, uns frei machen wird.« (1949, S. 30)

Wer sagt denn, dass ein Mentor keine negativen Züge haben darf? Haben wir sie nicht alle – weil wir Menschen sind? Und sollte ein guter Mentor nicht auch das Böse kennen? Es muss ja nicht gleich ein Mord sein. Und vielleicht ist es ja in Wahrheit so, dass man Daidalos seine Morde nur angedichtet hat – um ihn ein wenig auf normales menschliches Maß zu reduzieren?

Kapitel 8

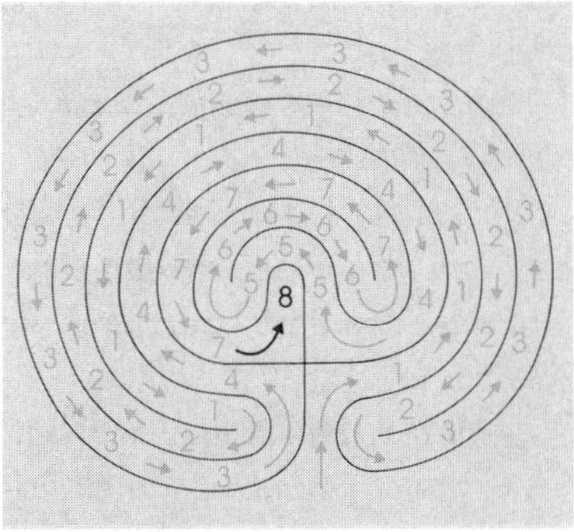

Wenn Helden reisen

Pasiphaës Paradox

Nachdem der Held einmal die Schwelle überquert hat,
bewegt er sich in einem Traumland,
erfüllt von seltsam fließenden, mehrdeutigen Formen,
wo er eine Reihe von Prüfungen zu durchstehen hat.

Joseph Campbell

Ted Brauers Turbulenzen VIII

(Ted Brauer hat vor dieser Sitzung den Selbsttest gemacht.)

»Nun, sind Sie mit dem Ergebnis zufrieden?«

»Eher erschrocken – aber auch, na ja – geschmeichelt – trotzdem: Das mit den 78 Punkten hat mich umgehauen. Ich zieh mal besser zehn Prozent ab, so wie Sie es empfehlen.«

»Bleiben immer noch 70 Punkte, wenn man 7,8 aufrundet. Aber warum ziehen Sie so viele Punkte ab, weshalb diese Bescheidenheit?«

»Es bereitet mir Unbehagen, mich in dieser Kategorie ›hochbegabt‹

wieder zu finden. Bei Tobias ist das was anderes. Aber mich selbst so zu sehen ...«

»Vielleicht verstehen Sie jetzt besser, wie es Tobias ging, als er seinen IQ erfuhr.«

»Ich merke schon, was mich schockiert: Es hat Konsequenzen, so, als wenn man bisher nur mit einem kleinen PKW gefahren ist und nun einen Omnibus steuern soll – ohne den entsprechenden Führerschein.«

»Wie viele Punkte hat Ihnen denn Ihre Frau angekreuzt?«

»Lena gab mir nur 63 Punkte. Ich muss zugeben, dass mich das zunächst enttäuscht hat.«

»Zunächst?«

»Wir sind die einzelnen Merkmale dann gemeinsam durchgegangen und es stellte sich heraus, dass sie einiges nicht ankreuzen konnte, weil sie darüber nichts wusste. Das war ein interessantes Nebenergebnis: dass sie manches aus meinem Leben gar nicht kannte und nun aus diesem Anlass von mir davon erfuhr. Zum Beispiel, dass mein erster Berufswunsch war, Reporter zu werden.«

»Was Sie ja auch geworden sind.«

»Stimmt. Aber was sie nicht wusste, war der Grund dafür: meine grenzenlose Neugier und Lesewut, mit der ich meine Eltern tyrannisiert habe. Und der unstillbare Drang in die Ferne, ins Unbekannte.«

»Na bitte: typisch Hochbegabter, würde ich sagen.«

»Lena hat sich den Fragebogen dann auch vorgenommen. 65 Punkte hat sie sich gegeben.«

»Das dürfen Sie gerne um zehn Prozent erhöhen. Viele Frauen unterschätzen sich.«

»Stimmt – sie stellt ihr Licht gerne unter den Scheffel. Also 65 plus 6,5 – macht 72 Punkte.«

»Und wie viele Merkmale haben Sie für Ihre Frau aus dem Angebot herausgepickt?«

»74.«

»Das passt ja gut zu Ihrem eigenen Ergebnis. Aber lassen wir die Rechnerei. Wie geht es Ihnen mit Ihrem Roman?«

»Zäh. Aber es geht voran. Ich schreibe die ganze Zeit. Das meiste landet allerdings in diesem begleitenden Logbuch, das Sie mir vorgeschlagen haben.«

»Und was steht da drin – wollen Sie es mir erzählen?«

»Schon. Es kommen zunehmend Zweifel in mir auf, ob ich mich mit diesem Projekt nicht in etwas Sinnloses verrannt habe; dass es mich in eine Richtung führt, die nicht stimmt. Die Zeiten sind nicht so rosig für Journalisten, wie sie es mal waren.«

»Und wie geht es Ihnen mit dieser Erkenntnis?«

»Sie macht mir Unbehagen – nein: Angst, wenn ich ehrlich sein soll. Auf der anderen Seite – wenn ich wirklich so clever sein sollte, wie dieser Selbsttest suggeriert, dann kann eigentlich wenig schief gehen.«

Im Kern des Labyrinthos

Wir sind nun im Kern des Labyrinthos angelangt. Hier, auf dem tiefsten Grund der Unterwelt, kommt alles zusammen. Hier befindet sich die Matrix, aus der alles entstanden ist: das Erbgut und die frühesten Tage der Kindheit. Matrix – das Wort wird wie »Materie« abgeleitet vom lateinischen »mater« = Mutter. Wir sind im »Reich der Mütter« angelangt.

Hier unten, hier innen trifft alles zusammen: das Gute und das Böse. Von hier nahm einst alles seinen Ausgang, von hier haben wir uns entwickelt und alle Bögen und Schlingen des Labyrinthos sind so etwas wie ein Abbild unseres Lebens, in das wir im Verlauf dieses Buches für kurze Zeit zurückgelaufen sind, bis zum Anfang.

Hier wird bei der Schamanenreise alles in Stücke geschlagen und neu zusammengesetzt. Hier entsteht das Elixier für die Rückkehr zur Ober- und Außenwelt.

Hier im Kern stoßen wir auf die zentrale Frage dieses Themas: Was könnte die individuelle und was die kollektive Aufgabe der Hochbegabten sein?

Werkzeug »Heldenreise«

Nach dem Selbsttest und der Methode des BrainSpotting möchte ich jetzt ein drittes Tool vorstellen: die Heldenreise. Stören Sie sich bitte nicht an dem Wort »Held«. Ich weiß, dass es nicht mehr modern ist, von Helden zu sprechen. Aber es gibt sie nun einmal. Die Kinos und die Romane sind voll davon. *Harry Potter* verkauft sich »wie warme Semmeln« und der dreiteilige Film vom *Herr der Ringe* ist ein gigantischer Erfolg. Das sind alles Heldengeschichten und ihr Erfolg kommt davon, dass die Menschen Helden brauchen.

Aber was hat das speziell mit Hochbegabung zu tun, werden Sie vielleicht fragen.

Ich habe schon verschiedentlich darauf hingewiesen, dass in den alten wie den modernen Erzählungen, Dramen und Filmen außergewöhnliche Helden eine tragende Rolle spielen. Es wäre einer Diplomarbeit oder sogar einer Dissertation wert, dem einmal genauer nachzuforschen. Nach meinen Beobachtungen sind jedenfalls auffallend viele Helden offensichtlich hochbegabt.

Aber stimmt der Schluss, den ich mache, dass die Heldenreise typisch ist für Hochbegabte?

Fest steht zunächst, dass der Held immer ein Mensch ist, der zumindest einmal in seinem Leben etwas Ungewöhnliches vollbringt und dabei über sich hinauswächst. Dies bezeichnet man als Heldentat. Das kann der einfache Soldat sein, der im Krieg mutig einem Kameraden das Leben rettet. Oder der Feuerwehrmann, der sein eigenes Leben riskiert, um ein Kind aus einem brennenden Haus zu holen. Das kann aber auch eine Frau sein, die ein Kind zur Welt bringt und dabei mit Schwangerschaft und Geburt nicht wenig riskiert. Das sind die Heldentaten im Alltag oder in Ausnahmesituationen.

Was uns jedoch mehr mit einem Schicksal mitfiebern lässt, sind die Taten komplexerer Helden, die etwas Besonderes darstellen. Theseus, der im Labyrinthos mit dem schrecklichen Minotauros kämpft, ist nun einmal interessanter als Herr Müller, der sich traut, seinem Chef endlich einmal die Meinung zu sagen. Es ist überhaupt nicht gesagt, dass Theseus heldenhafter ist als Herr Müller – für Letzteren gehört wahrscheinlich mehr Mut dazu, aus alten Mustern der Anpassung und Unterwürfigkeit endlich auszubrechen, als es von einem geübten Monsterkiller Überwindung fordert, noch ein weiteres Ungeheuer zu erlegen.

Trotzdem: In der Regel wird uns das Schicksal eines ungewöhnlichen Menschen, der in Ausnahmesituationen eine ungewöhnliche Fähigkeit entdeckt und gestaltet, mehr interessieren als der Bäcker im Laden um die Ecke, der sein tausendstes Brot bäckt.

Wenn Helden auf die Reise gehen

Die Epoche der Helden und der Heldenreisen beginnt vor etwa fünf Jahrtausenden. Um 3000 v.Chr. entstehen die großen Städte und die ersten Weltreiche, werden Kulturtechniken wie das Schreiben, das Rechnen und das Geldwesen entwickelt. Es ist gut möglich, dass so etwas wie die Heldenreise, als außergewöhnliches Unternehmen, mit diesem Sesshaftwerden und noch mehr mit der zunehmenden Verstädterung zu tun hat. Diese ging mit einer wachsenden Einengung der äußeren Möglichkeiten der meisten Menschen einher – während sich gleichzeitig auf der geistigen Ebene ungeheure Weiten auftaten, als die Wissenschaften, die Literatur und die anderen Künste aufblühten.

Die älteste Heldengeschichte, die wir kennen, ist zugleich eines der ältesten Bücher der Menschheit: das Gilgamesch-Epos. Dieser Gilgamesch ist König im mesopotamischen Uruk (heute im Irak gelegen). Er war »zwei Drittel Gott und ein Drittel Mensch«, also eher eine Fantasiegestalt, muss aber auch einen realen Menschen zum Vorbild gehabt haben oder zumindest einen bestimmten Menschentyp: nämlich den zur Macht gelangten Hochbegabten. Er ist ein Tyrann, wahrscheinlich nicht weniger schrecklich für seine Untertanen wie sein irakischer Nachfolger in unseren Tagen: Saddam Hussein. Um künftige Feinde abzuwehren, zwingt Gilgamesch die männlichen Bewohner der Stadt, diese mit einer riesigen Mauer* zu umgeben. Als Machtinstrument bedient er sich hierzu zweier gewaltiger Trommeln mit magischen Wirkungen, auf die er unablässig einschlägt und deren Rhythmus die Männer zur Arbeit an der Stadtmauer antreibt - ein Hinweis auf die große Kreativität des Herrschers?

Gilgamesch trauert um seinen verstorbenen Freund Enkidu und begibt sich bei der Suche nach ihm sogar ins Reich der Toten. Dieses Eintauchen in eine geheimnisvolle Welt unter der Tagwelt, diese Unterwelt ist der eigentliche Inhalt jeder Heldenreise auch heutigen Tages. Es ist dies eine Welt, die völlig verschieden ist von der, in welcher der Held aufgewachsen ist, deren Spielregeln er kennt, deren Inhalte ihm vertraut sind. Hier unten muss er Neues lernen, muss dadurch bislang unbekannte Wesenszüge in sich entdecken. Das ist der eigentliche Sinn der Heldenreise. Deshalb ist sie das ideale Vehikel für Hochbegabte, um brachliegende Fähigkeiten zu entfalten.

Hier sollten wir einen Moment innehalten und uns fragen, ob so ein etwas altmodischer und auch - durch das Dritte Reich - sehr besudelter Begriff wie der »Held« heute noch seine Berechtigung hat. Ich denke schon, und das nicht nur, weil eine Heldenreise ganz besonderer Art den Buchläden auf der ganzen Welt gigantische Umsätze verschafft: die (bis jetzt) fünfbändige Romanreihe um Harry Potter, den jungen Zauberer, der die Welt vor dem bösen Lord Voldemort retten muss.

Die Heldenreise ist eigentlich eine Reise, die sich in unserem eigenen Inneren abspielt. Betrachtet man Joanne K. Rowlings Megabestseller unter diesem tiefenpsychologischen Blickwin-

---

* Diese Mauer ist keine Legende; man kann sie noch heute in der feuchten Jahreszeit aus großer Höhe im Sand der irakischen Wüste erkennen.

kel, wird aus der so fantastischen plötzlich eine sehr realistische Geschichte, nämlich die Reise eines Kindes im Verlauf der Pubertät zum Kern seiner Existenz. Das wird von der Autorin so großartig erzählt, dass nicht nur Hochbegabte sich darin leicht wieder finden können (Harrys Geschichte ist die eines Hochbegabten)*, sondern jeder junge Mensch. Ja, es kann sich sogar jeder ältere Mensch hier wieder erkennen, denn es tut jedem gut, eine solche Reise zu unternehmen, und sei es nur auf dem bedruckten Papier zu Hause im gemütlichen Lehnstuhl oder in der traumhaften Dunkelheit eines Kinos.

Doch lösen wir uns nun von den alten und neuen Überlieferungen der Abenteuergeschichten um Harry Potter, Gilgamesch, Theseus, Siegfried und wie sie alle heißen, die jede Kultur der Welt kennt. Betrachten wir stattdessen, was an universellen Werten in diesen Erzählungen enthalten ist und wie wir das aufs eigene Leben anwenden könnten.

Jeder Mensch macht sich irgendwann zu solch einer Reise auf, um in einer existenziellen Krise, zum Beispiel in der Lebensmitte, neue Qualitäten seines Wesens zu entdecken und auszuloten. Selten geschieht das freiwillig, meistens ist ein Anstoß von außen nötig. Das kann der Verlust des Arbeitsplatzes sein, der einen auf die Reise schickt, oder eine Ehescheidung. Das kann auch ein seltsamer Zufall sein, der einen zutiefst erschüttert, ein großer Verlust, eine Gewalttat. Der Anstoß kann aber auch durch den Selbsttest kommen, wenn dieser bisher unbekannte Regionen des intellektuellen Potenzials erahnen lässt.

---

* Darauf weist schon der Titel des ersten Bandes hin, der ihn mit dem »Stein der Weisen« in Zusammenhang bringt.

Eine Reise mit 18 Stationen

Es gibt verschiedene typische Elemente, die sich bei jeder Heldenreise finden lassen, egal ob sie im Märchen oder einem Heldenepos stattfindet, in einem modernen Film aus Hollywood, einem Roman aus Russland - oder im richtigen Leben auf der Couch eines Psychoanalytikers. Der amerikanische Mythenforscher Joseph Campbell hat 1949 in seiner Studie *Der Heros in tausend Gestalten* eine Fülle solcher Geschichten analysiert und ihr gemeinsames Grundmuster herausgearbeitet. Ich habe die typischen Strukturen dieser Heldenreise ein wenig ergänzt und auf die Situation der Hochbegabten zugespitzt.

1. *Vor-Geschichte:* Der Held lebt in vertrauter Umgebung (Tagwelt oder Oberwelt). Er hat erste Erfahrungen in seiner Domän gesammelt, hat seine Begabungen geübt (Expertise).
2. Der Held vernimmt den *Ruf des Abenteuers* (»Call to Adventure«, Berufung).
3. Aber er *weigert sich* zunächst, diesem Lockruf zu folgen.
4. Ein *Mentor* taucht auf (der diese Reise schon einmal gemacht und bestanden hat) und bietet sich als hilfreicher Begleiter an.
5. Ein *Amulett,* ein Glücksbringer wird geschenkt oder gefunden (Ariadnes roter Faden ist sowohl Amulett wie Werkzeug - s.u.).
6. *Überschreiten der Schwelle* und *Betreten der Unterwelt.*
7. Auseinandersetzung mit dem Schwellenhüter und seine *Überwindung.*
8. Begegnung und *Kampf mit dem Widersacher.*
9. Der *Höhepunkt* dieser Auseinandersetzung ist für den Helden zugleich der existenzielle *Tiefpunkt* mit Angst, Verzweiflung und totaler Blockade.
10. Nun tauchen *Helfer* auf (für den Künstler ist es seine Muse), magische *Werkzeuge* stehen plötzlich zur Verfügung (auch dies ist Ariadnes roter Faden).

11. Entdeckung eines neuen *Lebenssinns*, der frische Energien und bisher unbekannte (!) Fähigkeiten mobilisiert.
12. Der Held kann nun den Kampf mit neuen Kräften zu Ende führen, den *Sieg über den Widersacher* erringen und damit auch über sich selbst neue Macht gewinnen (Überwindung alter Ängste und Blockaden).
13. Im *Zentrum der Unterwelt*, an ihrem tiefsten Punkt (Kern des Labyrinths), entdeckt er etwas völlig Neues über sich und erlebt eine *Verwandlung*.
14. Dieses Neue manifestiert sich in Form einer Erkenntnis, als Botschaft oder auch als materielles Produkt. Dies nennt man das *Elixier* (ein Zaubertrank, Heilmittel, revolutionäre Idee, neue chemische oder physikalische Formel etc.).
15. *Rückkehr* des Helden aus der Unter- in die Oberwelt.
16. Bei der Rückkehr in die Oberwelt muss manchmal noch ein *zweiter Schwellenhüter* überwunden werden, der einen in der Unterwelt zurückhalten möchte (das war das Verhängnis von Tannhäuser im Venusberg). Campbell nennt dies die *Magische Flucht*.
17. Nun muss noch das in der Unterwelt Erlebte in die Realität der alten Oberwelt integriert werden - dann ist man *Meister der zwei Welten* (zum Beispiel Theseus, der König von Athen wird).
18. So wie es eine Vor-Geschichte gibt, existiert auch eine *Nach-Geschichte*: Nach der Integration des in der Unterwelt Erfahrenen kann man seinerseits *Mentor* werden und sein Wissen an andere Helden weitergeben, die noch am Anfang ihrer Abenteuerreise stehen (in der Psychoanalyse entspricht dies beispielsweise dem Schritt vom Ausbildungskandidaten, der im Rahmen seiner Lehranalyse erst einmal selbst Patient ist, zum praktizierenden Analytiker oder Lehranalytiker).

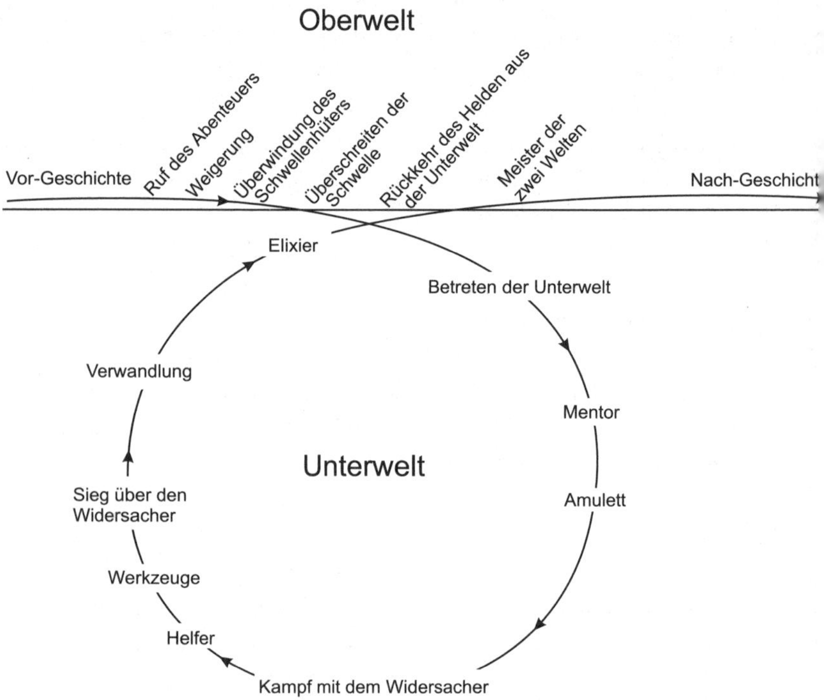

Der Weg des Helden auf seiner Reise in die Unterwelt (vorangehende Grafik) besteht aus vielen Schritten.* Das Zentrale ist die Bewegung in eine unbekannte Tiefe, wo man auf ein Hindernis stößt, das bewältigt werden muss. Dieser Verlauf ist in seiner Grundstruktur sehr ähnlich dem Ablauf des Kreativen Prozesses (folgende Grafik). Oder umgekehrt: Man kann die Entstehung jedes schöpferischen Produkts (beispielsweise eines Romans) als kleine Heldenreise verstehen.

---

* Der Ablauf der Schritte weicht hier in der Grafik in einigen Punkten (zum Beispiel Mentor, Amulett) bewusst von der im Text dargestellten Reihenfolge ab – um darzustellen, dass die einzelnen Schritte innerhalb der Heldenreise nicht zwingend in der immer gleichen Aufeinanderfolge geschehen müssen.

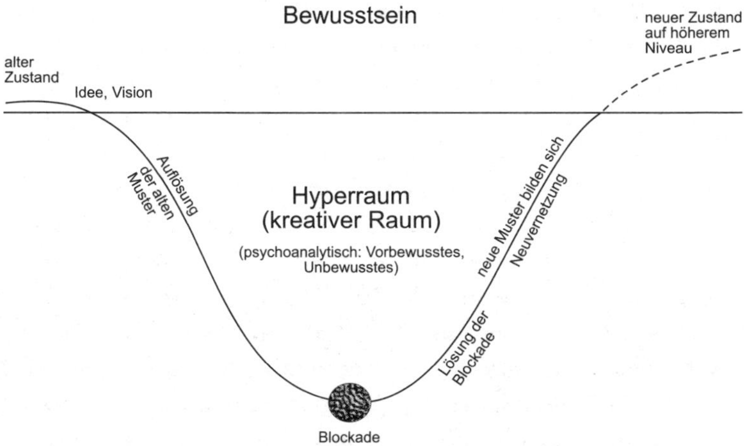

Einige Details der Heldenreise Hochbegabter

Aus dem komplexen Geschehen der Heldenreise möchte ich einige Punkte herausgreifen und etwas genauer beleuchten.

Die Vor-Geschichte: Der Protagonist (Held) lebt zunächst in einer vertrauten Umgebung, die man Tagwelt oder Oberwelt nennen könnte. Er zeichnet sich durch irgendein Talent aus und hat erste Erfahrungen in seiner Domän gesammelt, hat seine Begabungen geübt (Expertise). Er kann schon ein paar Jahre auf dem Klavier geklimpert oder einige, noch unveröffentlichte Kurzgeschichten geschrieben haben. Um ernsthafter Berufsmusiker oder Profi-Schriftsteller zu werden, muss aber mehr passieren. Dies ist die typische Situation für viele Hochbegabte, die zu angepasst an ihre Umwelt aufwachsen, brav Schule und Studium absolvieren – und es nicht schaffen, kreativ zu werden.

Der Ruf des Abenteuers: Etwas stößt den Helden aus seiner vertrauten Umgebung heraus. Er vernimmt den »Call to Adventure«. Dieser Ruf ertönt unter Umständen mehrmals, bis der Held darauf reagiert. Erst wenn der Ruf so laut wird, dass er unüberhörbar ist, macht er sich auf seine Reise, die er in der Regel gar nicht gerne antritt. Manchmal geht er zwar aus Neugier los, aber meistens macht er sich sehr unwillig auf den Weg.

So ein Call to Adventure könnte vom Ergebnis des Selbsttests ausgehen. Dieser Moment der Selbsterkenntnis, dass man möglicherweise ein Hochbegabter ist, wirkt wie ein Signal, das Konsequenzen hat. Es ist auf jeden Fall ein Hinweis, sich um ein präziseres Ergebnis zu bemühen, indem man einen der üblichen Intelligenztests macht. Aber ob man mit dieser Hochbegabung in der neuen Realität zurechtkommt, das kann nur die Praxis zeigen: indem man ausprobiert, ob man den Roman, die Symphonie oder das tolle neue Computerprogramm wirklich schreiben kann, von dem man seit der Pubertät träumt.

Der Mentor tritt auf: Um die Reise zu bestehen, ist es wichtig, jemanden zu finden, der einen darauf vorbereitet: der Mentor. Dieser ist in der Regel kein vertrauter Mensch (wie der eigene Vater), sondern ein Fremder, der eine derartige Heldenreise selbst schon einmal unternommen hat und deshalb ungefähr weiß, was dem Helden alles zustoßen kann. Er gibt die entscheidenden Tipps. Er sagt zum Beispiel: »Wenn du eine Geschichte schreiben willst, schreib sie erst mal mit dem Herzen, hau in die Tasten, einfach so. Erst wenn du das aufgeschrieben hast, was dich gerade beschäftigt, dann gehe mit dem Verstand noch einmal drüber und überarbeite es.« Solche – zunächst merkwürdig, ungewohnt, befremdend anmutende – Ratschläge zu geben, ist die typische Aufgabe eines Mentors. Das Zitat stammt vom (fiktiven) alten Schriftsteller William Forrester aus dem wunderbaren Film *Forrester – Gefunden!* Der Mentor äußert diese Worte gegenüber dem 16-jährigen schwarzen Autor Jamal aus dem New Yorker Getto Bronx, der gerade anfängt, seine ersten Texte zu schreiben.

Man wird in vielen Filmen und Erzählungen diesem weisen Ratgeber begegnen. Der Mentor gibt die ersten Anstöße und Hinweise, die der Held später brauchen wird. Die Reise allerdings muss er nach dem Training selbst und meist auch allein machen. (Dass man mit einer ganzen Gruppe unterwegs ist, wie in der Tolkien'schen Trilogie vom *Herr der Ringe*, ist eher selten - aber durchaus modern, wenn man an die Möglichkeiten der Gruppenpsychotherapie denkt oder an Schreibseminare.)

Mentor werden für andere Hochbegabte - das erscheint mir übrigens als eine der dankbarsten Aufgaben für jene Helden, die ihre Reise geschafft haben.

Das Amulett: Ebenfalls hilfreich für den Helden ist ein Glücksbringer, oft von einer Frau geschenkt (denken wir wieder an den roten Faden, den Ariadne ihrem Helden und Geliebten Theseus ins Labyrinth mitgibt!). Dieses Amulett verleiht dem Helden zusätzliche Kräfte. Es ist, psychologisch gesehen, ein Symbol, das hilft, sich auf die schwierige Aufgabe besser zu konzentrieren, und das einem die Unterstützung der höchsten Mächte im Universum sichern soll.

Aufbruch in die Unterwelt: Nun geht die Reise richtig los. Der Ruf des Abenteuers ist vielleicht schon zum dritten Mal und damit unüberhörbar ertönt - und jetzt macht sich der Held auf den Weg in die Tiefe der Unterwelt. Oft beginnt die Reise mit einem Sturz oder einem Unfall, einer schweren Krankheit. Diese schlimme Erfahrung kann sich zu etwas Positivem umkehren, wenn sie als Anstoß für eine existenzielle Besinnung genützt wird.

Unterwelt - das kann auch ganz wörtlich der Kontakt mit der Kriminalität sein, etwa durch den Erwerb illegaler Rauschdrogen.

Die Prüfung: Der Held macht wichtige Entdeckungen, muss Prüfungen bestehen, schwere Aufgaben meistern. Auch im Märchen ist diese Struktur in ganz einfacher Form immer wieder zu finden, zum Beispiel durch die schweren Rätsel, welche Turandot den Prinzen stellt, die um ihre Hand anhalten. Oder in der Geschichte von *Frau Holle*: Ein schönes und fleißiges Mädchen wächst in einer Umgebung auf, in der es von der Stiefschwester und Stiefmutter drangsaliert wird. Sie will eine Spindel waschen, das Gerät fällt ihr in den Brunnen, und als sie die Spindel herausholen will, stürzt sie selbst in den Brunnen und kommt in einer ganz anderen Welt an: in der Unterwelt, bei Frau Holle (die paradoxerweise hoch oben in den Wolken die schneestöbernden Betten ausschüttelt – oben und unten sind eines in dieser Weltgegend).

Ich erwähne hier dieses Märchen, damit endlich auch einmal ein weiblicher Held auftritt. Inzwischen gibt es immer mehr solcher Heldinnen in der Unterhaltungsliteratur und in Fernsehserien.* Der Grund dafür, dass sie bislang im Hintergrund standen, ist recht einfach: Das weibliche Heldentum spielte sich mehr auf der Beziehungsebene ab und nicht auf der von Arbeit und Beruf, wo die Männer traditionellerweise ihre Abenteuer bestanden haben. Ein Kind austragen, zur Welt bringen und großziehen – das ist in meinen Augen aber mindestens so heldenhaft wie einen Achttausender ohne Sauerstoffgerät zu bezwingen. Aber da das Kinderkriegen millionenfach geschieht und als »normal« gilt, wird diese Heldentat selten als solche registriert.

Das Überschreiten der Schwelle: Zwischen der alten, vertrauten Welt oben am Tag und der Unterwelt in der Nacht, in der sich das Neue, das Schöpferische entwickelt, verläuft eine Grenze, die es in sich hat. Sie wird von einem *Wächter* gehütet, der den

---

* Der Grund dafür ist sehr banal: Die Werbewirtschaft hat entdeckt, dass vor allem Frauen das Publikum für diese Angebote stellen – und deshalb schafft man entsprechend mutige Kommissarinnen und andere »abenteuerliche« Frauengestalten.

Helden am Betreten der Unterwelt hindert. Tiefenpsychologisch könnte man sagen: Dies sind die Bedenken in der eigenen Person, das sind die eigenen Ängste. Im Film, im Theater, im Märchen wird diese Schwelle oft von einem Ungeheuer bewacht; das kann der dreiköpfige Höllenhund Cerberos sein, der Odysseus anfällt, als er in das Reich der Toten eindringt. Oder der Minotauros im Labyrinthos von Kreta.

Im Kampf mit dem Schwellenwächter wird dem Helden sein Talent erstmals richtig bewusst und er kann zeigen, dass es ihm ernst ist mit seiner Abenteuerreise. Darauf folgen die schon erwähnten Prüfungen, meistens drei an der Zahl. Beim ersten Mal gelingt die Prüfung oft nicht, beim zweiten Mal nimmt der Held die Sache schon ernster und strengt sich mehr an, scheitert aber nicht selten trotzdem. Erst beim dritten Anlauf hat er so viel gelernt, dass er die Aufgabe nun wirklich heldenhaft meistert.

Wenn die Prüfung aus dem Zusammentreffen mit drei Ungeheuern besteht, so wird das dritte immer das Schlimmste sein; die ersten beiden sind gewissermaßen zum Üben da (das begegnet einem in jedem Computerspiel).

Das Elixier: Der Held bringt von seiner Reise etwas in die alte Welt zurück, das gewissermaßen die Quintessenz seiner Transformation darstellt. Wenn der Held dieses Elixier nicht nur für die eigene Transformation benützt, sondern damit auch für andere Menschen etwas bewirkt, macht ihn das zum Kulturbringer (s. Kasten).

Bill Gates, ein Held der Moderne

Stellen wir uns vor, dass« im Jahr 1975 jemand auf die Idee kommt, es könnte statt der wenigen großen »Mainframes«, die in einigen großen Firmen und Institutionen stehen, viele kleine Computer geben, so klein, dass man sie auf den Bürotisch stellen und sogar im Alltag nutzen kann. Dieser Mensch hat das, was man als eine Vision bezeichnet. Sobald er diese neuartigen Gedanken kundtut, wird fast jeder Fachmann es besser wissen und ihn als Spinner, im Extremfall als Verrückten bezeichnen. Noch ein paar Jahre zuvor haben Experten jener Zeit sogar geäußert, dass es nie mehr als fünf Computer auf der Welt geben wird.*

Aber Bill Gates, denn von diesem Helden sprechen wir gerade, ist besessen von seiner Vision. Er kann sich schon in den 70er-Jahren sehr wohl vorstellen, dass es auch anders sein könnte, als seine Widersacher meinen. Nun macht er sich auf den Weg, gegen riesige Widerstände. Schon als Schüler hat er programmieren gelernt; als Student kauft und verbessert er ein Programm, das kaum jemand zu brauchen scheint. Und wir wissen heute, drei Jahrzehnte später: Der Mann hatte Recht mit seiner Vision: Sie hat die Welt total verändert. Heute stehen in jedem Großraumbüro Dutzende von Rechnern und in nahezu jedem Haushalt mindestens ein Computer, der als Schreibmaschine benützt wird, als Rechengerät, als Spielkonsole, als Zugang zum Internet und für viele andere Aktivitäten.

Bill Gates ist einer der modernen Helden, die der Kultur etwas Neues gebracht haben. Und er wurde in diesen drei Jahrzehnten dadurch auch noch zum reichsten Mann der Welt.

Viele betrachten dieses Neue auch heute noch skeptisch, behaupten, es habe die Welt eher verschlechtert als verbessert. Doch so geht es den Helden immer: Das, was sie aus der Unterwelt – dort, wo ihre schöpferischen Ideen entstanden sind – mitbringen, wird von den alten Helden, die ja auch einst als Neuerer angetreten sind und die nun die Konservativen sind, immer belächelt, abgeurteilt oder sogar, im schlimmsten Fall, bekämpft.

---

* »Es gibt keinen Grund, warum irgendjemand einen Computer in seinem Haus haben wollen sollte.« (Ken Olson, Präsident vom Digital Equipment, 1977) »Ich denke, es gibt weltweit einen Markt für vielleicht fünf Computer.« (Thomas Watson, Präsident von IBM, 1943)

Talent entwickeln und eine Domän erobern

Wir sehen, dass Heldentaten sehr vielfältig sein können. Sie haben immer etwas mit den Fähigkeiten des betreffenden Menschen zu tun, der sich aufmacht, seine angeborenen Talente zu entwickeln und seine Domän zu erobern. Es ist dies eine schicksalshafte Reise, über deren Verlauf man keineswegs rational verfügen kann. Man wird besessen - und je größer die Idee ist, umso größer ist zunächst die Verunsicherung. Und umso schwieriger kann der Weg zur Verwirklichung dieses Talents sein. Viele Wissenschaftler, Schriftsteller, Künstler wissen davon zu berichten, dass dieser Weg mit großen Qualen einhergeht. Man kann fast sagen: Je größer das Talent, umso größer die Qual, es zu realisieren: Die Domän wird zum Dämon. Ob es ein guter, ein fördernder Dämon ist oder einer, der ins Verderben stürzt, das weiß man allerdings erst hinterher. - Ich habe es bei der Arbeit an diesem Buch selbst erlebt: Sie dauerte ingesamt zehn Jahre und es stand lange auf der Kippe, ob sie wirklich gelingt.

In den Augen der anderen, der so genannten normalen Menschen, die in der Oberwelt zurückbleiben, ist das Neue zunächst einmal buchstäblich ver-rückt, aus der gewohnten Welt herausgerückt. Doch wenn die Realisierung der Vision gelingt, dann ver-rückt es die ganze Welt ein Stück: Ohne Computer, um beim Beispiel von Bill Gates zu bleiben, ist die moderne Welt nicht mehr denkbar, ja sie könnte nicht einmal wie gewohnt weiterexistieren, denn keine Bank und keine Firma würde ohne sie funktionieren, keine Energieversorgung und nicht einmal die Melkanlage auf einem großen Bauernhof.

Die Heldenreise als Entdeckung des Eigensinns

Jede Heldenreise, die gelingt, führt zum Kern der eigenen Existenz. Sie hilft einem, den Ballast fremder Meinungen und Gewohnheiten zu durchschauen und abzuwerfen, die in Elternhaus und Schule vermittelt wurden. Diese hatten eine Zeit lang ihren Sinn - und sei es nur der, sich daran zu reiben und zu wachsen. Aber irgendwann muss man zum eigenen Wesen vordringen.

Ein Kind, das von den Eltern jahrelang gezwungen wird, Klavierspielen zu üben, entdeckt vielleicht, dass sein eigentliches Talent ist, Gitarre zu spielen - oder gar kein Musikinstrument, sondern Fußball. Es bemerkt, dass seine Sache nicht Mozart'sche Melodien und Bach'sche Fugen sind, sondern moderne Popmusik, oder elektronische Samples, die es am Computer zu völlig neuen Klangräumen zusammenfügt.

Das Heldentum kann in diesem Fall im Aufbegehren gegen übermächtige Eltern bestehen. Und die Heldenreise wäre das Abenteuer, die von außen (Elternhaus, Kirche, Schule) vermittelten Inhalte und Spielregeln, welche letztlich fremd sind, einzutauschen gegen eigene und selbstbestimmte. (Wobei am Ende der Heldenreise durchaus die Erkenntnis stehen kann, dass das Alte, zu Eigen gemacht, etwas völlig Neues sein kann!)

Es gibt ein winziges Grimm'sches Märchen, nur ein paar Zeilen lang, das diese Suche nach dem »eigenen Sinn« und seine Verwirklichung in extremster Form thematisiert - und zeigt, wie brutal die Umwelt reagieren kann, wenn ein junger Mensch sich auf diese Reise zu sich selbst macht. Diese Geschichte »Das eigensinnige Kind« ist die grausigste Geschichte, die ich kenne; da reicht kein Stephen King hin mit seinen Horrorfantasien. Lesen Sie es trotzdem - es sagt uns mehr über die Probleme vieler hochbegabter Kinder als manches gelehrte Buch:

Es war einmal ein Kind eigensinnig und tat nicht, was seine Mutter haben wollte. Darum hatte der liebe Gott kein Wohlgefallen an ihm und ließ es krank werden, und kein Arzt konnte ihm helfen und in Kurzem lag es auf dem Totenbettchen. Als es nun ins Grab versenkt und Erde über es hingedeckt war, so kam auf einmal sein Ärmchen wieder hervor und reichte in die Höhe, und wenn sie es hineinlegten und frische Erde draufwarfen, so half das nicht, und das Ärmchen kam immer wieder heraus. Da musste die Mutter selbst zum Grab gehen und mit der Rute aufs Ärmchen schlagen, und wie sie das getan hatte, zog es sich hinein, und das Kind hatte nun erst Ruhe unter der Erde.

Eigensinn - ist das nicht einfach ein anderes Wort für Originalität und Kreativität, für Fähigkeiten und Talente?

Von Kemal Atatürk, dem Schöpfer der modernen Türkei, las ich einmal die Charakteristik »dieser hochbegabte, eigensinnige [...] Offizier«. In seinem Fall waren die Umstände offenbar mit ihm und nicht gegen ihn.

Viele Menschen haben in ihrer ersten Lebensphase, in der sie zum Erwachsenen werden, nicht die Chance, ihren »eigenen Sinn« zu entdecken. Die Heldenreise, in welcher Form auch immer, ist die Gelegenheit, da vieles nachzuholen.

Gegenspieler und Widersacher

Genauso wichtig wie der Held ist sein Widersacher - denn erst in der Auseinandersetzung mit diesem kann er zeigen, was wirklich in ihm steckt. Vielleicht meinte Goethe dies im ersten Teil des *Faust* mit der rätselhaften Äußerung des Mephisto im Studierzimmer, er sei »Ein Teil von jener Kraft, die stets das Böse will und stets das Gute schafft«?

Schauen wir uns noch einige dieser »bösen Kräfte« an, nicht zuletzt, um Königin Pasiphaë besser zu verstehen, mit der dieses Kapitel endet.

Der hochbegabte Widersacher

Soziopathen und Kriminelle gehen normalerweise nicht zum Psychoanalytiker – es sei denn in einer Hollywoodkomödie wie *Reine Nervensache*. Der Mafiaboss Paul Vitti (von Robert de Niro hinreißend gespielt in einer Mischung aus weinerlich und aggressiv) muss diesen schweren Gang antreten, weil ihn psychosomatische Panikattacken lahm legen. Es kommt zu einem bizarren geistigen Duell mit dem Therapeuten (kongenial: Billy Krystal), der von diesem Patienten und dessen großspurigen Ansprüchen an seine Dienste gar nicht begeistert ist. Jeder der beiden ist auf seine ganz eigene Art erfolgreich – und will es bleiben. Aber beide müssen sich ändern, beide müssen eine Heldenreise ganz eigener Art unternehmen, bei der sie füreinander (!) Mentor sind. – Ein wirklich schräger Plot.

Auch aus Büchern mancher Erfolgsautoren können wir erraten, was geschehen könnte, wenn die Figuren nicht nur auf dem Papier zum Leben erwachen würden, sondern der Autor selbst durchexerziert hätte, was da fantasiert wird. Stephen King hat einmal gesagt, er wäre längst in einer Nervenheilanstalt gelandet, wenn er seine Albträume nicht in seinen Horrorgeschichten unterbringen könnte.

Jeder (hochbegabte) Held braucht einen Gegenspieler, der ihm ebenbürtig ist: Für James Bond sind es Goldfinger, Dr. No, Spectre und wie sie alle heißen. Für Luke Skywalker in *Star Wars* ist es der sinistre Lord Darth Vader, in Tolkiens *Herr der Ringe* der böse Herrscher Sauron von Mordor.

Hitlers tödliches Missverständnis von Heldentum

Wie die Dokumentation *Hitler – eine Karriere* (nach Joachim Fests Biografie gleichen Titels) überzeugend zeigt, verstand der Diktator sich ursprünglich als Held, der Deutschland retten wollte: vor dem Kommunismus, den Juden und den Kapitalisten der Wallstreet.

Retterträume dieser Art haben meistens Menschen mit Minderwertigkeitsgefühlen; daraus resultieren leicht Größenideen. Das Verhängnis war, dass Adolf Hitler die Fähigkeiten und die Willenskraft hatte, seinen Traum zu realisieren. Es war allerdings ein tödliches Missverständnis von Heldentum, welches er, der Wagner-Fan, wie eine eigene »Oper« in Szene setzte – eine Oper in zwei Akten:

Hitler war ein enorm kreativer, zielbewusster und disziplinierter Kreator, solange er – im *Ersten Akt* gewissermaßen – diese Aufgabe als politischer Führer bewältigte (wenn auch mit menschenverachtenden, mörderischen Methoden). Wenn er nach der Arrondierung des Deutschen Reiches durch Sudetenland, Rheinland, Saarland, Elsass-Lothringen und meinetwegen Österreich (das ja nicht unwillig war, »heimgeholt« zu werden) sowie der Demütigung Frankreichs zufrieden gewesen wäre, würde man ihn vielleicht noch heute als einen der größten Helden und Politiker Europas feiern und verehren.

Aber dieses beeindruckende Werk zerstörte er wie ein Wahnsinniger im *Zweiten Akt,* als er mit der Judenvernichtung und dem Krieg gegen Russland begann.

Hitler ist einer jener Helden, die zum Widersacher werden, wenn die Welt sich nicht mehr nach ihrem Willen dreht und die ersten Misserfolge auftreten. Ihr Scheitern resultiert aus ihrem Missverständnis von Heldentum und Führertum.

Wie die Sozialwissenschaftler herausgefunden haben, ist der Anführer einer Gruppe nur so lange erfolgreich, wie er die Belange seiner Gruppe verkörpert und durchsetzt. Aber dies können allenfalls für kurze Zeit negative Belange sein – auf Dauer braucht es positive Ziele. Die Bekämpfung eines (echten oder fantasierten) Feindes ist natürlich einfacher, weil man da bei den Anhängern Feindbilder aufbauen und primitive Reaktionen mobilisieren und kanalisieren kann – positive Ziele zu setzen und zu verwirklichen bedarf einer anderen Form der Kreativität und vor allem einer gesunden Psyche.

Hitler hatte fraglos zwei große Talente, die er zu mobilisieren verstand: das Begeistern der Massen und das Durchsetzen seines unbeirrbaren politischen Willens. Es wäre besser gewesen, man hätte ihm geholfen, sein drittes Talent zu entwickeln: das Zeichnen, das ihn vielleicht zu einem guten Architekten gemacht hätte. So wurde er zur Perversion des Baumeisters: zum Zerstörer ganzer Städte und Länder.

Die Karriere als Krimineller oder Soziopath nimmt bei Hochbegabten immer grandiose Züge an und führt - lange Zeit - zu entsprechenden Erfolgen. Die Lebensumstände entscheiden, ob ihre Fähigkeiten auf eine Weise beeinflusst werden, dass ihre Kräfte und ihre Kreativität zum Zerstörerischen mutieren. Im Kern der Persönlichkeit sind nur die Anlagen gegeben. Was daraus wird, dafür sorgt die Umwelt. Und letztlich eine freie Willensentscheidung. Denn es werden ja nur die wenigsten misshandelten Kinder zu Massenmördern.

Und was ist mit Pasiphaë?

Wie Naukrate und Perdix ist Pasiphaë eine jener Gestalten der Labyrinthiade, die am wenigsten mit diesem Mythos in Zusammenhang gesehen werden. Verglichen mit Theseus, Minos und Daidalos ist sie eine der Randfiguren. Aber ich halte die Königin ganz im Gegenteil für die interessanteste der hier vorgestellten neun Figuren, gerade als speziellen Typ einer Hochbegabten.

Pasiphaë sinkt nach anfänglicher Beachtung und ersten Erfolgen in eine unbedeutende, ja bösartige Rolle - sie ist das, was ich die »Frau im Schatten« nenne. Familiendynamisch steht sie für die Mutter des hochbegabten Kindes (symbolisch: der stierköpfige Minotauros), dessen Entwicklung sie zerstörerisch beeinflusst und dessen Vernichtung sie nicht verhindert. Diese Form der Hochbegabten-Mutter ist selten - aber es gibt sie. Wenn das Kind alt genug wird, kann es selbst zum Soziopathen oder Mörder werden - und gelegentlich tötet es sogar den Menschen, der es zur Welt gebracht hat. Dass zu dieser Dynamik auch ein Vater gehört und dass dieser wahrscheinlich sogar der Hauptschuldige ist, werden wir weiter unten noch genauer anschauen.

Pasiphaë also eine Hochbegabte? Ich begründe dies damit, dass sie - Tochter des Sonnengottes Helios und Gattin des Königs Minos - als jemand Besonderer ausgezeichnet ist. Sicher eine höchst ungewöhnliche Frau. Aber ihre Rolle als Königin wird brutal zerstört und sie wird in eine neue Rolle hineingezwungen.

Erst am Ende der ganzen Geschichte sieht man ihre wahre königliche und mütterliche Kraft, denn da ist sie die einzige Überlebende der königlichen Familie: Ihr Sohn Minotauros ist von Theseus erschlagen, ihre beiden Töchter Ariadne und Phaedra (als Nachfolgerin der Schwester die zweite Gattin des Theseus) sind tot - und ihr Gatte ist von Daidalos ermordet worden.

In Pasiphaë begegnet uns ein nochmals anderer Typ des Soziopathen. Man erkennt in ihrer Geschichte ein ähnliches Muster wie bei Hitler: Eigentlich ist sie ursprünglich Opfer und wird erst sekundär zur Täterin. Hitler wurde vom eigenen Vater jahrelang täglich geprügelt und einmal fast totgeschlagen. Aus Hass zerstörte er Millionen von Vätern und schließlich das ganze Vaterland.

Pasiphaë ist das Opfer ihres Gatten, des Königs Minos von Kreta. Poseidon schickte einst einen Stier, mit dem Minos seinen Brüdern gegenüber beweisen konnte, dass er zum König auserwählt sei. Diesen Stier sollte er dem Poseidon zum Dank opfern - aber das Tier gefiel ihm so gut, dass er es für sich behielt und ein anderes aus seiner großen Herde dem Meeresgott weihte. In seinem Zorn schlug der Gott die Gemahlin des Königs mit Wahnsinn, sodass sie sich in den Stier verliebte und - in einer von Daidalos gebauten künstlichen Kuh - von ihm begatten ließ. Das Resultat kennen wir: der Minotauros.

Auf der tiefenpsychologischen Ebene kommt sie uns allerdings näher als auf der mythologischen: Wie Daidalos ist Pasiphaë eine ambivalente Figur. Beide sind eine Mahnung für uns in puncto Soziopathie, mad science und Kriminalität.

Daidalos ist der gewissenlose Vater, der den Neffen und den Sohn ins Verderben führt. Pasiphaë ist die verrückte Mutter, welche den Minotauros in die Welt setzt - seinerseits eine Art Urbild des Soziopathen, der die unkontrollierte animalische Seite im Menschen verkörpert. Um ihn zu schaffen, bedient sie sich der Dienste des willfährigen Erfinders Daidalos.

Minotauros ist nur der erste Widersacher - Pasiphaë ist eigentlich viel gefährlicher. Sie wäre in einem Computerspiel die Hauptgegnerin - weil sie die Matrix des alten Systems der Oberwelt verkörpert, das schon mit der Muttermilch eingesogen wird. Aber damit möchte sich der Held Theseus nun doch nicht auseinander setzen.

Was lehrt uns die Geschichte der Pasiphaë? Dass die Mutter an allem schuld ist?

Nun, der wahre Schuldige, und das erfahren wir aus der Labyrinthiade ebenfalls, ist der »Vater«, also König Minos. Seine Hybris führt dazu, dass Poseidon Pasiphaë mit Wahnsinn und Verblendung straft, wodurch sie sich ja erst in den Stier verliebt.

Ohne Pasiphaë gäbe es keinen Minotauros und also auch keine Heldenreise für Theseus, bei der er sich als Held beweisen könnte. Das kretische Yrrinthos steht für die Verwirrung des Helden, die nötig ist, damit seine alten Muster sich auflösen. Es steht aber auch für die Verwirrung, den Wahnsinn der Mutter Pasiphaë.

Ursprünglich, das muss hier noch ergänzt werden, war die Königin wohl eine sehr positive Figur - nämlich die Hohepriesterin des Stierkults, der überall im Mittelmeerraum blühte. Dieses zweithöchste Amt nach dem König stand ihr als Gemahlin des Minos zu. Als die kretische Kultur unterging, wandelte sich auch ihre Rolle und wurde ins Negative verkehrt.

Diesen Vorgang kann man in der Religionsgeschichte ständig beobachten.

Aber warum sollte man sie schlechter behandeln als die Prinzessin Europa? Diese ließ sich ja auch nur zu gern vom Stier (Zeus) ent- und verführen und schenkte ihm drei Söhne – darunter den Minos! Auf der griechischen Zwei-Euro-Münze ehren wir sie deshalb heute noch als Urmutter der abendländischen Kultur. Sollten wir da das negative Image ihrer Schwiegertochter Pasiphaë nicht noch einmal überdenken?

Das nenne ich Pasiphaës Paradox: Die Mutter, die doch eigentlich das Gute verkörpert, wird zur bösen Mutter. Wenn man sich in die Geschichten von Hochbegabten, speziell von Underachievern, vertieft, wird man nicht unbedingt auf eine so böse Mutter stoßen. Aber eine Mutter, die massive Fehler macht, wird man allemal entdecken. Und hinter alledem dürfen wir einen Vater vermuten, der mit beiden, der Gattin und dem Kind, nicht zurechtkommt und sich deshalb (emotional) aus dem Staub macht. Wie einst Göttervater Zeus.

Kapitel 9

Schweben, stürzen, fliegen, landen

Ikaros ho!

Der endgültig entfesselte Prometheus,
dem die Wissenschaft nie gekannte Kräfte und die Wirtschaft
rastlosen Antrieb gibt, ruft nach einer Ethik,
die durch freiwillige Zügel seine Macht davor zurückhält,
dem Menschen zum Unheil zu werden.

Hans Jonas

Ted Brauers Turbulenzen IX

(Als Ted Brauer in diese Sitzung kommt, sieht er sehr angespannt aus. Mir ist unbehaglich, weil es das vorletzte der Gespräche ist, die wir vereinbart haben.)

»Was macht Ihnen solche Sorgen?«

»Mich treibt um, dass dieser Selbsttest mich in eine Ecke stellt – nein, das Bild stimmt nicht: dass er mich auf ein Podest stellt, auf dem ich mich noch nie gesehen habe. Ich – ein Hochbegabter!«

»So geht es den Eltern vieler hochbegabter Kinder: Die müssen auch lernen, sich auf diesem Podest zu sehen. Aber woher sollten die Kids ihre Fähigkeiten haben – wenn nicht von Vater oder Mutter – oder von beiden?«

»Ich dachte immer, dass er's von Lena hat.«

»Aus diesem und ähnlichen Gründen stammen viele Missverständnisse und falsche Reaktionen diesen Kindern gegenüber. Könnten Sie sich beispielsweise vorstellen, dass Sie unbewusst mit Tobias rivalisiert haben – wegen seines IQ?«

»Um das herauszukriegen, müsste ich wahrscheinlich eine Therapie machen. Bewusst ist mir das jedenfalls nicht. Aber mein Stress kommt auch von einem ganz konkreten neuen Problem.«

»Und das wäre?«

»Wendland, mein Chefredakteur, will mich zu einer Recherche nach Kreta schicken.«

»Das sollte doch eher ein Grund zur Freude sein – und Sie schauen so angestrengt aus, so bekümmert!«

»Na ja – der Auftrag ist nicht unproblematisch. Wendlands Vater war im Zweiten Weltkrieg auf Kreta stationiert.«

»Und was hat das mit Ihnen zu tun?«

»Ich soll da wahrscheinlich etwas für ihn erledigen, wozu er zu feige ist. Ich soll eine Serie über die wichtigsten griechischen Urlaubsinseln schreiben. Auf Kreta, der Wiege der abendländischen Zivilisation, soll ich anfangen, weil ich doch ein Labyrinth-Freak sei und mich da auskenne, meint er. Aber dahinter steckt wohl doch etwas anderes: Er hat sein ganzes Leben lang mächtige Probleme mit seinem Vater gehabt, wie er mir mal angetrunken erzählt hat. Dieser Vater ist inzwischen gestorben – aber zu den vielen ungeklärten Geschichten zwischen den beiden gehört, dass man inzwischen eine Menge über die Vergeltungsaktionen weiß, die man damals von deutscher Seite gegen die kretischen Partisanen und ihre Sympathisanten mit äußerster Brutalität durchführte. Im Grunde soll ich für ihn herausfinden, ob sein Vater da irgendwie beteiligt war.«

»Sollte er das nicht besser selbst erledigen?«

»Sicher. Aber das traut er sich offenbar nicht. Wenn ich dadurch an so einen Auftrag komme – mir soll's recht sein. Es ist ja auch eine hochinteressante Aufgabe.«

»Wollen Sie es denn machen – diese Serie schreiben?«

(Sein Gesicht hellt sich deutlich auf.) »Aber ja, sofort! Das Honorar und die Spesen sind gut – und ich sollte dringend mal wieder Ferien machen.«

Zurück durch das Labyrinthos – ins Freie

Wie Wasser immer zum tiefsten Punkt fließt, so streben die unbewussten Gedanken immer zum Kern der Persönlichkeit, wo Unerledigtes auf Gestaltung wartet und die ungelebten Talente auf Realisierung. Wenn wir jetzt aus dem Kern heraustreten und noch einmal alle sieben Bögen des Labyrinthos durchlaufen, nun allerdings in entgegengesetzter Richtung, hinaus ins Freie ... Wenn wir das Hin und Her der komplizierten Pendelbewegung nochmals auf uns wirken lassen, ausgerichtet auf das Zentrum und zugleich den Ausgang im Blick ...

Zugegeben, das ist eine schwierige Übung. Aber sie entspricht genau dem, was beim Labyrinthischen Denken geschieht. Die Kunst dabei ist, zwei Abläufe gleichzeitig im Bewusstsein zu halten: das Problem, das Thema, für welches der Kern steht – und die vielen Möglichkeiten einer Lösung; dies alles gleichzeitig zu verfolgen, bis es »klick« macht. Und wir zu verstehen beginnen.

Von der Heldenreise zum Kreativen Prozess

Reduziert man die Heldenreise (s. das vorangehende Kapitel) auf ihre Grundelemente, so wird das Urmuster aller kreativen Prozesse sichtbar:

- Eine Idee macht neugierig, ihr nachzuspüren und sie eventuell in die Realität umzusetzen.
- So wie sich der Held auf seiner Abenteuerreise in die anders geartete Unter- oder »Anderwelt« begibt, so betritt man beim Denken eine andere (geistige) Wirklichkeit, die sich von der gewohnten Umgebung deutlich unterscheidet. Ich bezeichne diese Anderwelt als den »kreativen Raum« oder »Hyperraum« (weil er in der Tat hyper = übergeordnet ist) - Details dazu weiter unten.
- In dieser Anderwelt wird man mit neuen Eindrücken konfrontiert, die verarbeitet werden müssen: der eigentliche Denkprozess des Vernetzens neuer mit alten Informationen.
- Wenn es um die Entwicklung wirklich neuer Gedanken oder gar einen Paradigmenwechsel geht, treten naturgemäß Schwierigkeiten auf (bis hin zur Blockade), weil sich das Neue nicht ohne weiteres in die alten Muster einfügen lässt. Dazu müssen die alten Muster in gewisser Weise erst zerstört (fragmentiert) und zusammen mit den neuen Informationen zu einem neuen Muster verbunden werden. Diese Neu-Vernetzung ist das Kernstück des Kreativen Prozesses.
- Bekanntlich gilt der Prophet nichts im eigenen Land: Wenn nach der Rückkehr aus der Anderwelt des Hyperraums die neuen Ideen der alten Welt präsentiert werden, finden sich meistens Skeptiker, welche das Neue kritisieren und seine Realisierung behindern oder sogar verhindern - weil sie nicht willens oder fähig sind, ihre eigenen alten Muster aufzugeben.
- Wenn es gut geht, finden sich andere Menschen, die das Neue nachvollziehen können.
- Passende Werkzeuge (zum Beispiel anschauliche Vergleiche) helfen, das Neue zu präsentieren, und
- die Realisierung gelingt.

Heldenreise und Kreativer Prozess im Vergleich

Die folgende Tabelle soll sichtbar machen, worin Heldenreise und Kreativer Prozess sich ähneln beziehungsweise unterscheiden.

	Elemente der Heldenreise	**Elemente des Kreativen Prozesses anhand des Paradigmenwechsels von Newton zu Einstein**	**Beispiel für einen komplexen Kreativen Prozess: das Schreiben dieses Buches**
1	Vor-Geschichte: Leben in der alten Realität, in die man hineingewachsen ist *(Oberwelt)*	Alter Zustand vor Entdeckung des Neuen (Newton'sche Physik, bevor Einstein die Relativitätstheorie entwickelt)	Andere Bücher (über Hochbegabung), die man gelesen hat
2	Berufung *(Call to Adventure)*	Idee macht neugierig (»Newtons Gesetze können nicht alles erklären!«)	Erster Einfall, Plot, Thema (»Hochbegabte könnten eine eigene Spezies sein, eine Mutation.«)
3	*Weigerung*, dem Ruf des Abenteuers zu folgen	Das mögliche neue Gedankengut macht Angst – man schreckt davor zurück, sich darauf einzulassen	Man zweifelt, ob man das wirklich kann: dieses Buch schreiben
4	Der *Mentor* tritt auf	Jemand, dessen Meinung man schätzt, ermuntert einen, sich auf die neuen Gedanken einzulassen	Jemand, dessen Meinung man schätzt, ermuntert einen, ans Werk zu gehen
5	Ein Glücksbringer *(Amulett)* wird geschenkt oder gefunden	Man entdeckt einen passenden bildhaften Vergleich oder Ähnliches, an dem	Intuition: Das *Labyrinth-Logo* passt irgendwie zu Hochbegabung

		man das Neue festmachen kann (»Zwei Züge, die sich begegnen, demonstrieren den Begriff der Relativität.«)	
6	*Überschreiten der Schwelle* und *Betreten der Unterwelt*	Beim Nachdenken betritt man eine andere (geistige) Wirklichkeit (kreativer Raum, Hyperraum)	Sammeln von Einfällen, Recherchieren, Archivieren, Interviews, Schreiben von Konzepten und Notizen, erste Entwürfe, Exposés und Probekapitel; Anlegen einer Datenbank
7	Auseinandersetzung mit dem Schwellenhüter und seine Überwindung	Skeptische Kollegen bezweifeln die Idee der Relativität als »verrückt«	Zweifel von Kollegen und nahe stehenden Personen: »Willst du das wirklich unter deinem Namen veröffentlichen?«
8	Prüfungen und Hindernisse, Begegnung und *Kampf mit dem Widersacher*	Schwierigkeiten bis hin zur Blockade (»Das ist keine deutsche Physik« – so Nobelpreisträger Philipp Lenard)	Kritische Stimmen werden laut (diese können außen oder innen auftreten: Innerer Kritiker)
9	Der *Höhepunkt* der Auseinandersetzung ist für den Helden zugleich der existenzielle *Tiefpunkt* mit Angst, Verzweiflung und totaler Blockade; seelischer *Absturz*	Einstein muss Deutschland verlassen, weil er Jude ist und seine »jüdische Physik« abgelehnt wird (im übertragenen Sinn ein *Absturz* durch Verlust der Heimat, der auf intellektueller Ebene größere Freiheit und Kreativität erzeugte)	Große Zweifel (emotionaler Absturz), ob das Konzept etwas taugt – der eigene Agent kann mit dem Exposé für das Buch auch in der 16. Fassung nichts anfangen

10	Helfer tauchen auf, magische *Werkzeuge* stehen plötzlich zur Verfügung	Lob von Kollegen wie Max Planck ermutigt Einstein	Der Verlag interessiert sich für das Konzept – der Vertrag wird abgeschlossen
11	Entdeckung eines neuen *Lebenssinns*, der frische Energien und bisher unbekannte (!) Fähigkeiten mobilisiert	Während einer Sonnenfinsternis wird eine Voraussage in Einsteins Theorie eindrucksvoll bestätigt (Parallaxen-Phänomen)	Unterstützung durch Partner, Freunde, Kollegen und den Lektor des Verlags
12	Der Held überwindet alte Ängste und Blockaden, führt den Kampf mit neuen Kräften zu Ende: *Sieg über den Widersacher*	In Vorlesungen und Vorträgen verteidigt Einstein seine revolutionären Ideen	Schreiben der einzelnen Kapitel
13	Im *Zentrum der Unterwelt*, an ihrem tiefsten Punkt (Kern des Labyrinths) wird etwas völlig Neues über sich entdeckt und eine *Verwandlung* findet statt	Die wissenschaftliche Welt nimmt Einsteins Theorie an – Kollegen integrieren sie in ihre eigenen Überlegungen	Das Buch nimmt allmählich Gestalt an
14	Das Neue manifestiert sich in Form einer Erkenntnis, als Botschaft oder auch als materielles Produkt (*Elixier* – ein Heilmittel, revolutionäre Idee, neue chemische oder physikalische Formel)	Die *Formel* »$E = mc^2$« revolutioniert die Physik	Eine Art *Botschaft* formuliert sich wie von selbst: Die Hochbegabten haben Verantwortung
15	Rückkehr des Helden aus der Unter- in die Oberwelt	Ankunft Einsteins in Amerika am neuen Wirkungsort	Das Buch ist im Prinzip fertig

16	Bei der Rückkehr in die Oberwelt muss manchmal noch ein zweiter *Schwellenhüter* überwunden werden, der einen in der Unterwelt zurückhalten möchte: *Magische Flucht*	Skeptische Kollegen erheben erneute Einwände gegen die Relativitätstheorie	Letzte Korrekturen und Änderungen; es wäre gut, noch mehr Zeit zu haben, nochmals alles in Ruhe durchdenken zu können, manche offenen Fragen zu klären
17	Das in der Unterwelt Erlebte muss in die Realität der alten Oberwelt integriert werden – dann ist man *Meister der zwei Welten*	1921 Verleihung des Nobelpreises an Einstein (allerdings nicht für die Relativitätstheorie, sondern für die Entdeckung des »fotoelektrischen Effekts«)	Das Buch wird veröffentlicht
18	*Nach-Geschichte:* Nach der Integration des in der Unterwelt Erfahrenen kann man seinerseits *Mentor* werden	Vermittlung der neuen Erkenntnisse als Professor an der Universität Princeton	Beratungen und Seminare zum Thema werden angeboten

Vernetzung und Vernetztes Denken

Vernetzung – das könnte das wichtigste Wort des neuen Jahrtausends werden. Das Internet ist seine deutlichste Manifestation, zumindest für die Menschen, die es geschaffen haben und sich seiner bedienen. Aber spätestens seit dem Angriff von Osama bin Laden und dem Netzwerk der al-Qaida auf das World Trade Center in New York und das Pentagon am 11. September 2001 sind Netzwerke und die damit verbundenen Ideen und Realitäten im Bewusstsein auch der breiten Öffentlichkeit fest verankert.

Dass nicht nur Menschen sich zu guten oder bösen Zwecken in Netzwerken zusammenschließen oder Objekte zu vielfältigen Verbindungen zusammengeschaltet werden (wie die einzelnen Computer im weltweiten Datennetz), sondern dass auch unser Denken ein unaufhörliches, hoch komplexes Verknüpfen von Informationen zu Gedanken-Netzen darstellt, dringt erst allmählich ins Bewusstsein.

Der Münchner Systemforscher und Umweltfachmann Frederic Vester (1925–2003) begründete die neue Disziplin der Biokybernetik und hat Konzept und Begriff des Vernetzten Denkens zum zentralen Element eines modernen, umweltbewussten Weltbegreifens und Handelns in der Welt gemacht, wie man schon an den Titeln seiner Bücher erkennt *(Die Kunst, vernetzt zu denken; Neuland des Denkens; Denken, Lernen, Vergessen)*.

Wesentliche Elemente dieses Vernetzens sind

1. die Verbindung von einzelnen Elementen zu übergeordneten, sinnvollen Einheiten (Netzwerke), die
2. untereinander in wechselseitiger Beziehung stehen (Interaktivität), was
3. zu ständiger Veränderung sowohl der Elemente wie der Art und Intensität der Beziehungen führen kann.

Wenn ich interaktive Elemente in solche Netzwerke einführe, wird aus einer zunächst statischen Struktur eine dynamische.

Ein Beispiel: Im Gegensatz zu den Untertanen eines Diktators können die Bürger in einer Demokratie durch Wahlen und Nutzung anderer Rechte, durch Petitionen und Streiks Einfluss nehmen auf das politische Geschehen. Dies ist nicht überall so flächendeckend möglich wie in der Schweiz oder in Island, wo die Bürger wirklich aktiv über viele wichtige Fragen abstimmen können – aber es ist auch in den anderen Demokratien allemal mehr *Feedback* an die Regierenden möglich als in einer Diktatur, wo genau dies unterbunden wird.

Interaktivität und Dynamische Balance

Vester steigert dieses Vernetzen: In der Natur werden viele Abläufe durch Regelkreise mit Rückkopplungseffekten gesteuert.

Auch hierzu ein Beispiel: Wenn die Population in einem bestimmten Gebiet zwischen Beutetieren (Hasen) und Raubtieren (Wölfen) sich einseitig zugunsten der Hasen verändert, weil die Nahrung in einem Jahr besonders üppig sprießt, dann nehmen die Wölfe dieses Angebot gerne an, vermehren sich ihrerseits und dezimieren die Hasen bald unter eine bestimmte Zahl. Dadurch können sich nicht mehr so viele Wölfe leicht ernähren – und vermehren sich allmählich weniger. Beutetiere und Raubtiere finden also immer wieder ein Gleichgewicht in dieser »Dynamischen Balance«.

Der menschliche Körper als vernetztes System

Noch ein Beispiel: Unser Körper besteht aus unzähligen größeren und kleineren Einheiten, die relativ autonom arbeiten (etwa die inneren Organe Herz, Leber, Lungen, Gehirn), die aber auch miteinander in Verbindung stehen. Wenn die Außentemperatur sinkt, merken wir das zunächst nicht. Das Herz aktiviert den Kreislauf, damit die konstante Innentemperatur von rund 36 Grad Celsius erhalten bleibt, die Leber wird veranlasst, gespeicherte Energie in Wärme umzusetzen und die Lungen atmen kräftiger, damit uns dadurch ebenfalls warm wird. Wenn es aber noch kälter wird und der Körper das nicht mehr von sich aus neutralisieren kann, sendet das Gehirn, unsere zentrale Stelle für Informationsverarbeitung, deutliche Signale in unser Bewusstsein und wir merken: »Ich friere, es ist kälter geworden – ich muss mir einen Pullover anziehen!« Wenn der Pullover zu dick ist, wird uns bald wieder zu warm – und wir ziehen einen dünneren an.

Dieses Spiel von »zu wenig« und »zu viel« wiederholt sich im Verlauf des Tages viele Male. Nicht nur im Bereich der Temperatur, sondern auch beim Nahrungsbedarf (der zwischen Hunger und Völlegefühl schwanken kann), dem Drang nach Bewegung (zwischen hoher Aktivität und Ermüdung) und noch auf vielen anderen Gebieten.

Der Mensch ist, wenn man so will, ein unglaublich intensiv vernetztes System mit extrem hoher Interaktivität. Was schon auf der materiellen Ebene des Körpers beeindruckt, tut dies noch mehr im geistigen Bereich, wo Milliarden und Abermilliarden Informationshäppchen unaufhörlich aufgenommen, verarbeitet, gespeichert und abgegeben werden.

Vernetzt zu denken bedeutet jedoch noch mehr, nämlich darauf zu achten, dass alles, was wir tun, vielfältige Auswirkungen und Nebenwirkungen hat, die teils auf uns selbst, teils auf andere Menschen und systemische Abläufe zurückwirken, sich verstärken oder abschwächen – und manchmal erst nach Jahren, ja Jahrzehnten deutlich sichtbare Wirkungen zeigen.

Der Teufelskreis der Sucht

Wer gerne ein Gläschen (zu viel) trinkt und gerne raucht, macht sich selten Gedanken über den Suchtmechanismus, der sich da allmählich entwickelt, und dass die Ursachen bis weit in die Kindheit zurückreichen können (zu wenig Mutterliebe vielleicht). Das Wort »Sucht-Mechanismus« trifft es nicht richtig: »Sucht-Automatismus« ist treffender, oder noch besser: *Teufelskreis der Sucht*. Denn es handelt sich um einen Regelkreis, der sich durch Rückkopplung selbst verstärkt – bis das System »Alkoholkranker« zusammenbricht. Denn auch dies ist ein fein abgestimmtes inneres System von Gefühlen, Stimmungen und Bedürfnissen im Geist sowie von enzymatischen und hormonellen Abläufen im Körper, das unglaublich dynamisch abläuft – und weitgehend unbewusst.

Zehn Jahre später kann dieser Mensch als Süchtiger in einer Gruppe Anonymer Alkoholiker sitzen – oder 20 Jahre später als Todkranker mit Lungenkrebs im Endstadium in einer Sterbeklinik auf sein Ende warten.

Da sich Hochbegabte mit dem Vernetzen und insbesondere dem Vernetzten Denken leichter tun als andere Menschen, dies sogar ihre ausgesprochene Spezialität ist, sollte man alles daransetzen, sie darin zu trainieren.*

Schweben, stürzen, fliegen, landen: Die Labyrinthisch-Ikarische Bewegung (LIB)

Was Vernetztes Denken ist, wissen wir jetzt. Aber was geschieht dabei in dem Menschen, der so denkt? Und wie kann man lernen, vernetzt zu denken, und diese Fähigkeit weiter üben?

Meine Beschäftigung mit dem Labyrinth-Symbol und seiner Geschichte lief lange Zeit parallel und unverbunden neben der Arbeit am Thema »Hochbegabung«. Aber irgendwann tauchte

---

* Frederic Vester hat zur Veranschaulichung und zum Training Vernetzten Denkens ein Umweltspiel entwickelt. Dieses *Ecopolicy* vereinfacht die möglichen Wechselwirkungen unserer modernen Welt, indem es sie von den tausenden Möglichkeiten an Interdependenzen auf sechs grundlegende Parameter reduziert (unter anderem Produktion, Lebensqualität und Umweltschädigung). Die Idee der Simulation ist es, den Spieler in die Position des höchsten politischen Entscheidungsträgers (Bundeskanzler) zu versetzen und ihn die Welt ordnen und bestimmen zu lassen. Wenn man dieses Spiel einige Male absolviert hat und immer wieder mit Schimpf und Schande durch eine Revolution aus dem Amt gejagt wurde, begreift man allmählich, wie kompliziert und vor allem wie sensibel diese (simulierte) Welt reagiert. Und man achtet mehr darauf, die nötigen Eingriffe ins Geschehen sanfter vorzunehmen.

die Idee in mir auf, beides könnte miteinander in Beziehung stehen. Als mir klar wurde, dass beides mit dem Vernetzten Denken zu tun hat, vernetzten sich diese beiden Gebiete ihrerseits miteinander.

Das Labyrinth-Logo, das Sie jeweils am Kapitelanfang finden, ist nicht nur eine grafische Spielerei: Wenn Sie diesen Bögen und Schlingen mit einem Stift folgen, bekommen Sie einen taktilen Eindruck davon, wie wir uns beim Nachdenken über ein Problem verhalten, nämlich buchstäblich labyrinthisch. Noch intensiver wird diese Erfahrung beim Begehen eines richtigen, auf dem Boden ausgelegten Labyrinthos. Zuerst tappt man buchstäblich im Leeren. Dann blitzen nach und nach Einfälle auf, die sich immer mehr verbinden und wechselseitig beeinflussen, bis ein regelrechtes Gedankennetz entsteht, mit dem wir die Lösung des Problems oder den Text über das bearbeitete Thema gewissermaßen aus der Fülle der Möglichkeiten herausschöpfen.

Nun bezeichne ich diesen Vorgang ja nicht als »Labyrinthische«, sondern als »Labyrinthisch-Ikarische Bewegung«. Der Grund ist folgender:

Solange wir uns - gedanklich - nur durch ein flaches, also zweidimensionales Gebilde wie die Struktur des Labyrinthos bewegen, schöpfen wir die Möglichkeiten unseres Gehirns und unseres Denkens nur zu einem kleinen Teil aus. Der Flug des Ikaros (metaphorisch: der Gedankenflug) verschafft uns den Zugang zur dritten Dimension - der Höhe. Es ist wichtig, bei der Bearbeitung eines Problems nicht am Boden kleben zu bleiben, sondern es ab und zu von außerhalb, von oben aus der Vogelperspektive zu betrachten. Das Fliegen ist ebenfalls ein komplexer Vorgang, bei dem das betreffende Lebewesen - zum Beispiel ein Vogel oder eben der sagenhafte Ikaros - ständig winzige Pendelbewegungen zwischen »höher« und »tiefer« macht.

Wir verfügen nun bereits über eine sehr komplexe Such- und Nachdenk-Bewegung.

Nehmen wir als vierte Dimension noch die Zeit hinzu, also eine Abfolge vieler solcher Nachdenk-Abläufe (in der zweidimensionalen Ebene des Labyrinthos und in der dritten Dimension der Vogelperspektive), dann fügen sich - ähnlich wie Momentaufnahmen einer Szene zu einem bewegten Film - die einzelnen Informationen und Gedanken zu einem unglaublich fein gewirkten Gedankennetz zusammen. Ich denke, so kann man sich vorstellen, was in unserem Gehirn unaufhörlich geschieht - beim Lesen oder Schreiben dieser Zeilen zum Beispiel.

Natürlich ist das alles nur ein bildhafter Vergleich. Aber er trifft das Geschehen, hoffe ich, recht gut. Wir verstehen dadurch auch besser, weshalb Hochbegabte bei solchem Vernetzten Denken enorm im Vorteil sind: Die erhöhte Geschwindigkeit ihres Gehirns bei der Verarbeitung von Informationen und die Fähigkeit, diese Informationen komplexer miteinander zu verknüpfen, verschafft ihnen wahrscheinlich überhaupt erst die Möglichkeit, kreative (also neue) Lösungen für Probleme zu finden oder sich »im Kopf« so ein gewaltiges Gedankennetz wie einen Roman, ein Computerprogramm oder eine Symphonie auszudenken und anschließend zu Papier zu bringen.

Doch die Geschichte ist noch nicht zu Ende. Der erfolgreiche Flieger in der Labyrinthiade ist doch der Daidalos - weshalb nehme ich dann den Ikaros in den Begriff der LIB hinein, warum schreibe ich nicht von einer »Labyrinthisch-Daidalischen Bewegung«?

Weil der Kreative Prozess nur dann wirklich fruchtbar wird, wenn der nach neuen Lösungen Suchende nicht nur unten am Boden hin und her läuft oder ab und zu oben in der Luft über dem Ganzen schwebt - sondern auch mal richtig abstürzt. Genau so, wie es dem Ikaros ergangen ist.

Wenn Sie noch einmal zurückblättern zur S. 260, finden Sie dort in der linken Spalte bei Element 9 den Begriff »Absturz«. Es ist ein ganz elementarer Schritt im Verlauf der Heldenreise und ebenso beim Kreativen Prozess, dass die alten, vertrauten Gedanken und Meinungen sich – zumindest vorübergehend – auflösen (fragmentieren), damit sich neue Muster, eben die kreativen Gedanken, bilden können.

Ist es nicht ein seltsamer Zufall, dass unser Gleichgewichtssinn, mit dem wir uns sicher durch die drei Dimensionen der Welt und sogar – beim Gehen – durch die vierte Dimension der Zeit bewegen, von einem winzigen Gebilde in den Ohren gesteuert wird, das die Ärzte »Labyrinth« nennen?

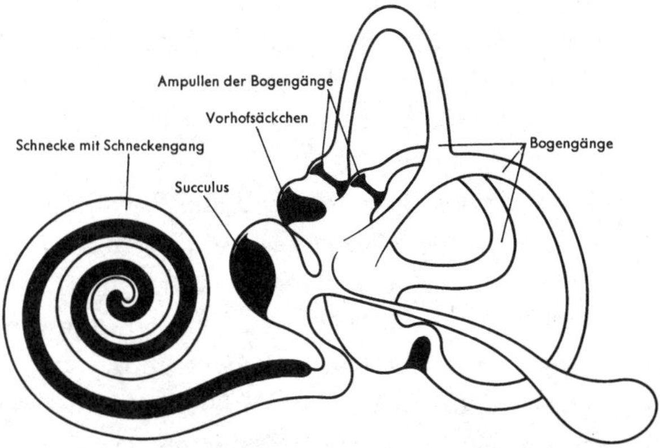

Das Ohr-Labyrinth ermöglicht die Orientierung und Bewegung durch Raum und Zeit. (Abbildung aus Zink 1968, S. 573)

Das Ohr-Labyrinth ist also ein zentrales Sinnesorgan, unentbehrlich für unser Überleben und so unabkömmlich, dass man – mit einem Kalauer – sogar von *Ohr*ientierung sprechen könnte.

Ähnlich können wir uns vorstellen, dass es in unserem Gehirn (dem Werkzeug, das uns die Orientierung im vieldimensionalen Informationskontinuum der Wirklichkeit ermöglicht) ein ganz spezielles Organ gibt, das Hochbegabte für Vernetztes Denken haben. Es ist unabdingbar für die Kreativität – jener Domän, die allen Hochbegabten gemeinsam ist und sie von der übrigen Menschheit unterscheidet (auch wenn sie nicht von allen genutzt wird).

Ein zweites Gehirn?

Vor vielen Jahren las ich in einem Science-Fiction-Roman von den Abenteuern eines zukünftigen Helden, der im Verlauf der Geschichte entdeckt, dass er in seinem Schädel ein zweites Gehirn mit sich herumträgt. Dieser Gilbert Gosseyn in Alfred E. van Vogts *Welt der Null-A* wird dadurch zu einem intellektuellen Supermenschen. Die spannende Handlung resultiert nicht zuletzt dadurch, dass Gosseyn lernen muss, dieses zweite Gehirn zu nützen, und zwar möglichst rasch, denn böse, ihm zunächst weit überlegene Widersacher sind ihm dicht auf den Fersen.

Ich fand das damals einen interessanten Einfall des Autors, einen Gag, weiter nichts. Aber seit ich an diesem Buch arbeite, habe ich immer wieder einmal die Vorstellung, ob es nicht letztlich genau dies ist, das die Hochbegabten von ihren Mitmenschen unterscheidet: eine Art zusätzliches Gehirn.

Ich meine dies natürlich nicht wörtlich, denn mehr als ein Gehirn hat niemand. So etwas wäre auch ziemlich unsinnig, denn die meisten Menschen (auch Hochbegabte) nützen die vorhandene Kapazität ihres Denkorgans wahrscheinlich nur zu einem Bruchteil aus. Aber gerade die Fähigkeit für Vernetztes Denken könnte von einem speziellen Bereich des Gehirns generiert werden – oder auch nur durch eine spezielle neuronale Vernetzung und Programmierung –, über die nur Hochbegabte verfügen.

Lesen, schreiben, rechnen: Beispiele Vernetzten Denkens

Wie Vernetztes Denken in der Praxis aussieht, möchte ich gerne an drei Beispielen erläutern, die uns alle seit der Kindheit bestens vertraut sind und die natürlich auch unseren Alltag als Erwachsene bestimmen: lesen, schreiben und rechnen.

Die drei Kulturtechniken sind enger miteinander verbunden, als man auf den ersten Blick vielleicht meint: Das Rechnen kann man als ein Transformieren von Informationen auf einen abstrakteren und zugleich dichteren Informationsgehalt betrachten, ähnlich, wie das bei der Verwendung von Symbolen in einem Text geschieht (denken Sie an das Labyrinth!). Wenn Sie sich an die Textaufgaben aus dem Mathematikunterricht erinnern, verstehen Sie, was ich meine: da wird eine Situation beschrieben und man muss nun aus dem Text extrahieren, was der mathematisch relevante Gehalt ist: »Eine Allee ist links und rechts im Abstand von drei Metern mit Bäumen bepflanzt. Wie viele Bäume stehen an dieser Straße, wenn sie fünf Kilometer lang ist?« Man kann die Aufgabe durch Aufzeichnen der Situation und Abzählen lösen. Man kann dies jedoch auch – was im Sinne des Mathematikunterrichts eleganter ist – in Form einer Gleichung tun, ähnlich wie beim Prozentrechnen.

Doch lassen wir die Mathematik und wenden wir uns einem anderen Gedanken zu: Warum habe ich eben Lesen und Schreiben als getrennte Fähigkeiten bezeichnet?

Lesen können in einem modernen Staat die meisten Menschen. Es ist eine eher passive Tätigkeit, könnte man meinen. Aber weit gefehlt: Wer wirklich lesebegabt ist, liest gern – weil sich ihm, weil sich ihr auf diese Weise völlig neue Welten erschließen, und zwar durch Einbeziehen der eigenen Fantasie. Diese erschafft, zum Beispiel bei der Lektüre eines Romans, das Gelesene quasi neu im eigenen Bewusstsein. Hierbei werden Informationen aus dem Text eines Fremden vernetzt mit dem eigenen Wissen, also den gespeicherten Informationen im eigenen Gedächtnis – ein sehr aktiver Vorgang!

Wir wissen aus der Lebenserfahrung, vor allem aus der Schulzeit, dass sich da schon die Freiwillig-, Gern- und Vielleser (oft identisch mit dem Erwerb der Lesefähigkeit vor Schuleintritt) von denen unterschieden, die nur widerwillig ein anderes Buch als das gerade im Unterricht geforderte in die Hand nahmen, geschweige denn freiwillig die Zeit mit Lesen verbracht haben. Hier verläuft bereits deutlich eine Grenze zwischen Normalbegabten und (potenziell) Hochbegabten, und Sie dürfen raten, wer in der Regel gerne und viel liest - und wer nicht.

(Im Schlusskapitel finden Sie noch einige Hinweise zum Vernetzenden Lesen.)

Noch weit aktiver muss man beim Schreiben sein. Wer in der Jugend mit dem Führen eines Tagebuchs begonnen hat, intensiviert die Fähigkeit zum Vernetzten Denken, die das Lesen erfordert, um ein Mehrfaches. Wer gar selbst ein Buch oder deren mehrere schreibt, fördert fraglos diese Fähigkeit zum Vernetzen von Informationen.

Eine Familie – fünf vernetzende Berufe

Es kann kein Zufall sein, dass in Ted Brauers Familie alle Familienmitglieder in vernetzenden Berufen arbeiten oder sich darauf vorbereiten:

- Er selbst ist Journalist (Vernetzung von Informationen).
- Sein ältester Sohn Gary ist Unternehmer (Vernetzung von Menschen und Objekten) und Programmierer (Vernetzung von Informationen).
- Der zweite Sohn Manni ist Regisseur (Vernetzung von Menschen) und Drehbuchautor (Vernetzung von Informationen).
- Tobias, der Jüngste, fügt begeistert mit dem Computer Musikbausteine (Samples) zu neuen Melodien und Rhythmen zusammen (Vernetzung von Informationen).
- Lena Brauer schließlich managed die ganze Familie (das tun unzählige Frauen, auch normalbegabte), aber sie ist außerdem sehr talentiert fürs Schreiben, wie ihr Mann Ted betont (Vernetzung von Informationen).

Weisheit und Verantwortung

Lange bevor ich mit der Arbeit an diesem Buch über Hochbegabung begann, habe ich mich immer wieder gefragt, ob die menschengemachten Probleme der Gegenwart etwas mit den natürlichen Beschränkungen des Menschengehirns zu tun haben könnten. Umso erstaunter war ich, als mir zunehmend bewusst wurde, dass es offensichtlich zwei Arten von Intelligenz gibt – eben die normale und die der Hochbegabten. Könnte es sein, dass komplexere Zusammenhänge, die – wie oben beschrieben – Vernetztes Denken verlangen, nur von den Gehirnen Hochbegabter verarbeitet werden können? Diese sind zwar nur eine winzige Minderheit, bestimmen jedoch durch ihre führenden Positionen innerhalb der Eliten, was auf der Welt geschieht. Sind sie sich aber der geschilderten Zusammenhänge bewusst? Sind sie ausgebildet für deren Bewältigung?

Die Hochbegabten und die Zukunft der Menschheit

Alles deutet darauf hin, dass bisher nur die Theoretiker, und unter diesen nur die naturwissenschaftlich Ausgebildeten, sich dieser komplexen Zusammenhänge bewusst sind. Ab und zu gelingt es einem erlauchten Kreis aus dieser Gemeinde der Wissenschaftler, in Wirtschaft und Politik Sympathisanten zu finden, und dann wird so etwas wie die Gründung des »Club of Rome« im Jahr 1968 möglich. Dessen Mitglieder vermochten es immerhin, die Öffentlichkeit und einen Teil der Eliten (die mehr Einfluss als die Gelehrten haben) aufzurütteln und auf die Probleme eines zügellosen Wachstums hinzuweisen. Aber hat das wirklich viel bewirkt?

Immerhin war und ist der Club of Rome bis heute ein sehr eindrucksvolles Beispiel für die Entstehung eines hochkarätigen Netzwerks, das sich für einen übergeordneten Zweck einsetzt.

1968 versammelten sich außerdem über 100 renommierte Gelehrte aus der ganzen Welt und veröffentlichten in der Fachzeitschrift *Science* eine Prognose, die ihrem geballten Fachwissen entstammte: Danach wäre im Jahr 2050, also drei Generationen später, ein Punkt erreicht, an dem die Welt unheilbare (irreversible) Schäden erlitten hat - falls man nicht durch gewaltige Anstrengungen wichtige Parameter zum Positiven hin verändert, allen voran das Wachstum der Weltbevölkerung.

Seither ist mehr als eine Generation vergangen und noch viel zu wenig geschehen. Vielleicht müsste man anders an diese Probleme herangehen als nur mit Publikationen in der Fachpresse und einem Klub, der sich ab und zu trifft, um die großen Fragen der Menschheit zu diskutieren.

Verantwortung übernehmen

Wenn ich Berichte über die amerikanische Raumfahrt lese, wünsche ich mir, es würde sich ein neues Netzwerk bilden, das ähnlich eindrucksvoll wie die NASA in den 60er-Jahren die Elite des Landes, nein, der ganzen Welt zusammenführt, um endlich die anstehenden Probleme zu lösen. Nicht, um für 300 Milliarden Dollar zum Mars zu fliegen, sondern um die Kriege und kriegsähnlichen Auseinandersetzungen zu beenden, die von (hochbegabten) Soziopathen immer wieder angefacht werden und immer wieder aufs Neue Millionen von Menschen traumatisieren.

Der daidalische Traum von der Eroberung des Weltraums ist sicher wichtig - solche technischen Visionen braucht die Menschheit wahrscheinlich als übergeordnete Ziele außerhalb ihres engen Dunstkreises des Alltagskleinkrams. Aber ich bezweifle, dass diese gigantischen Investitionen, die riesige Geldsummen und unzählige Menschen mit überragenden Fähigkeiten für lange Zeit binden, wirklich das geeignete Mittel sind, die anstehenden Probleme der Menschheit zu lösen.

Für mich befindet sich der Mars (nämlich der real wütende Kriegsgott) zunächst einmal hier auf der Erde - und hier muss er gezähmt werden. Mich fasziniert jedoch ein anderes Projekt inzwischen viel mehr, das ich als »Innerer Mars« bezeichnen möchte: Die Welt in unserem eigenen Inneren, die Sigmund Freud zugänglich gemacht hat, ist wie ein innerer Planet, der den meisten Menschen mindestens so fremd und fern und unerforscht ist wie der Rote Planet draußen im Weltraum.

(Seltsame Koinzidenz, dass der Mars, während ich dieses Buch schrieb, der Erde so nah war wie seit rund 60 000 Jahren nicht mehr und als hellstes Objekt am nächtlichen Himmel rötlich strahlte.)

Aufgaben für die Hochbegabten

Ich denke nicht, dass die Lösung dieses Dilemmas des »entfesselten Prometheus« und der modernen Technik so aussieht, dass man nicht mehr zum Mars fliegt. Wir können das Rad der Geschichte nicht zurückdrehen oder nur noch nach innen schauen. Es geht um das »Sowohl – als auch«: Beide Ziele haben ihre Berechtigung, sind Herausforderungen gerade für die Hochbegabten, welche die Avantgarde der Menschheit darstellen:

- das Draußen im Universum (was für alle menschlichen Bemühungen stehen soll, sich »die Erde untertan« zu machen)
- wie auch das Innere Universum des Bewusstseins und des Unbewussten.

Aber so wie die Welt heute aussieht, habe ich den Eindruck, dass die Welteroberer massiv die Oberhand haben – dass die Daidaliden fliegen und fliegen – und nicht bemerken, dass Ikaros abstürzt.

(Man sollte sich in diesem Zusammenhang auch an das erinnern, was Platon schon vor über zwei Jahrtausenden in seinem Dialog *Timaios* über das Verhängnis der Herrschenden kundtat, als er den sagenhaften Kontinent Atlantis im Meer versinken ließ – als Strafe der Götter über die Hybris dieser Menschen.)

Von der überragenden Intelligenz zur Weisheit

Heinz Kohut, einer der kreativsten Schüler Freuds, hat sich mit einem Bereich der menschlichen Persönlichkeit befasst, der mindestens so bestimmend ist wie Sexualität und Aggression: den auf das eigene Selbst gerichteten (= narzisstischen) Antrieben. Im Schlussteil seiner Studie *Narzissmus* nennt er zwei Kennzeichen für eine gelungene Psychoanalyse: die geglückte Gestaltung und Transformation der narzisstischen Regungen zu Humor und Weisheit.

Es ist letztlich nicht die intellektuelle Brillanz, welche den Menschen auszeichnet und gerade die Hochbegabten zu unglaublichen Leistung anspornt - es ist die Weisheit, zu der die geistige Kapazität sich wandeln sollte. Bei vielen »Masterminds« und »Eggheads« (wie die Amerikaner ihre Spitzenwissenschaftler gerne nennen) hat man allerdings den Eindruck, dass sie erst einmal eine - sehr lange - Psychotherapie machen müssten, um dorthin zu gelangen. Wie sonst hätte ein Höchstbegabter vom Rang Edward Tellers, »Vater der Wasserstoffbombe« und eifrigster Befürworter der Aufrüstung mit Abwehrraketen (»Krieg der Sterne« genannt) sinngemäß sagen können: Alles, was man sich als Forscher ausdenken kann, sollte man auch realisieren.

Wenn sich ein sadistischer Massenmörder vor Gericht so äußert, sperrt man ihn lebenslänglich in eine Nervenheilanstalt. Für verantwortungslose Wissenschaftler sollte das Gleiche gelten. Wenn man Tellers Vorgeschichte kennt und in Betracht zieht, dass er von seiner Kindheit in Ungarn an als Jude verfolgt und vielfach traumatisiert wurde, versteht man zwar sein Bedürfnis, durch seine Waffenforschung zur Sicherheit seiner Wahlheimat und Zuflucht USA (und damit zu seiner eigenen Sicherheit) beizutragen, aber das berechtigt ihn nicht dazu, jede ethische Selbstbeschränkung des Wissenschaftlers und die kritische Kontrolle durch nicht so rabiate Kollegen abzulehnen.

Die leise Stimme der Vernunft

Sigmund Freud hatte da eine ganz andere Weltsicht. Neben seinen vielen tiefenpsychologischen und therapeutischen Schriften hat er auch zwei Bücher veröffentlicht, in denen er sich Gedanken über den Zustand und die Zukunft der Menschheit machte – Bücher, die heute sogar noch lesenswerter sind, als sie es zu ihrer Zeit waren. 1930 schrieb er am Schluss von *Das Unbehagen in der Kultur*:

»Die Schicksalsfrage der Menschenart scheint mir zu sein, ob und in welchem Maße es ihrer Kulturentfaltung gelingen wird, der Störung des Zusammenlebens durch den menschlichen Aggressions- und Selbstvernichtungstrieb Herr zu werden. [...] Die Menschen haben es jetzt in der Beherrschung der Naturkräfte so weit gebracht, dass sie es mit ihrer Hilfe leicht haben, einander bis auf den letzten Mann auszurotten. Sie wissen das, daher ein gut Stück ihrer gegenwärtigen Unruhe, ihres Unglücks, ihrer Angststimmung. Und nun ist zu erwarten, dass die andere der beiden ›himmlischen Mächte‹, der ewige Eros, eine Anstrengung machen wird, um sich im Kampf mit seinem ebenso unsterblichen Gegner zu behaupten. Aber wer kann den Erfolg und Ausgang voraussehen?« (1930, S. 506)

Für mich ist beeindruckend, wie dieser weise, aber sehr pessimistische Mann drei Jahre zuvor in *Die Zukunft einer Illusion* selbst die Antwort für die Lösung dieses Dilemmas gab:

»Wir mögen noch so oft betonen, der menschliche Intellekt sei kraftlos im Vergleich zum menschlichen Triebleben, und Recht damit haben. Aber es ist doch etwas Besonderes um diese Schwäche; die Stimme des Intellekts ist leise, aber sie ruht nicht, ehe sie sich Gehör geschafft hat. Am Ende, nach unzählig oft wiederholten Abweisungen, findet sie es doch. Dies ist einer der wenigen Punkte, in denen man für die Zukunft der Menschheit optimistisch sein darf ...« (1927, S. 377)

Es ist diese leise Stimme der Vernunft, auf die Freud seine Hoffnung setzt. Gewiss, Normalbegabte verhalten sich oft viel vernünftiger als manches Genie. Weisheit ist offensichtlich eine Errungenschaft, deren Wurzeln tiefer im Menschentum zu sitzen scheint als die Intelligenz. Ob man im Griechenland der Antike der Weisheit deshalb eine weibliche Gottheit zuordnete: Sophia?

Aber es ist wohl auch kein Zufall, dass man Weisheit mit bedeutenden Menschen verbindet und nicht mit einfachen Leuten. Man spricht von »Nathan, dem Weisen« und vom »weisen Salomo« oder überliefert von Theseus, er sei ein »weiser König« gewesen. Wer an den Schalthebeln der Macht sitzt oder – wie Lessings gelehrter Rabbiner Nathan – geistige Macht ausübt und außerdem noch die Gabe der Weisheit erworben hat, der kann mit seinem schneller und komplexer arbeitenden Hochbegabtengehirn mehr ausrichten als viele Normalbegabte, und seien sie noch so weise.

Jedenfalls darf man zuallererst von Hochbegabten erwarten, dass sie sich, wenn schon (noch) nicht weise, so doch wenigstens vernünftig im Freud'schen Sinne verhalten. Dass sie nicht nur vernetzt denken, sondern auch vernetzend handeln.

Die Hochbegabten haben nicht nur das Gehirn und – in der Regel – die nötige Bildung, sondern auch die sozialen Verbindungen ihrer Netzwerke und die materiellen Mittel, um ganz anders wirken zu können als noch so viele normalbegabte Menschen zusammen, denen diese Voraussetzungen fehlen. Das macht die Hochbegabten so wichtig – aber auch so gefährlich.

60 Millionen beherrschen die Welt

Die geistigen Werkzeuge sind heute ebenfalls verfügbar, mit denen man eines der größten Probleme der Welt lösen könnte: die schreckliche Unfähigkeit auch vieler Hochbegabter an den Schalthebeln der Macht, tragfähige Kompromisse auszuhandeln. Diese Werkzeuge müssten eigentlich nur angewendet werden. Es geht dabei nicht bloß um die Vernunft und ihren

Einsatz – es geht auch um die Verantwortung, die übernommen werden muss.

Es sind ja nicht nur die gewissenlosen Soziopathen vom Schlage Adolf Hitlers, die ganze Völker aus eigensüchtigen Zwecken manipulieren, es sind auch die Topmanager der großen Unternehmen, die führenden Politiker und die hochbegabten Angehörigen vieler anderer Berufe, die ihr eigenes Wohl und allenfalls noch das ihrer Familie, ihres Clans in den Mittelpunkt stellen. Sie mögen nicht so verheerend brutal handeln, aber egoistisch handeln sie meistens, wenn sie ihre Netzwerke zur Sicherung der eigenen Position ausbauen, ihre manipulatorischen Fäden durch ganze Staatswesen ziehen und sich in großen Unternehmen durch wechselseitige Absprachen und Verträge gigantische Einkommen, Prämien und Abfindungen sichern, die auf Kosten der Aktionäre und Mitarbeiter gehen.

Wenn drei Prozent der Menschheit hochbegabt sind, wie die Statistik der Normalverteilung und die Intelligenzforschung nahe legen, dann heißt das, dass es bei sechs Milliarden Menschen weltweit rund 180 Millionen Hochbegabte gibt. Davon sind nach meiner einleitend vorgestellten Einschätzung

- ein Drittel (60 Millionen) vermutlich erfolgreiche Spitzenkräfte,
- ein zweites Drittel eher gebremste, aber gut angepasste Latente
- und ein letztes Drittel blockierte Underachiever, die mit ihren Talenten wenig oder gar nichts anfangen.

Unsere Welt wäre meines Erachtens in einem anderen Zustand, als sie heute ist, wenn die 60 Millionen erfolgreichen Talente, die sie kontrollieren, mehr ans Wohl der gesamten Menschheit als nur an ihr eigenes denken würden. Mit hoher Wahrscheinlichkeit würden sie sich selbst auch wohler fühlen und ihre Existenz sinnvoller erleben, wenn sie das begreifen und verwirklichen würden. Es erscheint mir höchste Zeit, das die anderen 120 Millionen das endlich begreifen und ihre eigenen Energien und Talente entwickeln, um besser als Regulativ zu wirken.

»Sprich per ich«

Während meiner Ausbildung in ThemenZentrierter Interaktion (TZI) habe ich von Ruth C. Cohn einen Satz verinnerlicht, der so etwas wie eine Grundregel der TZI ist:

»Sprich per *ich*, wenn du dich in einer Gruppe äußerst.«

Was für ein Segen wäre es, wenn nicht nur die Wissenschaftler in ihren Veröffentlichungen, sondern auch die Politiker und alle anderen Repräsentanten der Eliten ihre Reden und Verlautbarungen in diesem Geist formulieren würden, indem sie sagen: »Ich sehe das so und so ...« Dann würde man leichter ihre persönlichen Beweggründe erkennen (die sie meist hinter einem gesichtslosen »wir« oder »man« verstecken) und könnte sich entsprechend verhalten oder zur Wehr setzen.

Ruth C. Cohn hat diese Regel eingeführt, weil sie will, dass der Mensch, der sich da im Verlauf eines Gesprächs in einer Arbeitsgruppe äußert, Verantwortung für das Geäußerte übernimmt. Und genau darum geht es: um das Übernehmen von Verantwortung.

Der Human Capital Fund – eine realisierbare Utopie

Verantwortung besteht, wie ich meine, auch innerhalb der Gesamtheit der Hochbegabten mit ihren drei Untertypen. Die erfolgreichen Überflieger mit ihren enormen materiellen Möglichkeiten und weit überdurchschnittlichem Einkommen haben eine sehr wichtige Funktion als Mentoren und Starthelfer für die weniger erfolgreichen Latenten und insbesondere die blockierten Underachiever. Vor allem Letztere haben sich dieses Schicksal ja nicht freiwillig ausgesucht, sondern sind nicht selten schon als Kinder durch Verständnislosigkeit der Erwachsenen für ihre besondere Situation zum Opfer von intellektuellen und emotionalen Einschränkungen geworden. Oder sie wurden dadurch sogar in Elternhaus und Schule regelrecht traumatisiert.

Von der Verantwortung zur Förderung

Es gibt bereits imponierende Netzwerke, in denen Hochbegabte sich mit ihresgleichen zusammengeschlossen haben, um die Welt in ihrem Sinn zu verändern. Die internationale »Gemeinde der Wissenschaftler« ist so ein geistiges und soziokulturelles Gebilde. Auch die Unternehmer haben ihre Zusammenschlüsse und die Politiker ebenfalls – wenn auch nicht in diesem umfassenden Sinne wie die Gelehrten. Aber diese Netzwerke sind nur den sehr erfolgreichen Talenten zugänglich und fördern sie immer wieder neu in einer positiven Rückkopplung der Besten für die Besten. Was nötig ist, sind neuartige Förder-Netzwerke, die sich nicht der bereits privilegierten Talente annehmen, sondern die den Latenten und Underachievern eine Chance geben, sich zu entfalten. Dies dürfen keine kurzfristigen Angebote sein, weil schlechte Kindheitserfahrungen und Traumatisierungen erfahrungsgemäß eine lange Zeit der Heilung benötigen.

Ich möchte mit einer persönlichen Erfahrung zeigen, wie so etwas aussehen könnte. Ich bin als Jugendlicher allmählich in die Science-Fiction-Szene hineingewachsen. Dort war ich nicht mehr der Außenseiter, der »solchen Schund« las (wie Eltern und Lehrer meinten), sondern war als Gleicher unter Gleichen auch von den älteren Erwachsenen akzeptiert. Dort wurden meine Kurzgeschichten gelesen und wurde mein Schreiben gefördert. Ich lernte etablierte Autoren persönlich kennen, bekam viele Anregungen und fand hilfreiche Mentoren. Besonders eindrucksvoll war für mich, dass ich später in anderen Ländern bei Science-Fiction-Fans anklopfen konnte und gerne aufgenommen wurde. Nach dem Abitur 1959 war ich in England und habe genau dies erlebt, obwohl man auf der Insel, beim früheren

Kriegsgegner, in jenen Jahren vielfach noch sehr reserviert, ja feindlich den Deutschen gegenüber gesinnt war.

Es fehlen hilfreiche Netzwerke

Was fehlt, ist ein Netzwerk dieser Art, in das Hochbegabte schon als Kinder eintreten können. Wo man sie ermutigt und fördert, wo sie allmählich auch Verantwortung für ihr Denken und Tun lernen und übernehmen können. Wo sie nach einiger Zeit, sogar schon als Jugendliche, zu Mentoren für die Jüngeren werden können. So wie die Erwachsenen ihrerseits Mentoren für die Jugendlichen sind – und lebenserprobte Senioren für die Erwachsenen mittleren Alters.

Es gibt ein ähnliches Modell in der Geschäftswelt, das sehr gut funktioniert: Die »Business Angels«. Das sind (sehr wohlhabende) Investoren, die nicht nur ihr Geld in Start-up-Unternehmen von jungen Hochbegabten stecken, sondern dazu ihr Know-how, ihre Kontakte und ihre Lebenserfahrung zur Verfügung stellen. Sie tun dies fraglos im eigenen Interesse, denn sie wollen ja ihre Investitionen mit möglichst großem Gewinn irgendwann realisieren. Aber sie haben offensichtlich auch Freude daran, dass ihr Wissen und ihre Erfahrung (ihre Weisheit?) geschätzt wird und Früchte jenseits der rein materiellen Ergebnisse trägt. Für die jungen Unternehmer wiederum zählt solche Förderung und Ermutigung (vor allem bei den nicht ausbleibenden Rückschlägen) mindestens so viel wie einige Millionen Euro.

Auf nationaler Ebene gibt es die »Studienstiftung des deutschen Volkes«, welche hochbegabte Studenten vorbildlich fördert. Aber das ist auch schon alles – und auch hier wird am Anfang äußerst streng gesiebt und es zählt, wie in jeder Schule, letztlich nur der sichtbare Erfolg.

Soft Skills entwickeln

Wo lernt man, vernetzt zu denken und vernetzend zu handeln? Wie lernt man, Verantwortung zu übernehmen? Von wem lernt man, weise zu werden?

Sicher nicht in der Schule und schon gar nicht auf einer Universität oder später im Beruf. Soft Skills sind, allen Beteuerungen von schlauen Büchern und teuren Managementseminaren zum Trotz, nicht gefragt in einer Welt, die eher von militärisch-strategischem Denken als von Menschlichkeit bestimmt wird. Gerade deswegen sollten Hochbegabte nicht nur an ihren Erfolg in Arbeit und Beruf denken. Sobald sie einigermaßen etabliert sind, sollten sie einen Teil ihrer freien Kapazitäten auf andere Bereiche ausdehnen, in denen Persönlichkeitsentfaltung und geistiges Wachstum nötig sind:

- in ihren zwischenmenschlichen Beziehungen,
- bei der Erkundung ihrer eigenen Persönlichkeit
- und bei transpersonalen Themen (womit ich alles meine, was über den eigenen Tellerrand und den des nächsten persönlichen Umfelds hinausreicht - zum Beispiel das Ganze der Menschheit).

Traumatisierungen aufarbeiten

Es wäre begrüßenswert, wenn Hochbegabte, und zwar nicht nur die traumatisierten Underachiever, einen Bruchteil ihrer Zeit und ihres Geldes in zwei Aktivitäten investieren würden, die nicht direkt der Karriere dienen (dieser aber keineswegs schaden werden):

- die Aufarbeitung von Beeinträchtigungen und Schäden aus den frühen Lebensjahren (welcher Hochbegabte hätte sie nicht in irgendeiner Form?), das kann durch eine Psychoanalyse geschehen oder durch Mentoring;

- eine Ausbildung in ThemenZentrierter Interaktion (um im zwischenmenschlichen Bereich das nötige Know-how und die entsprechenden Fertigkeiten zu erwerben).

Zu Ersterem, der Psychoanalyse, wäre anzumerken, dass es heute in weiten Kreisen immer noch als Makel gilt, wenn jemand eine Therapie macht, gleich, ob mit oder ohne »Couch«. Das liegt nicht zuletzt daran, dass diese Methode vom »Arzt Freud« und seinen Schülern ursprünglich als Behandlungsmethode für *Krankheiten* im psychischen (und somit auch im sozialen) Bereich entwickelt wurde. Zu diesem Missverständnis hat die Zunft der Psychoanalytiker leider selbst viel beigetragen, indem sie an diesem Krankheitskonzept festgehalten hat. Wer zu einem »Psychologen« geht, wird heute noch als Neurotiker abgestempelt. Welch ein Unsinn! In Wahrheit wird in einer Psychotherapie blockierte Kreativität auf vielen Ebenen aktiviert:

- auf der biologischen Ebene (Beispiel: Unfruchtbarkeit, psychosomatische Krankheiten)
- ebenso wie auf der seelischen (Beispiel: Konzentrations- und Lernstörungen)
- und der sozialen (Beispiel: Bindungsängste).

Einer schon etwas älteren Schätzung aus den 80er-Jahren zufolge haben bereits rund zehn bis 15 Millionen Menschen weltweit eine Psychoanalyse oder ein verwandtes Verfahren absolviert. Wer weiß, ob es um die Menschheit nicht noch schlimmer bestellt wäre, wenn Freud nicht ab 1895 diese Psychoanalyse entdeckt und entwickelt hätte!

Was die TZI betrifft, so sollte eigentlich niemand, der mit Menschen in Gruppen arbeitet, in welcher Form auch immer (und dazu gehört schon die eigene Familie), ohne Erlernen dieser oder einer verwandten Methode für seine Tätigkeit zugelassen werden.

Der Human Capital Fund (HCF) als Netzwerk für brachliegende Talente

Warum gehe ich auf diese Hintergründe der Traumatisierung und der dringend nötigen »Sanierung« (Therapie) so ausführlich in Zusammenhang mit dem Projekt des HCF ein, das ich hier vorstelle? Ich möchte diese Frage mit einer Art Slogan beantworten:

Ikaros stürzt ab – und will gerettet werden !

Die Underachiever befinden sich in exakt derselben Situation wie ihr Schutzpatron Ikaros: Sie fallen in die Tiefe und sehen in der Ferne ihren genialen Vater davonziehen. Genau dies ist die Situation der Hochbegabten, die mit der Realisierung ihrer Talente wenig erfolgreich oder völlig erfolglos sind. Sie brauchen die Hilfe der Erfolgreichen! Und hier setzt meine Idee eines Netzwerks in Form eines Unternehmens ein. Dieses soll keine Almosen für die »armen Verwandten« geben, sondern eine Starthilfe, die für beide Seiten nützlich und sinnvoll ist.

Tobias Brauer, der Junge aus unserem Fallbeispiel, war so ein abgestürzter Ikaros, der aus der Schule ausbrach und dann erst einmal eine Weile herumgammelte und immer verzweifelter wurde, weil er nicht wusste, was er mit sich und seinen ungeformten Talenten anfangen sollte. Er hatte das große Glück, bei einer kleinen Firma Unterschlupf zu finden, die nicht nach Schulnoten und einem Abgangszeugnis fragte, sondern sein Potenzial erkannte und ihn fördern wollte. Genau dies schwebt mir bei dem vor, was ich den Human Capital Fund nenne: ein ganzes Netzwerk solcher kleiner Firmen und Projektgruppen,

- wo Hochbegabte erst einmal als Menschen mit außergewöhnlichen Fähigkeiten erkannt und respektiert werden, obwohl diese noch nicht ausgeformt und erfolgreich umgesetzt worden sind;
- wo Begabungen sich langsam (!) zeigen und entfalten können
- und verständnisvoll gefördert werden.

Ein wachsendes, irgendwann weltweites Netzwerk, in dem auf der anderen Seite bereits erfolgreiche Talente

- ihre Begabungen anders als nur für die eigene Karriere einsetzen
- und dadurch menschlich wachsen können als Mentoren und Begleiter, als Anreger und Förderer,
- und bald merken werden, dass es kaum etwas Befriedigenderes gibt, als ein neues Talent aufblühen und gedeihen zu sehen.

Der HCF ist darüber hinaus noch, wie jeder normale Investmentfonds, eine viel versprechende Möglichkeit der Investition in finanzieller Hinsicht.

Begabung als Selbstverständlichkeit

In diesem Netzwerk, in das Hochbegabte hineinwachsen können, wäre die Begabungshöhe eine Selbstverständlichkeit und nicht Abnormität oder Behinderung, unter der viele Hochbegabte leiden und in oft unerträgliche Isolation und Einsamkeit abrutschen. Wo weder Religionszugehörigkeit noch Rasse noch Geschlecht diskriminierend wirken. Und wo – dies ist der Unterschied zur Schule und den heute vorhandenen Institutionen – zunächst einmal auch der Erfolg nicht das oberste Leitbild ist.

Das Creative Writing sollte in diesem System eine zentrale Rolle spielen, denn es ist das Werkzeug, das geistige Freiheit und sozialen Kontakt enorm unterstützt und das zudem ein idealer Begleiter für seelisches und soziales Wachstum ist.

Wie könnte ein Netzwerk aussehen, das so etwas fördert? Ich habe im folgenden Kasten ein paar Gedanken dazu formuliert.

I have a dream ...

Ich habe einen Traum ...

Wie könnte die Utopie eines fördernden Netzwerks verwirklicht werden? Von anderen Details einmal abgesehen, ist der finanzielle Aspekt einer der allerwichtigsten. Alle Projekte in der Menschheitsgeschichte, die mit einem utopischen Anspruch angetreten sind, scheiterten letztlich, weil sie diesen materiellen Gesichtspunkt vernachlässigt haben. Man kann ein solches Unternehmen nicht auf der Basis eines gemeinnützigen Vereins aufziehen und wohl auch nicht als Stiftung. Machen wir uns nichts vor: Der wichtigste Motor für das Gelingen wäre, wie bei jeder Firma, nicht zuletzt die Lust an den finanziellen Aussichten – und die sind wohl kaum irgendwo viel versprechender als bei einer großen Gruppe Hochbegabter.

Ich habe einen Traum. Oder eine Vision. Nennen Sie es, wie Sie wollen. In diesem Traum entsteht eine Art Investmentfonds, der nicht – wie üblich – in Aktien investiert, sondern in Menschen. In *Humankapital*, wie man das in der Wirtschaft treffend nennt. Diese Menschen sind die Hochbegabten, die sich an den vom Fonds geförderten Projekten beteiligen. Er bezieht alle Varianten von Hochbegabung ein. Er

- lädt die erfolgreichen Talente ein, Geld und Know-how als Starthilfe einzubringen,
- und möchte Latenten wie Underachievern optimale Möglichkeiten bieten, ihr brachliegendes Potenzial zu entwickeln.

Das kann ein junger Maler sein, der gerade seine erste Ausstellung gemacht hat. Das kann ein Schüler sein, dessen Talent ein gutes Gespür für die Entwicklung von Aktienkursen ist. Das kann eine Frau um die 50 sein, deren erwachsene Kinder aus dem Haus gehen und die nun ihr Schreibtalent entfalten möchte. Das können viele der arbeitslos gewordenen Akademiker oder Hochbegabten in anderen Berufen sein, die eine exzellente Ausbildung haben – und trotzdem aufgrund der Entwicklung der letzten Jahre plötzlich ihren Job verloren haben (2003 waren das zum Beispiel mehr als 10 000 Journalisten und Redakteure!).

Diese Menschen können auch Senioren sein, mit einer enormen Lebenserfahrung und gut gepolsterter Altersversorgung, die merken, dass eine anspruchsvolle Aufgabe noch einmal eine schöne

Herausforderung wäre – zum Beispiel als Mentor oder Mentorin für die jüngeren Talente.

Der Clou bei dem Ganzen ist jedoch, wie erwähnt, der finanzielle Aspekt. Denn der Fonds dient der Vorfinanzierung und Starthilfe und speist sich in einem selbstverstärkenden Regelkreis irgendwann selbst aus den Einnahmen, welche die erfolgreichen Projekte, die er fördert, in Form von Tantiemen, Prämien, Honoraren und Dividenden zurückfließen lassen.

(Alles Weitere können Sie an anderer Stelle nachlesen: www.iak-talente.de/Das Drama der Hochbegabten/HCF)

Spezies VIa – eine fundierte Spekulation

- Wenn wir uns anschauen, was in diesem Buch alles über Hochbegabung und die Hochbegabten zusammengetragen wurde,
- wenn wir speziell die 90 Merkmale im Selbsttest der Reihe nach als Einzelphänomene und als Ausdruck einer genetischen Veränderung betrachten,
- wenn wir schließlich ernst nehmen, dass der »Faktor g« für Geschwindigkeit, Gedankenvernetzung und Generalisierung (Komplexität) steht
- und all dies auf einer entsprechend schneller getakteten und nach einer Art Multitasking parallel laufenden Informationsverarbeitung des Bio-Computers »Gehirn« beruht, die sich deutlich von der Gehirntätigkeit Normalbegabter unterscheidet,

dann scheint es mir nicht allzu spekulativ, anzunehmen, dass hier ein evolutionärer Entwicklungssprung vorliegen könnte, also eine echte Mutation. Diese würde die Hochbegabten zu einer eigenen neuen Spezies machen.

Was macht eine echte Mutation aus?

Auch wenn sich seit vielen Jahrtausenden der Mensch in seiner äußerlichen Konstitution kaum mehr verändert hat, gibt es doch immer wieder kleinere (Mikro-)Mutationen. Das Erbgut ist so ungeheuer komplex und die Vererbungsvorgänge mit ihren unzähligen Kopiervorgängen bieten so viele Möglichkeiten für genetische Veränderungen, dass es sich gar nicht vermeiden lässt, dass neue Eigenschaften auftauchen. Leider sind sie in der Mehrzahl negativer Art und äußern sich entsprechend als – manchmal tödliche – Krankheiten.

Was gar nicht vorzukommen scheint, sind größere Mutationen, bei denen sich ganze Abschnitte des Erbguts verändern. Das Schlafmittel Contergan hat von 1958 bis 1961 tausende ähnliche Makroveränderungen produziert: Diese Menschen kamen beispielsweise mit stummelartigen Armen zur Welt. Würden sie ihr Erbgut weitergeben, könnte eine ganze neue Menschenart mit solchen veränderten Armen entstehen. Die Conterganschäden werden jedoch nicht vererbt.

Ein Mann, der infolge einer Mikromutation neugieriger ist als seine Mitmenschen (weil sein Gehirn informationshungriger ist), hat damit vermutlich einen evolutionären Vorteil. Gibt er diese Mutation weiter, könnte ein neuer Schlag Mensch entstehen, den man »die Neugierigen« nennen könnte. Eine Frau kommt auf ähnlichem Weg zu einem besseren Gedächtnis und wird zur Urmutter der »Gedächtniskünstler«. Tun sich die beiden zusammen und bringen Kinder zur Welt, könnte es sein, dass bei den Nachkommen beide Mutationen sich gewissermaßen addieren und ein Menschenschlag entsteht, dessen Abkömmlinge a) neugieriger sind als ihre Mitmenschen und b) ein besseres Gedächtnis haben. Fügen wir dem noch eine schnellere Taktrate des Gehirns zu und ein paar weitere positive Eigenschaften, dann haben wir irgendwann den Typ des hochbegabten Menschen. Dieser ist nicht ein statistischer Ausreißer am rechten Rand der Normalverteilungskurve der Intelligenz, wie manche Begabungsforscher zu meinen glauben – er ist eine Realität, die weltweit ungefähr 180 Millionen Mal existiert!

Irgendwann muss dieser evolutionäre Sprung in der Menschheitsgeschichte passiert sein; es spricht vieles dafür, dass dies vor etwa 50 000 Jahren geschehen ist, denn etwa 10 000 Jahre später konnte man die ersten Auswirkungen erkennen: einen gigantischen Kreativitätsschub in der Menschheit. Es mag zunächst nichts weiter als eine allmähliche Addition von vielen (!) und sehr (!!) positiven* (!!!) Mikromutationen im menschlichen Gehirn gewesen sein. Aber irgendwann war alles beisammen in einer einzigen Person – mit hoher Wahrscheinlichkeit einer Frau (s. Lehrke 1999, S. 146). Diese vererbte ihre neue Makro-Makro-Mutation weiter durch die Jahrtausende. Die genetische Veränderung verbreitete sich allmählich über die ganze Erde. Alles andere ist Geschichte und wurde in den vorangehenden Kapiteln ausführlich dargelegt.

Seit einigen Jahren (menschheitsgeschichtlich gesehen: seit einigen Millisekunden) gibt es das Internet mit seiner Interaktivität und Vernetzung von demnächst Milliarden Individuen. Sein Symbol ist das Zeichen @ (s. folgender Kasten).

Da die vorstechendste Eigenschaft dieser Mutation die Fähigkeit zum Vernetzten Denken ist, könnte man sie als die »@-Mutation« bezeichnen, basierend auf dem durch Mutation neu entstandenen »@-Gen«. Das ist natürlich alles reine Spekulation, wenn auch eine, die sich geradezu aufdrängt, wenn man sich intensiver mit dem Thema »Hochbegabung« befasst.

---

* Positive Mutationen sind extrem selten – in der überwiegenden Mehrzahl handelt es sich um degenerative, krankhafte Erbveränderungen, die rasch wieder aussterben oder gar nicht erst vermehrungsfähig sind.

@ als Symbol für Vernetzung

Das aus dem Internet vertraute Sonderzeichen »@« drückt für mich am besten aus, was Vernetzung ist: 1972 verband Ray Tomlinson zum ersten Mal zwei Computer mit einer Datenleitung, bestimmte dieses Zeichen auf seiner Tastatur zum Adressenkürzel und schickte die erste E-Mail los. Damit eröffnete er eine Revolution in der Welt der Kommunikation, die für immer mit dem Zeichen »@« verbunden sein wird.

Das @-Symbol erschien erstmals 1880 auf der Schreibmaschine »Caligraph« von George W.N. Yost und Frank Wagner. Von dort hat es nahezu unbemerkt seinen Siegeszug in die Welt angetreten. Stand es ursprünglich im Handel (speziell von Textilien) für den Ausdruck »zum Preis von«, so wurde es seit 1972 für alle Welt zum Teil jeder Adresse beim Austausch elektronischer Botschaften im Internet. Inzwischen hat es, nicht zuletzt von der Werbung aufgegriffen, seine Bedeutung nochmals erweitert und steht heute für jede Form digital-elektronischer Interaktivität, ja überhaupt für Beziehungen zwischen Menschen.

Eine neue Spezies?

Ich bin zwar kein Anthropologe, aber im Studium und danach habe ich mir doch so viel Kenntnisse in Humananthropologie angeeignet, dass ich mir zutraue, die Spekulation noch ein wenig weiterzutreiben.

Wenn sich eine solche @-Mutation in Form eines speziellen @-Gens allmählich verbreitet und durchsetzt, würde wahrscheinlich mit der Zeit so etwas wie eine neue Spezies Mensch entstehen. Nicht an den äußeren Körpermerkmalen deutlich zu erkennen, wie zum Beispiel der Neandertaler verglichen mit dem Cro-Magnon-Menschen. Nein, äußerlich unterscheidet sich dieser neue Menschenschlag durch nichts von den anderen Menschen, zwischen und mit denen er existiert. Auch in seiner menschlichen Grundnatur ist er gleich, er liebt und hasst genauso und ist den narzisstischen Trieben ebenso unterworfen. Aber das Gehirn dieser Menschen arbeitet deutlich schneller und komplexer; die dadurch entstehenden Merkmale habe ich im Selbsttest im sechsten Kapitel ausführlich vorgestellt.

Immer vorausgesetzt, dass meine Spekulation einen gewissen Realitätsgehalt hat, würde es sich bei dieser neuen Menschenart um so etwas wie die »Spezies VIa« handeln, weil sie die siebte evolutionäre Entwicklung in einer Reihe* wäre, die in den vergangenen zwei Millionen Jahren zu dem führte, was man »Homo sapiens« nennt. Es handelt sich um folgende sieben evolutionäre Schritte:

- *Australopithecus:* im Übergangsfeld zwischen Tier und Mensch (Spezies I);
- *Homo erectus:* ausgezeichnet durch aufrechten Gang, Freisetzung der Hand, Gehirnvergrößerung, nach der Entstehung in Afrika Eroberung der Erde (Spezies II);
- *Homo erectus heidelbergensis:* Entstehung von Denken, Sprechen, Fähigkeit zum Organisieren (Spezies III);
- *Homo habilis:* Zähmung des Feuers und Erfindung von ersten Werkzeugen aus Stein (Spezies IV);
- *Neandertaler:* erster Schub der Kreativität (Spezies V);
- *Cro-Magnon-Mensch:* zweiter Schub der Kreativität (Spezies VI) – dies würde dem entsprechen, was die Intelligenzforscher als Normalbegabte bezeichnen, also rund 97 Prozent der heute lebenden Menschen;
- *Spezies VIa:* die Hochbegabten.

---

* Über die genaue Einteilung und Benennung dieser verschiedenen Spezies kann und wird man streiten, denn die anthropologische Forschung ist noch immer sehr in Fluss und jeder Tag kann neue Überraschungen bringen.

Das Produkt von zwei Millionen Jahren

Mehr als zwei Millionen Jahre hat die Evolution gebraucht, um den heutigen Menschen zu schaffen. Dieser »Homo sapiens vom Typ Cro Magnon« bevölkert seit rund 35 000 Jahren diesen Planeten Erde und hat die Neandertaler beiseite gedrängt und schließlich abgelöst. Es deutet vieles darauf hin, dass diese neue Spezies mit dem @-Gen vor etwa 50 000 Jahren entstanden ist, vor etwa 35 000 Jahren erstmals sichtbar wurde mit den künstlerischen und technischen Schöpfungen der Cro-Magnon-Zeit und dann explosionsartig ihre eigentliche Chance vor etwa 5 000 Jahren bekam, als die großen Städte und Reiche entstanden, mit Schrift, Mathematik, Geldwesen und den Wissenschaften.

Diesen Aufstieg der Hochbegabten als eigener Spezies innerhalb der Menschheit auch nur zu skizzieren, würde den Umfang und die Zielsetzung dieses Buches bei weitem sprengen.

Mir ist jedenfalls klar geworden, dass der Fantast Erich von Däniken mit seinen Ideen (die er immerhin mit bislang 65 Millionen verkauften Büchern bei einem erstaunlich gläubigen Publikum verbreitet hat) vielleicht gar nicht so falsch liegt. Er müsste nur statt von »Astronautengöttern« und »außerirdischen Besuchern«, denen er den Bau der Pyramiden und vieler anderer ungewöhnlicher zivilisatorischer Meisterleistungen zuschreibt, von Hochbegabten schreiben. – Aber das wäre natürlich nicht so spektakulär.

Wer eine neue Spezies entdeckt, darf ihr einen Namen geben. Ich möchte die Spezies VIa »Homo futurus« nennen. Wörtlich übersetzt heißt das: »Mensch der Zukunft«. Ich möchte dies jedoch vor allem verstanden wissen als »Mensch, der sich um die Zukunft kümmert«.

Wie gesagt – das alles ist nichts weiter als eine, wenn auch, wie ich meine, fundierte Spekulation. Verzeihen Sie es einem passionierten Leser von Science-Fiction von Kindheit an, wenn er auf solche Gedanken kommt. Das klinge auch sehr nach

Science-Fiction, meinen Sie? Okay: Hier noch einige Gedanken zu »Science-Fiction und die Hochbegabten«.

Hochbegabte in der Science-Fiction

Wer sich mit den zukünftigen Möglichkeiten, Problemen und Gefahren der Hochbegabten beschäftigt, kommt nicht an der Literaturgattung Science-Fiction vorbei. Auch wenn diese Geschichten von Mutanten, Aliens und anderen Absonderlichkeiten handeln und das alles in scheinbar oberflächlicher Unterhaltung und Kolportage verpackt ist - man sollte sich nicht täuschen lassen. Denn es geht unter dieser grellen Verpackung im Grunde immer um die Schicksale von Hochbegabten, um Superhelden mit Superfähigkeiten, und diese sind in vielen Fällen Wissenschaftler (Scientists) oder Ingenieure - daher die Bezeichnung Science-Fiction.

Am interessantesten erscheinen mir jene Romane und Filme, bei denen es nicht nur um einzelne Individuen geht (wie in den Filmen über *Superman* und *Spiderman*), die sich mit ihren Talenten bewähren müssen, sondern um ganze neue Menschengattungen (wie in den *X-Men*-Filmen).

Woher haben diese Autoren ihre Ideen? Für mich sind sie eine Art lebender Seismografen, die aufmerksam beobachten, was in der Welt geschieht - und mit ihnen selbst. Ich kenne eine Reihe von Science-Fiction-Autoren persönlich und gehe sicher nicht fehl in meiner Einschätzung, dass es sich um Hochbegabte mit der für sie typischen erhöhten Sensibilität handelt - auch wenn noch keiner von ihnen die höheren Weihen eines Nobelpreises oder vergleichbare Ehrungen erhalten hat.

Wie sonst sollte sich jemand Gedanken über technische Entwicklungen machen, die erst ein halbes Jahrhundert später in einer realen Katastrophe münden? Lester del Rey hat 1940 in seinem Kurzroman *Nerves* ein Szenario beschrieben, wie es 1986 in Tschernobyl Wirklichkeit wurde.

Diese Autoren werden jedenfalls gelesen – und das sicher nicht nur, weil sie spannend erzählen und exotische Landschaften und Lebewesen vorstellen, sondern weil sie eigentlich immer ein zentrales Thema behandeln, das wohl alle Hochbegabten beschäftigt: ihr Anderssein, das sie leicht zu Außenseitern macht.

Hochbegabte in Filmen der Science-Fiction und Fantasy

Die größten Filmerfolge des Jahres 2002 waren *Spiderman, Krieg der Sterne* (Episode Zwei), *Harry Potter und der Stein der Weisen, Men in Black II* und *Der Herr der Ringe*, Teil Eins.

Harry Potter und *Der Herr der Ringe* sind zwar pure Fantasy – aber den angeblichen Science-Fiction-Filmen kann man ihren märchenhaften Charakter nicht absprechen (ein Schüler, der durch den Biss einer Spinne selbst spinnenartige Super-Fähigkeiten bekommt und zum Spiderman wird – was für ein Unsinn!).

Allen diesen Filmen ist gemeinsam, dass sie eine typische Heldenreise zum Thema haben – und dass ihre Helden fast alle Hochbegabte sind, wie man aus ihrem Werdegang und ihrem Handeln leicht ersehen kann. Bei *Der Herr der Ringe* kann man bezweifeln, dass der zentrale Held, Frodo, ein Hochbegabter ist – aber die Hauptfiguren im Hintergrund, Zauberer Gandalf und der böse Herrscher Sauron, sind es sicher.

Science-Fiction-Filme haben wie die Romane dieses Genres schon vom Thema her geradezu zwangsläufig hochbegabte bis geniale Wissenschaftler oder Ingenieure zum Helden. Meistens sind es geniale Einzelgänger, die die Welt vor einer gigantischen Katastrophe retten. Und manchmal wird auch thematisiert, dass da eine ganz neue Rasse von Übermenschen sich gegen die Normalen behaupten muss – wie in den beiden Teilen über die *X-Men*, die ebenfalls große Erfolge an den Kinokassen waren.

Und wie steht es mit dem Dreiteiler *Matrix*, dem größten Erfolg von 2002 und 2003 überhaupt? Neo, die zentrale Figur, wird als Auserwählter eingeführt, ein messianischer Typ, der aus seiner schlafähnlichen Anfangsexistenz als Programmierer und Hacker zu immer neuen Höhen mit immer tolleren Fähigkeiten aufsteigt und die Menschheit von der Herrschaft der superintelligenten Computer befreit – auch hier das Motiv des weit überlegenen Gegners, dem der Held im Kampf allmählich seine eigene Überlegenheit beweist.

Es gibt kein Genre, wo die Dominanz der hochbegabten und superintelligenten Helden so deutlich zum Vorschein kommt wie in der Science-Fiction und der verwandten Fantasy – beides moderne Varianten der uralten Mythen und Märchen. Gerade bei der Science-Fiction kann man deutlich zwei Grundtypen unterscheiden: den voranstürmenden Daidaliden (der oft als mad scientist à la Dr. Frankenstein oder Dr. Seltsam daherkommt) – und weit häufiger den Ikariden, der erst einmal schrecklich abstürzt, bevor er sich – hoffentlich – zu neuen Höhen aufschwingt.

Vom Anderssein, Einsamsein und Verstandenwerden

Wilmar H. Shiras' *Children of the Atom* erzählt vom Kinderpsychologen Peter Welles, dem allmählich dämmert, dass einer seiner jungen Patienten, Timothy Paul, das Ausmaß seiner Intelligenz vor der Umwelt versteckt. Er begreift, dass dieser Junge in Wahrheit ein Genie ist, das ein Leben im Verborgenen führt. Dort schreibt er bereits als Kind erfolgreiche Bücher und leistet bedeutende wissenschaftliche Forschungsarbeit. Weller widmet sich von da an der Aufgabe, Tim zu helfen und seinesgleichen zu finden – denn es gibt noch andere seiner Art.

In einem Nachwort für eine Neuausgabe des Romans schreibt Marion Zimmer Bradley, selbst weltweit erfolgreiche Autorin von Fantasy und Science-Fiction, etwas Bemerkenswertes:

»Das Buch ist die Geschichte [einer] Suche. Doch für uns alle, die wir es in den kritischen konformistischen, ausgleichsorientierten Fünfzigerjahren gelesen haben, war es viel mehr als nur das. [...] In der ursprünglichen Novelle ›Versteckspiel‹ sprach Wilmar Shiras die ganze Generation der Science-Fiction-Fans an, die in den Vierziger- und Fünfzigerjahren aufwuchsen. Immer wieder mussten Fans, die diese Geschichte gelesen hatten und in dieser Zeit aufgewachsen waren, eingestehen: ›Sie hat über mich geschrieben.‹«

Bradley kommt zu einem Schluss, der mir typisch für viele Hochbegabte erscheint:

»... beraubt man die Novelle aller Science-Fiction-Elemente von Mutanten, die von radioaktiver Strahlung geschaffen wurden, [dann ist sie] die Geschichte des intellektuellen Kindes, das darum kämpft, in einer feindselig gesonnenen Umgebung zu überleben; nicht nur in einer Umgebung, die sich hartnäckig weigert, seine Einzigartigkeit anzuerkennen, sondern auch in einer solchen, die sich aus eigenem Antrieb jedem gegenüber feindlich verhält, der ›anders‹ ist. Allzu viele von uns haben für sich selbst den Kompromiss entdeckt, den auch Timothy Paul einging: das intellektuelle Leben und den Unterschied verzweifelt zu verheimlichen und vorzutäuschen, völlig normaler Durchschnitt zu sein. Es ist die Geschichte eines jeden abspenstigen, intelligenten Kindes, das schon früh im Leben herausgefunden hat, dass es überlegen ist – und verwirrt und unglücklich feststellen muss, dass es stattdessen als unterlegen behandelt wird, als wäre sein Intellekt eine Art Behinderung.« (Bradley 1978, S. 232)

Ich denke, das könnte Joanne K. Rowling unverändert auch so sehen. Ihre Fantasy-Reihe über Harry Potter ist eine einzige Variation desselben Themas: ein ungewöhnlich begabtes Kind unter verständnislosen, ja feindseligen »Muggles« (wie die Zauberer die normalen Menschen nennen) – aber auch in Auseinandersetzung mit Zauberern seinesgleichen, welche die

Muggles vernichten und allein die Macht über die Welt ausüben möchten.

Es würde zu weit führen, an dieser Stelle auf Harry Potter und die Hochbegabten in Fantasy und Science-Fiction näher einzugehen. Auf meiner Website www.iak-talente.de habe ich eine Liste von empfehlenswerten Romanen zusammengestellt und kommentiert.

Ein unterhaltsames Erkenntnisinstrument

So wie das World Wide Web des Internets von Leuten wie Tim Berners-Lee und anderen Hochbegabten zunächst zum Kommunikations-Tool für andere hochbegabte Wissenschaftler und Ingenieure geschaffen wurde, das aber heute jeder Mensch für seine Zwecke einsetzen kann, und so wie der Computer von Bill Gates zum Weltstandard gemacht wurde, den Hochbegabte am besten als Denkwerkzeug nutzen können, dessen Einsatz aber auch Normalbegabten viel bringt - und sei es nur als Spielkonsole -, so ist die Science-Fiction eine Literaturgattung, die von hochbegabten Autoren zwar für jedermann geschrieben wird, die aber wahrscheinlich hochbegabten Lesern am meisten bietet.

Science-Fiction ist so etwas wie ein »unterhaltsames Erkenntnisinstrument« - oder, mit einem modernen Begriff, pures Infotainment. Aber diese Geschichten haben gewissermaßen einen »doppelten Boden«, durch den Hochbegabte zu ihrer eigenen Geschichte (als Querdenker und Außenseiter mit verrückten Ideen) vordringen und sich mit den Veränderungen der Welt durch Ingenieure und Scientists (vor allem Naturwissenschaftler) befassen können, welche die Plots für die Erzählungen liefern.

Um dieses Teilthema abzuschließen, möchte ich nur noch darauf hinweisen, dass die Science-Fiction - wenn auch in unterhaltsamer Form (aber ist das ein Makel?) - die einzige Literaturgattung ist, die

- seit dem ersten modernen Werk dieser Art, Mary Shelleys *Frankenstein* von 1818, unaufhörlich auf die Verantwortung der Wissenschaftler für ihr Tun hingewiesen hat
- und sich zudem immer wieder mit dem Schicksal der ganzen Menschheit befasst.

Ted Brauer hat sein Roman-Projekt in der Gegenwart angesiedelt. Aber er plant, Science-Fiction-Elemente einzubauen - inklusive des Klonens moderner Mischwesen nach Art des Minotauros. Er gab mir das bislang einzige Kapitel, das er ausgeführt hat, und meinte, das könnte ich ja in mein Sachbuch einbauen - als Beispiel für einen modernen Ikaros. Danke!

Und bitte: Hier ist »Flieg, Icky, flieg!«

Flieg, Icky, flieg

Icky zog die Kabinentür ins Schloss und startete den Hubschrauber. Die Lichter des Stadtrands, wo die Villa mit dem Landeplatz lag, verschwanden unten, die Stadt floss zu einem glitzernden Meer hinter ihm zusammen, als er abbog und in einer weiten Kurve über die Wälder und Felder nach Südwesten schwebte. Dort ließen ab und zu neue Lichtflecken Dörfer und einzelne Häuser ahnen. Er wollte nicht allzu hoch steigen; aber er hatte Respekt vor den nachtschwarzen Hügeln, die unten lauerten, vor Baumwipfeln, Hochspannungsmasten und -drähten. Oben verdeckte eine dichte Wolkendecke den Sternhimmel, reflektierte die Lichter von München.

Er drückte den Steuerknüppel sanft nach vorne. Jetzt verstand er noch weniger, warum der Alte ihn nicht allein in die Maschine ließ.

»Das ist viel zu früh«, hatte Dai Dahl gesagt und abweisend den Kopf geschüttelt, »dir fehlen noch gut 100 Stunden - und die musst du dir erst verdienen. Zum Beispiel durch bessere Noten. Und wenn du das Abi mit einem Durchschnitt von mindestens 1,5 schaffst - dann schenk ich dir den Vogel.«

»Warum darf ich nicht wenigstens mal mit deiner Begleitung fliegen, aber eben selbstständig und eine lange Strecke – nicht bloß die paar Meter rauf beim Start. Runter will ich, das Schwere will ich machen, die Landung!«

»Zu früh«, hatte der Vater ihn abgeschmettert. »Der Vogel kostet mehr als eine Million – als Schrott ist er gar nichts mehr wert. So dicke haben wir's auch wieder nicht. Ich brauchte drei Jahre, bis ich ihn beherrscht habe!«

Na gut, alte Leute über 50 brauchen dazu eben länger. Aber ich bin jung und ich pack das heute.

Dann war der ferne Stern im Wolkenloch Richtung Starnberger See kein Stern mehr, sondern etwas Großes, Helles, Blinkendes, das blitzschnell näher kam. »Mist«, entfuhr es ihm. Das musste ein Rettungshubschrauber sein, der vielleicht einen Unfallverletzten in eines der Münchner Krankenhäuser flog, wahrscheinlich ins Schwabinger. Oder war es ein Heli der Polizei?

Er war nicht angemeldet mit diesem Flug. Nirgends!

Schnell drückte er den Knüppel nach vorne, um in der Tiefe Deckung zu suchen. Die Positionslichter auszuschalten, das traute er sich nicht. Aber wenigstens die Innenbeleuchtung ... Er tastete nach dem Schalter, der irgendwo rechts über ihm in der Armatur angebracht sein musste.

Das war das Letzte, was er bewusst tat. Dann konnte er nur noch instinktiv reagieren mit dem, was sein Körper bereits gespeichert hatte. An Überlegen war nicht mehr zu denken.

Die Bö – wer rechnet an so einem schönen Sommerabend mit einer Bö? – packte die Kabine und den Rotor von der Seite, wütete gegen den Sinkflug, presste ebenso plötzlich von oben herunter – der hintere Rotor schaffte den Ausgleich nicht – plötzlich wusste er, was sein Vater gemeint hatte mit den drei Jahren ...

Dann war da nur noch das Trudeln, Taumeln, aus dem kein Entkommen war – der vergebliche Versuch, mit Höhenruder und Seitenruder zu balancieren – nicht zu viel Gas wegzunehmen – nicht zu viel Schub zu geben – wo war oben – wo war unten?

Der Erdboden war plötzlich viel näher, als der Höhenmesser Augenblicke zuvor noch angezeigt hatte – er schrie verdutzt – Aufprall – entsetzliches Knirschen zusammengepressten Metalls – splitterndes Glas – ein Schmerzensschrei – von wem?

»Dafür wirst du lange sparen müssen, Kleiner«, sagte eine Männerstimme neben seinem schmerzenden Schädel. Es war so dunkel. »Aber ich bin froh, dass du lebst, Icky.« Wer sprach da?

»Dad, bist du das, Dad – warum seh ich nichts?«

»Ja, ich bin's. Das mit den Augen wird schon wieder. Jetzt schlaf erst mal weiter und erhol dich. Es wird eine Weile dauern, bis du wieder fliegen kannst – aber wir packen das.«

Ikaros ho!

Wir haben in den vorangehenden Kapiteln schon eine Reihe Figuren aus der Labyrinth-Sage kennen gelernt, welche zugleich Grundtypen von Hochbegabten repräsentieren:

- *Perdix* (der zu früh stirbt);
- *Naukrate* (die sklavisch bescheiden im Schatten bleibt);
- *Minos* (der erfolgreiche, mächtige Herrscher);
- *Theseus* (der kühne Held, der seine Fähigkeiten zielstrebig verwirklicht);
- *Minotauros* (das schreckliche Ungeheuer und Sinnbild des entarteten Soziopathen);
- *Ariadne* (die Prinzessin, die aus dem Schatten tritt, ihr Leben in die Hand nimmt und zur Göttin wird);
- *Daidalos* (der geniale Erfinder und rücksichtslose »mad scientist«);
- *Pasiphaë* (die in den Schatten zurücksinkende Königin – Opfer ihres Gatten und seiner imperialen Hybris).

Ikaros, den Letzten im Reigen dieser archetypischen Gestalten, möchte ich zum Abschluss noch als neunte mögliche Variante eines Hochbegabten vorstellen. Er ist jener Typ, der am problematischsten erscheint: der Underachiever.

Die Szene des schwebenden Ikaros, der abstürzt, weil er der Sonne zu nahe kommt – sie hat im Bilder- und Mythenschatz der westlichen Zivilisation einen festen und sehr prominenten Platz, ist im kollektiven Gedächtnis wie im persönlichen Bewusstsein jedes einigermaßen gebildeten Menschen fest verankert. Es gibt eine Variante dieser Geschichte, die kaum bekannt ist:

»Nach einer anderen Überlieferung befreite Pasiphaë Daidalos aus dem Labyrinth. Daidalos baute ein Schiff und erfand das Segel, um es voranzutreiben. Dann stieg er mit Ikaros an Bord, floh von der Insel [Kreta] und suchte Zuflucht in Sizilien am Hofe des sikanischen Königs Kokalos von Kamikos.« (Grant und Hazel 1976, S. 107)

Offenbar haben die Menschen, welche sich diese Geschichte ausgedacht und Generation um Generation weitererzählt haben, den jungen Mann in ihr Herz geschlossen, weil er ein Schicksal hat, das jedem Kind droht: sich zu hoch hinauszuwagen und dadurch zugrunde zu gehen. Oder auch: von einem klugen und kühnen, aber wenig einfühlsamen Vater auf ein Abenteuer mitgenommen zu werden, dem es noch nicht gewachsen ist.

Eine dritte Variante, die mir noch besser gefiele, wäre, dass der leichtsinnige Knabe zwar ins Meer stürzt, aber gerettet wird – vielleicht von Pasiphaë, die ihr eigenes Versagen erkennt und bereut? Sei dem, wie dem sei: Es gibt diese andere Variante mit dem Happyend. Ted Brauer hat sie im Anfang seines Romans als Annäherung von Vater Dai Dahl und seinem Sohn Icky angedeutet; es war ihm wichtig, seine eigene Annäherung an den Sohn Tobias auf diese Weise zu dokumentieren – und es ist ihm wichtig, sie in meinem Buch zu sehen, auch deshalb, »weil es vielleicht das Einzige ist, was jemals von meinem Roman gedruckt wird«.

Geben wir Ikaros seine Chance zu überleben. Denn es wird uns selbst gut tun. Dieser Junge ist nämlich, tiefenpsychologisch gesehen, so etwas wie das Innere Kind in uns: das Kind, das wir selbst einmal gewesen sind und das uns beim Erwachsenwerden irgendwann, irgendwo, irgendwie verloren ging. Dieses Kind, das unsere Träume und nicht gelebten Möglichkeiten darstellt und so manches Talent, das zu realisieren uns verwehrt blieb.

Es verkörpert zugleich jenen Persönlichkeitsteil in jedem Menschen, der schon einmal erlebt hat, dass er »fliegen« kann, also etwas ganz Besonderes vermag - und dass er diese Fähigkeit wieder verlor. Weil keine Zeit zum Üben war oder andere Umstände die Realisierung des Talents verhinderten. Das kann Klavierspielen gewesen sein oder das Malen von Aquarellen, Tanzen oder Bildhauern, Schnitzen oder Messerwerfen ...

Wenn dieser überlebende Ikaros (oder Ikara, die weibliche Variante) lernt, solche Fähigkeiten zu üben und nach einer Heldenreise die Meisterschaft in der Domän zu erringen, wird er mindestens so gut wie sein Vater Daidalos fliegen.

Für Hochbegabte gilt außerdem, dass es offenbar zu ihrer Natur gehört, sich zu überschätzen - sich höhere Ziele zu stecken, als sie zunächst erreichbar sind. Deshalb ist es für Eltern besonders schwer, es richtig zu machen in der Erziehung - nein: ihr hochbegabtes Kind auf dem Weg zur Meisterschaft zu begleiten.

Ungefähr 1990 muss es gewesen sein, dass ich im Wartezimmer meines Zahnarztes in einer Ausgabe von *Reader's Digest* blätterte und dieses Zitat von einem Niederländer namens H. Moonen las (und mir aus irgendeinem Grund notierte): »Baue deine Luftschlösser nicht zu hoch - es sei denn, du willst ein Leben lang klettern.«

Ein interessantes Zitat. Ich vermute, dass es Hochbegabte genau dazu drängt: »ein Leben lang klettern«. Das heißt, dass sie stets Zielen (Visionen) nachstreben, die größer sind als ihre aktuellen Möglichkeiten. Das hat, vermute ich, damit zu tun, dass die Fähigkeit zum kreativen Vernetzten Denken engstens verbunden ist mit einem offeneren System der Informationsverarbeitung, als dies bei Normalbegabten der Fall ist. Die Konsequenz: Hochbegabte können gar nicht anders, als Überflieger zu sein, sich fortzubilden, immer weiterzudenken, zu tüfteln, zu spintisieren, zu kreieren – immer »höhere Luftschlösser zu bauen«. Nur im Erfolg zeigt sich, ob sie auch lernen, nach ihren Höhenflügen immer wieder sicher auf der Erde zu landen – oder ob sie zu neurotisch bleiben, also ihre Ziele zu hoch setzen – und ständig nur abstürzen.

Wenn dieser Ikaros im richtigen Leben Tobias heißt, wie der junge Underachiever in unserer Fallgeschichte, wird es ihm jedenfalls gut tun, dass sein Vater sich endlich mehr Zeit für ihn nehmen will, gemäß dem Motto »Lieber spät als nie«.

Als die Pioniere im 18. und 19. Jahrhundert in den verheißungsvollen Westen der Vereinigten Staaten von Amerika aufbrachen, hieß ihr anfeuernder Ruf: »Westward ho!«

Entsprechend möchte ich all den Latenten und Underachievern, die erst noch fliegen lernen möchten, zurufen:

»Ikaros ho!«

Wanderer, kommst du hierher,
so tritt ein ins Labyrinth.
Lass es auf dich wirken.

Du kannst geruhsam hindurchwandern, in der Mitte einen Augenblick verharren – und wieder hinausgehen. Einfach so. Die ständig wechselnden Ausblicke belohnen dich.

Aber du kannst auch mehr machen. Du kannst im Labyrinth nachdenken, meditieren.

Vielleicht beschäftigt dich eine wichtige Frage oder ein Problem belastet dich.

Such dir irgendwo außerhalb des Labyrinths einen Stein, der diese Frage, dieses Problem darstellt. Trage den Stein hinein, während du die 300 Schritte zum Kern machst, dich dort vielleicht hinsetzt, die Augen schließt, nachdenkst ...

Dann geh wieder hinaus, Wanderer, lege den Stein irgendwo bei den anderen Steinen der Struktur ab. Und geh ein wenig klüger, befreiter weiter deines Weges.

Irgendeine Antwort wirst du im Labyrinth finden. Wie bei einem Traum bedarf sie wahrscheinlich einer Deutung. Die Zeit dafür solltest du dir nehmen.

Und noch etwas: Je öfter du ins Labyrinth hineingehst – umso klüger kommst du wieder heraus.

(Begrüßungstext am Eingang des Birkenlabyrinths von Bürchen in der Schweiz)

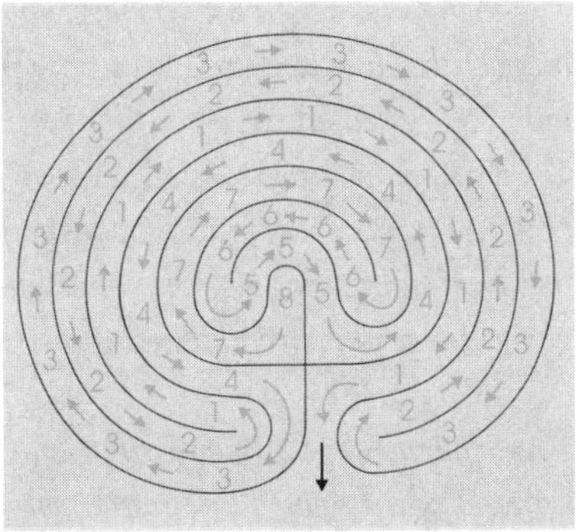

Ausklang und Anhang

... in Indras Himmel gibt es ein Perlennetz, das so angeordnet ist, dass man nur eine der Perlen zu betrachten braucht, um alle zu sehen. Weil sich alle in der einen widerspiegeln. Und ebenso ist jedes Objekt in der Welt nicht nur es selbst, sondern schließt gleichzeitig jedes andere Objekt ein und ist deshalb in jedem anderen Objekt.

Karl Pribram

Ted Brauers Turbulenzen X

(Unsere letzte Sitzung. Diesmal sieht Ted Brauer wesentlich lockerer aus.)

»Wie geht es Ihren Projekten – was macht der Roman?«

»Der muss wohl pausieren. Jetzt ist erst mal Kreta dran und diese Artikelserie. Viele meiner Kollegen in den Redaktionen warten auf ihre Kündigung, die Situation in der deutschen Medienlandschaft ist nicht gerade rosig und als freier Journalist muss man sich noch mehr zur Decke strecken als früher. Ich bin mit diesem Roman doch eigentlich nur in meiner Fantasiewelt herumgekrochen.«

»Warum machen Sie das jetzt so herunter? Es hat Sie immerhin zu mir geführt und dadurch ein wenig näher zu Ihnen selbst – und zu Tobias. Wie geht's dem *eigentlich?«*

»Gut. Sehr gut, würde ich sagen, vor allem verglichen mit früher. Seine Freundin bekommt ihm bestens – und die Distanz zu uns, seit er mit Donna in einer eigenen Wohnung lebt, welche die beiden jetzt sogar selbst finanzieren können.«

»Wie das?«

»Stellen Sie sich vor: Er hat eine Ausbildungsstelle gefunden, wo seine Erfahrungen mit Computern endlich einmal gefragt sind. Und das Allerbeste ist: Er geht wieder auf eine Schule.«

»Schule?«

»Ja, eine Berufsschule, die seine Ausbildung begleitet. Und soweit ich da Einblick habe – allzu viel erzählt er ja nicht –, macht ihm das nicht mehr solche Probleme wie früher. Er schimpft zwar auf alles Mögliche – dass er das Zeug alles schon längst kenne –, aber er geht hin. Und er will das schaffen.«

»Wunderbar. Und wie geht es Ihnen damit?«

»Es freut mich natürlich sehr. Mir ist durch die Gespräche mit Ihnen zunehmend bewusst geworden, was mein Anteil an seiner Misere war. Er hatte das Pech, mitten in meiner schlimmsten Krise auf die Welt zu kommen. Ich war immer irgendwie unzufrieden mit mir und meinem Leben, war ständig auf der Suche nach meiner wahren Bestimmung, nach dem Sinn des Ganzen, wenn Sie so wollen. So ist ja auch die Idee mit diesem Roman und überhaupt die ganze Beschäftigung mit dem Labyrinth-Thema entstanden. Dazu die Schwierigkeiten zwischen Lena und mir – da war nicht viel Zeit und Verständnis für einen etwas seltsamen, extravaganten Jungen, von dessen eigentlicher Problematik ich damals null Ahnung hatte.«

»Kein Wunder, dass Sie letztes Mal so gestresst wirkten – da kommt einiges zusammen. Wollen Sie noch ein paar Sitzungen dranhängen an unser Coaching?«

(Er überlegt eine Weile. Dann lächelt er.) »Nein. Das pack ich schon selber. Wissen Sie, was ich auf Kreta als Erstes mache?«

»Nun, Sie werden mit Ihrer Frau ein schönes Hotel am Meer suchen und erst mal ausgiebig baden.«

»Woher wissen Sie, dass meine Frau mitkommt?«

»Intuition – aber nicht schwer zu erraten. Und was machen Sie danach – als Erstes?«

»Ich suche mir, während ich die Recherchen für meinen ersten Artikel mache, ein abgelegenes Grundstück, so richtig öd und karstig und für alle anderen Zwecke unbrauchbar. Dort lege ich mir mit Steinen ein Labyrinth aus, das groß genug ist, dass man darin herumlaufen kann – wenn möglich mit Blick aufs Meer. Ich wandere da drin so lange umher, bis ich mir auf die Schliche gekommen bin.«

»Daraus speist sich dann wieder Ihr Roman? Da wird diese Kretareise ja zu einer richtigen Heldenreise – einer Writer's Journey.«

»Vielleicht. Irgendwann. Aber jetzt ist erst mal eine Menge anderes dran.«

»Ihre Frau, die Söhne.«

»Genau. Vor allem Tobias. Ihm habe ich vieles vorenthalten – Aufmerksamkeit und schlichtweg Zeit.«

»Für dieses Abenteuer wünsche ich Ihnen viel Erfolg.«

Wieder vor dem Labyrinth

Wir haben das Labyrinth verlassen, stehen wieder vor dem Eingang, wie zu Beginn dieses Buches. Aber statt zurückzuschauen, möchte ich mit Ihnen den Blick nach vorne richten – zu einer praktischen Anwendung: dem Vernetzenden Lesen und Lernen.

Dieses Buch wäre gut 1 000 Seiten dick geworden, wenn ich das ganze Material aus meiner Datenbank verwendet hätte. So ein dickes Konvolut hätten Sie sehr wahrscheinlich nicht bezahlen wollen – und wohl auch nicht lesen. Der Verlag wiederum hätte sich vermutlich zuvor schon geweigert, diesen Brocken zu veröffentlichen. Aber wozu gibt es das Internet? Deshalb habe ich viele Details auf meine Website ausgelagert, wo Sie sich gerne – kostenlos – bedienen können.

Sie finden das Material folgendermaßen: Auf der Startseite von »www.iak-talente.de« finden Sie links oben einen Button mit einer verkleinerten Abbildung des Buchumschlags und dem Titel »Das Drama der Hochbegabten«. Wenn Sie dort anklicken, kommen Sie auf eine Verzweigung mit all den Themen, die ich dort vertieft und ergänzt habe bzw. laufend aktualisiere:

- die Zeittafel (hier im Buch ab S. 315);
- das Glossar (hier ab S. 330);
- die Bibliografie (hier ab S. 349);
- die Filmografie (hier ab S. 353).

Außerdem finden Sie dort ein »Making Of«, also die Entstehungsgeschichte dieses Buches (hier kurz angerissen auf S. 355), und den kompletten Text der Labyrinthiade mit all ihren zehn Erzählsträngen samt viel ergänzendem Material zum Thema »Labyrinth« (Zeittafel, Kulturgeschichte). Schließlich finden Sie auf der Website noch eine Reihe von Kurzbiografien (BrainSpots) Hochbegabter, die hier im Buch keinen Platz mehr fanden: beispielsweise ein Doppelporträt der Schriftstellerin Joanne K. Rowling und ihres weltberühmten Fantasiekindes Harry Potter.

Einführung in das Vernetzende Lesen

Man kann ein Buch auch anders lesen als linear von der ersten bis zur letzten Seite. Eines habe ich während der Recherchen zu diesem Buch über Hochbegabung sogar ganz bewusst, als Experiment gewissermaßen, von hinten nach vorne durchgeschmökert* – kapitelweise, versteht sich, nicht seiten- oder gar

---

* Es handelt sich dabei um Joan Bolkers *How to write a Dissertation in 15 Minutes a Day*.

satzweise. Ich machte dabei die interessante Erfahrung, dass dies nicht nur gut möglich ist, sondern dass man dabei außerdem ganz andere Zusammenhänge entdeckt, als der Autor sie einem eröffnet, wenn man seinen Überlegungen brav Seite für Seite folgt.

Aber für gewöhnlich lese ich Sachbücher nicht ganz so ver-rückt (und das ist es ja wirklich und buchstäblich, weil ich die einzelnen Elemente des Buches für mich neu arrangiere und damit ver-rücke). Dafür leiste ich mir andere Extravaganzen. Ein Buch, von dem ich mir viel verspreche, zerlege ich in seine einzelnen Seiten wie bei einer Loseblatt-Sammlung (ich liebe diese Form!), überführe das Buch dadurch gewissermaßen wieder in den *flüssigen* Aggregatzustand, in dem es sich ungefähr befand, als es vom Autor geschaffen wurde.

Nach einem ersten Blick ins Inhaltsverzeichnis, das mir einen Aufriss der vom Autor vorgestellten Gedanken und ihrer Anordnung gibt,

- suche ich nach einer Zeittafel (diese zeigt mir - falls vorhanden - in groben Zügen, wie sich das Thema historisch entwickelt hat);
- danach folgt ein kurzer Streifzug durch die Bibliografie (auf welchen anderen Autoren wird aufgebaut, aus welcher »Ecke« kommt der Verfasser?);
- und schließlich analysiere ich das - leider oft fehlende - Register (welche Namen werden besonders häufig zitiert, welche Stichworte spiegeln die Themen des Buches wider?).

Erst dann suche ich mir ein Kapitel heraus, das mich besonders interessiert. Das ist oft die Einleitung oder das Vorwort, aber meistens ein Abschnitt des Buches, auf dessen Teil-Thema ich besonders neugierig bin.

Wer Erfahrungen mit dem Internet hat, wird in meinem Vorgehen das Verhalten wieder erkennen, das man dort beim Surfen zeigt. Moderne Sachbücher nützen das Internet sogar bewusst als eine Art Erweiterung, indem dort zusätzliches Material vorgestellt wird, das den Buchtext erweitert, vertieft und vor allem aktualisiert – genau so, wie ich es auf meiner Website mache.

Wenn Sie sich einem Buch auf diese unorthodoxe Weise nähern, entsteht folgender Effekt: Man wird als Leser gewissermaßen von der Leine des Autors gelassen, befreit sich von dem, was dieser für den »richtigen« Zugang zum Thema hält. Man wird dadurch animiert, sich eigene Gedanken zu machen und sich das Buch selbst zu erschließen. Und dies wiederum führt zu etwas, was ich *Vernetzendes Lesen* nennen möchte. Womit wir beim Kernstück der Hochbegabung sind: dem Vernetzen, insbesondere dem *Vernetzten Denken*. Aber darüber haben Sie ja im achten und neunten Kapitel schon einiges erfahren.

Satz für Satz – oder »querbeet«?

Mit diesem kleinen Exkurs erhalten Sie nicht nur eine Art Gebrauchsanleitung für dieses Buch – es ist zugleich ein Sprung mitten hinein und ein erster Test, ob Sie vielleicht selbst ein ungewöhnliches (hochbegabtes) Talent sind – denn Hochbegabte, zumal die unangepassten und kreativen, lieben solche Experimente. (Den ausführlichen Selbsttest finden Sie im sechsten Kapitel.)

Sie können sich ein Buch aber noch auf ganz andere Weise erschließen, indem Sie es gewissermaßen »quer vernetzen«:

- chronologisch anhand der gleich folgenden Zeittafel;
- alphabetisch nach Sachthemen im Glossar (folgt nach der Zeittafel) und im Register;
- oder frei assoziierend, gewissermaßen nach dem Zufallsprinzip, indem Sie den Querverweisen folgen.

Es gibt außerdem, quasi diagonal vernetzend, die Fortsetzungsgeschichte über Ted Brauer und seine Familie, die sich dem Thema auf nochmals andere Art nähert: erzählend. Auch die verschiedenen Kästen bilden durch Unterthemen eine Art Vernetzungsknoten des Gesamtthemas. Eine solche Funktion hat auch die Labyrinthiade - ein Netzwerk von Geschichten (Erzählsträngen). Diese werden von einem zentralen Symbol zusammengehalten: dem Labyrinth-Symbol.

Wenn Sie Zeit und Geduld aufbringen, sich auf ein großes Leseabenteuer einzulassen, bei dem unglaublich komplexe Gedankennetze entwickelt werden, empfehle ich Ihnen diese drei Werke:

- Das *Alexandria-Quartett* von Lawrence Durrell entfaltet mit seinen vier Romanen ein farbenprächtiges Spektakel durch Raum und Zeit, in dem dasselbe Geschehen zunächst aus der Perspektive von je einer der Hauptfiguren (*Justine, Balthazar, Clea*) geschildert wird, um im vierten Band, *Mountolive,* aus einer übergeordneten Erzählerposition nochmals zurechtgerückt und neu interpretiert zu werden.
- Nicht mit so hohem literarischen Anspruch, aber ungemein unterhaltsam und spannend vernetzen die 13 (!) Taschenbücher *Spiel der Sterne* von Martin Umbach und Michael Seyfried ihren Thriller um einen hochbegabten Jungen namens Frederik Norden. Jeder der Bände ist einem Sternzeichen zugeordnet, der 13. einer fiktiven Konstellation namens »Arachne«. Das Konzept ist so genial, dass man mit jedem der 13 Bücher in die Lektüre einsteigen und die anderen nach dem Zufallsprinzip anfügen kann - und dennoch allmählich alles versteht. Ein großes, gelungenes Lesevergnügen!
- Was würde hier noch besser passen als die Saga um Harry Potter, über dessen (bislang fünf) Bände ich kein weiteres Wort mehr verlieren möchte? Lesen Sie dieses großartig konstruierte und erzählte Konvolut einfach, falls Sie es noch nicht getan haben. Auch wenn Sie keine Zauberer, keine Fantasy und schon gar nicht Schulgeschichten oder Entwicklungsromane lesen möchten - diese Bücher bereichern Ihr Leben. Und sie sind ein wunderbares Beispiel für ein komplex vernetztes Gedankengebäude, das seinesgleichen sucht.

Es folgen nun:

- Zeittafel
- Glossar
- Bibliografie
- Filmografie
- Making Of (nur als Verweis auf meine Website)
- Register

Zeittafel

Der tiefere Sinn von Zeittafeln ist die mögliche vertikale (zeitliche) Vernetzung von Informationen zu einem bestimmten Thema. Anders als eine lineare Vernetzung (im Textverlauf eines Buches) oder alphabetische Vernetzung (nach wichtigen Personen oder Themen), die man auch als »horizontale Vernetzung« bezeichnen könnte, erschließt die vertikale Vernetzung das allmähliche Entstehen der Ideen durch historische Ereignisse und wichtige Publikationen, Konferenzen usw., insbesondere auch in Form von bedeutenden Hintergrundinformationen (hier beim Thema »Hochbegabung« zum Beispiel Informationen über das Internet oder die generelle kulturelle Entwicklung).

In diesem Buch können nur die wichtigsten Ereignisse angeführt werden. Eine ausführliche Zeittafel mit relevanten Neben- und Hintergrundthemen erscheint zeitgleich als Separatum im Allitera Verlag unter dem Titel *Zeittafel zur Psychologie von Intelligenz, Hochbegabung und Kreativität* (ISBN 3-86520-043-5). Details hierzu finden Sie auf meiner Website, wo diese Zeittafel laufend aktualisiert wird.

Jahr	Ereignis
Vor gut 100 000 Jahren	beginnt die Zeit der Schamanen. Sie sind nicht nur Heilkundige, sondern auch die Ratgeber der Häuptlinge. Später – da nennt man sie Priester – werden sie die Berater und Vertrauten der Fürsten, der Könige. Sie fassen dieses frühe Wissen schließlich auch zusammen in den Erzählungen und Gesängen, mit denen sie ihrem Stamm, später einer ganzen Kultur ein geistiges Zentrum in der Gegenwart und ein die Generationen überdauerndes Band der sozialen und kulturellen Zusammengehörigkeit übergeben. Wahrscheinlich kannten die Schamanen schon eine archaische Charakter- und Intelligenzdiagnostik, mit deren Hilfe sie aus ihren Schülern geeignete Nachfolger auswählten. Das wichtigste Diagnostikum war vermutlich der Verlauf der Schamanenreise – eine Art Heiler-Krankheit, deren günstiger Verlauf durch die Selbstheilung die Eignung zum Heiler bekräftigte.
Vor rund 50 000 Jahren	findet gemäß der Theorie des Archäologen Richard Klein die letzte Mutation statt. Sie habe modernes Verhalten erst möglich gemacht und den Keim zur Kultur gelegt. Doch das bedeutet auch: Wenn es eine Mutation zur Hochbegabung gibt, dann ist sie wahrscheinlich damals geschehen.
Um 10000 v.Chr.	beginnen die Hochbegabten eine zunehmend wichtigere Rolle zu spielen, als die Menschen sesshaft werden und die Kultur der Ackerbauern und Viehzüchter die der umherstreifenden Nomaden allmählich ablöst. Die Geschichte von Kain (dem Pflanzer) und Abel (dem Schafhirten) fasst dieses historische Drama in wenigen Sätzen prägnant zusammen und weist auch auf seinen tragischen, buchstäblich mörderischen Ausgang in vielen Fällen hin.
Um 4000 v.Chr.	entstehen Schrift und Überlieferung, entwickelt sich zugleich Wissenschaft im modernen Sinn. Jetzt entstehen die Hochkulturen, die man auch als Hochbegabten-Kulturen bezeichnen könnte.
Um 3100 v.Chr.	kommen in Ägypten erste Goldbarren als »Münzen« in Umlauf. Das Geld wird ab da neben der Schrift (→ 4000 v.Chr.) eines der wichtigsten Werkzeuge für Hochbegabte. (Viel später, um 1700 v.Chr., wird auch in Mesopotamien Münzgeld eingeführt; die größte Einheit nennt man »Talent«.)

Jahr	Ereignis
Um 3000 v.Chr.	Wann die Motive der Labyrinthiade erstmals auftreten, bleibt im Dunkel der Frühgeschichte verborgen. Wenn dieser Sagenkranz an das etwa 5 000 Jahre alte Labyrinth-Symbol geknüpft ist, wäre die Abenteuerreise des Theseus und sein Kampf mit dem Minotauros die älteste überlieferte Version einer → **HELDENREISE** und damit der älteste archaische Test auf Intelligenz und Charakter.
Um 2780 v.Chr.	lebt und wirkt Imhotep, der als »erstes Universalgenie der Menschheitsgeschichte« bezeichnet wird. Er ist Baumeister, Gesetzgeber, Arzt und »Weiser« und gilt als Begründer der ägyptischen Zivilisation. Imhotep ist zudem Architekt und Baumeister der ersten Pyramide. Als Berater des Königs Djoser ist er ein typischer Intellektueller ohne eigene Macht, also ein Nachfahre der mythischen Schamanen - weshalb er nicht zuletzt deshalb nach seinem Tod zu einer Art Messias hochstilisiert wird.
Um 1200 v.Chr.	Intelligenztests sind bereits in früheren Zeiten zumindest als Idee bekannt. Wahrscheinlich wird auch etwas Ähnliches praktiziert, das die Israeliten befähigt, ihre besten Kämpfer auszuwählen: »Der Herr aber sprach zu Gideon: Des Volkes ist mir zu viel, das mit dir ist ... So lass uns ausrufen vor den Ohren des Volkes und sagen: ›Wer blöde und verzagt ist, der kehre um und hebe sich alsbald vom Gebirge Gilead.‹ Da kehrten des Volkes um 22 000, dass nur 10 000 übrig blieben ...« (Buch der Richter, Kapitel 7, Vers 2–7) Nach dieser ersten Auslese unter dem Aspekt der Motivation kommt ein zweiter Test, bei dem Gideon prüft, wie die Männer Wasser lecken: direkt mit dem Mund, wie es Hunde tun, oder mit der Hand schöpfend. Mit Letzteren, gerade noch 300 Männer, zieht Gideon dann erfolgreich in die Schlacht.
Um 400 v.Chr.	beschreibt der griechische Philosoph Platon (427–347 v.Chr.) in seiner Utopie vom idealen *Staat* ein System von Prüfungen für die Wächter, welche für den Bestand und das Funktionieren dieses Gemeinwesens sorgen sollen. Im Verlauf dieses Auswahlverfahrens werden diese Krieger auf verschiedenen Altersstufen in Situationen versetzt, in denen Selbstdisziplin, Mut, Unbestechlichkeit und nicht zuletzt ihre Intelligenz geprüft werden.

Jahr	Ereignis
Um 350 v.Chr.	entwickelt der griechische Philosoph Aristoteles (384–322 v.Chr.) seine Spekulationen über die Aussagekraft des menschlichen Gesichts (Physiognomik) in puncto Intelligenz und Begabung.
Um 347 v.Chr.	beschreibt der griechische Philosoph Platon (427–347 v.Chr.) kurz vor seinem Tod in seinen Dialogen *Kritias* und *Timaios* den Mythos vom sagenhaften Erdteil Atlantis, der an der Hybris seiner Herrscher zugrunde geht - eine frühe Warnung vor dem Größenwahn der Mächtigen.
219 n.Chr.	gründet der Rabbi Abba Areka im babylonischen Sura für die Juden in der Diaspora eine Lehrstätte, die zur ersten echten Volkshochschule der Welt wird, an der das ganze jüdische Volk teilhat. Auf dieser und ähnlichen Gründungen basiert das hohe Niveau der Bildung und eine Förderung der (Hoch-)Begabten im jüdischen Volk, die einzigartig auf der Welt ist.
Um 1250	existieren in den Familien der islamischen Elite Spaniens geheim gehaltene Anweisungen zur Identifizierung und Förderung von Intelligenz und Begabung des Nachwuchses. Diese maurische Menschenlehre wird später (1575) ins Spanische übersetzt.
Um 1800	entdeckt der Göttinger Mathematiker und Astronom Carl Friedrich Gauß (1777–1855) die nach ihm benannte »Gauß'sche Glockenkurve« der statistischen Normalverteilung von Elementen eines bestimmten Phänomens - zum Beispiel der Intelligenzhöhe. (Gauß findet schon als Schulkind wichtige mathematische Gesetzmäßigkeiten und gilt zu Recht als Wunderkind.)
1837	Lange bevor die Wissenschaft sich ernsthaft für Hochbegabte zu interessieren beginnt (→ 1869 Galton, → 1908 Binet), gründet der französische Psychiater Edouard Séguin eine Schule für Schwachsinnige.
1869	erscheint in London *Hereditary Genius* von Francis Galton (1822–1911). Mit diesem Jahr kann man den Beginn der wissenschaftlichen (psychologischen) Erforschung der Hochbegabung datieren.

Jahr	Ereignis
1879	gründet Wilhelm Wundt in Leipzig das »Institut für experimentelle Psychologie«, auf dessen Konzept auch die bald darauf entstehende naturwissenschaftliche Intelligenzforschung mit Messungen und Tests basiert.
1884	kann man als Geburtsjahr des psychologischen Tests bezeichnen. Schon um 1850 hatte Francis Galton mit Studien zur Intelligenz und Intelligenzmessung begonnen. Aber erst nachdem er → 1869 sein – eher spekulatives – Werk *Hereditary Genius* veröffentlicht hat, geht er zu ernsthaften Experimenten und Messreihen auf diesem Gebiet über. Er nützt das große Interesse der Besucher der Londoner Weltausstellung an solchen Methoden und gewinnt auf diese Weise wertvolles Grundlagenmaterial für theoretische und statistische Überlegungen zu Intelligenz und Begabung. Von 1884–1890 unterziehen sich nahezu 10 000 Probanden diesen Versuchen. (Es ist unklar, ob Galton von Wundts psychologischen Experimenten in Leipzig → 1879 beeinflusst worden ist.)
1888	entwirft der deutsche Psychologe K. Rieger ein erstes Verfahren zur Messung von Intelligenzdefekten. Diese Testsammlung prüft Wahrnehmung, Auffassungsgabe, Gedächtnis, identifizierendes Erkennen und wie der Geprüfte Sinneseindrücke benennt.
1895	löst Sigmund Freud im Juli eine massive eigene geistige und Schreibblockade durch die Bearbeitung seines »Irma-Traums«. Dies kann man als den Beginn einer (psychoanalytischen) Angewandten Kreativitätspsychologie betrachten.
1899	baut der amerikanische Wissenschaftler William S. Small für Tierversuche das erste »Maze« in Form eines Holzkastens, der nach dem Vorbild des Irrgartens gestaltet ist, den William III. um 1700 im Hampton-Court-Palast bei London anlegen ließ. Small prüft damit, wie Versuchstiere (Ratten in den meisten Fällen) durch diese verwinkelte Anlage laufen, um nach dem Prinzip von Versuch und Irrtum den schnellsten Weg ausfindig zu machen. Dies ist gleichzeitig auch eine Prüfung der Intelligenz dieser Tiere. Solche Mazes werden bald danach auch in Experimenten mit Menschen eingesetzt (→ 1915, 1959, 1970).

Jahr	Ereignis
1901	erscheint in Halle die unsägliche Studie *Über den physiologischen Schwachsinn des Weibes.* Darin behauptet der zu seiner Zeit sehr angesehene deutsche Psychiater Paul Moebius, dass die Frau körperlich und geistig zwischen Kind und Mann stehe. Alle modernen Intelligenzstudien haben dies als schlichten Unsinn widerlegt und die moderne Genetik fand in gewissem Sinne sogar das genaue Gegenteil heraus (→ 1997 Lehrke).
1903	veröffentlicht der Wiener Philosoph Otto Weininger (1880–1903) sein seltsames Pamphlet *Geschlecht und Charakter,* in dem er (wie schon → 1901 der Psychiater Moebius) die moralische und intellektuelle Minderwertigkeit der Frauen behauptet: »Der tiefststehende Mann steht noch unendlich hoch über dem höchststehenden Weibe.« Der mit Vorurteilen gespickte Unsinn wird bis 1910 zum Bestseller mit zwölf Auflagen, weil er offensichtlich einen Nerv trifft, denn immer mehr Frauen drängen in berufliche und private Sphären ein, die vorher für die Männer reserviert waren. Trotz des publizistischen Erfolges begeht Weininger, gerade 23 Jahre alt, wenige Monate nach Erscheinen des Buches Selbstmord.
1904	bemerkt der englische Psychologe Charles Spearman (1863–1945), dass die intellektuellen Leistungen im Allgemeinen positiv miteinander korrelieren, aber nicht vollständig. Er kommt zu dem Schluss, dass ein und dieselbe Dimension all diesen Fähigkeiten zugrunde liegt (was die mathematische Korrelation erklärt), während jede für sich noch einen weiteren spezifischen Faktor enthält. Nach seiner Auffassung ist die Intelligenz daher als das Zusammenspiel zweier Faktoren zu verstehen (Zwei-Faktoren-Theorie der Intelligenz), und zwar eines Generalfaktors, den er »g« nennt, um seinen abstrakten und operationalen Charakter zu unterstreichen, und eines spezifischen Faktors »s«, der bestimmte Spezialleistungen im Test gewichtet. Die Überprüfung dieser Hypothese dauert viele Jahre; erst → 1927 veröffentlicht Spearman die entsprechenden Resultate.
Ab 1908	entwickelt der französische Begabungs- und Intelligenzforscher Alfred Binet (1857–1911) zusammen mit dem Arzt Théophile Simon die ersten Intelligenztests.

Jahr	Ereignis
	Die beiden ordnen jedem Lebensjahr der Schulkindheit bestimmte typische Aufgaben zu, deren richtige Lösungen eine Zuordnung zu einem bestimmten »Intelligenzalter (IA)« ermöglicht. Dies ist die Vorstufe des bald darauf (→ 1912) von William Stern eingeführten »Intellligenzquotienten (IQ)«.
1912	Ausgehend von den Studien der französischen Begabungs- und Intelligenzforscher Binet und Simon und deren Begriff »Intelligenzalter (IA)« (→ 1908) liegt es nahe, dieses IA zum Lebensalter in Beziehung zu setzen. Das macht 1912 ein anderer Pionier: der deutsch-amerikanische Psychologe William Stern (1877–1956). Diese Beziehung zwischen Intelligenz- und Lebensalter wird als »Intelligenzquotient (IQ)« bezeichnet – eine Maßzahl, die man bis heute verwendet. (→ 1928 erscheint Sterns Studie über *Die Intelligenz des Kindes*.)
1915	veröffentlicht S.D. Porteus die erste Version des von ihm entwickelten »Maze-Tests«.
1917	führt die amerikanische Militärführung den »Army Alpha Test« ein, mit dem man die Wehrpflichtigen und die Freiwilligen des modernen Massenheers rasch nach ihrer Intelligenzhöhe einstufen möchte. Er gilt, mit seinem Nachfolger »Army Beta«, als Vorbild für alle späteren Massentests dieser Art.
1921	startet Lewis Terman (1877–1956) eine Längsschnittstudie, für die er insgesamt 1 528 Schüler mit einem IQ-Wert von 135 und höher im Alter zwischen acht und zwölf Jahren auswählt. Er leitet dieses Forschungsprojekt bis zu seinem Tode 1956, und es wird heute noch weitergeführt. Die gegenwärtig lebenden »Termiten«, wie die Teilnehmer dieser Studie genannt werden, sind mittlerweile hochbetagt und werden in regelmäßigen Abständen erneut befragt. Termans Ergebnisse bringen große Überraschungen mit sich, denn sie widerlegen einige Vorurteile über Hochbegabte – vor allem, dass es sich um fehlangepasste, unglückliche, neurotische Individuen handle, nach dem Motto von »Genie und Irrsinn« (→ 1927 Lange-Eichbaum). Diese begabten Kinder sind auch später im Leben körperlich gesünder als vergleichbare Normalbegabte, zeigen weniger psychische Auffälligkeiten, besitzen Sinn für Humor und gute Führungsqualitäten, sind überdurchschnittlich beliebt und großzügig. Ihre späteren

Jahr	Ereignis
	Erfolge als Erwachsene sind ausgezeichnet, sowohl in Bezug auf ihre berufliche Karriere wie auf ihre Bildung und Ausbildung.
1925	wird die »Studienstiftung des deutschen Volkes« gegründet. Bis auf den heutigen Tag widmet sie sich der Förderung von hochbegabten Studenten. Im Zuge dieser Aufgabe musste die Stiftung allmählich auch kompetente Ausleseverfahren entwickeln. Rolf-Ulrich Kunze beschreibt sie 2001 ausführlich in seiner Studie zur Geschichte der Stiftung.
1927	publiziert der englische Psychologe Charles Spearman (1863–1945) die Ergebnisse seiner → 1904 begonnenen Studien zur »Zwei-Faktoren-Theorie« der Intelligenz. – Wilhelm Lange-Eichbaum legt seine Sammlung von Psychopathografien berühmter Leute mit dem provozierenden Titel *Genie, Irrsinn und Ruhm* vor. Anders als seine Vorgänger sieht der deutsche Psychiater nicht nur den neurotischen bzw. psychotischen Anteil vieler dieser fraglos hochbegabten Persönlichkeiten, sondern untersucht auch die gesellschaftliche und kulturelle Dynamik der Entstehung von Ruhm und des Etiketts »Genie«. Die Untersuchung sorgte sofort nach ihrem Erscheinen für großes Aufsehen – nicht zuletzt deshalb, weil sie Genies auch als soziologische Größe einordnete. (Das Standardwerk wird von Langes Nachfolgern immer wieder aktualisiert – zuletzt 1986 – und umfasst inzwischen 135 Kurz-Studien.)
1928	erscheint William Sterns Studie über *Die Intelligenz des Kindes*, worin erstmals der Begriff »Hochbegabung« nachzuweisen ist. Der deutsch-amerikanische Psychologe (1877–1956) ist einer der Pioniere der Intelligenzforschung und Entwicklungspsychologie; er prägt → 1912 den Ausdruck »Intelligenzquotient (IQ)« als Maß, welche Stellung eine getestete Person im Vergleich mit Altersgenossen einnimmt.
1936	Am 13. September gründet Heinrich Himmler (1900–1945) im Rahmen seines Projekts »Ahnenerbe« den »Lebensborn« als Kinderheim für die (unehelichen) Kinder von SS-Männern. Das »Ahnenerbe« Himmlers, realisiert in den »Lebensborn«-Häusern, ist der bislang umfassendste Versuch,

Jahr	Ereignis
	bewusst einen »neuen Menschen« zu züchten. Verwandte Vorläufer gab es freilich schon viel früher: Die bewussten Heiratsregeln des Adels gehören hier ebenso her wie die – religiös motivierten – Geschwister(Inzest-)Ehen der ägyptischen Pharaonen. Alle modernen Cloningexperimente und -projekte schließen nahtlos an den Geist der Nazi-Züchter an.
Ab 1939	entwickelt der amerikanische Psychologe David Wechsler (1896–1981) am New Yorker Bellevue-Hospital einen Intelligenztest, der auch für Erwachsene geeignet ist. Dieser »Wechsler Bellevue«-Test löst ein Problem, das die bis dahin vor allem an Kindern und für Kinder entwickelten Tests (→ 1908) mit sich bringen: Nachdem bei Erwachsenen die Intelligenz ungefähr gleicht bleibt, ist es unsinnig, die für spezielle Altersstufen bei Kindern zugeschnittenen und sich allmählich in der Schwierigkeit steigernden Aufgaben-Serien zu übernehmen. 1956 wird der Test von Bondy auf deutsche Verhältnisse übertragen und neu standardisiert. Er ist der wahrscheinlich verbreitetste Test weltweit und heißt in der deutschen Version »Hamburg-Wechsler-Intelligenztest für Erwachsene (HAWIE)«. Es gibt außerdem eine entsprechende Version für Kinder, den »HAWIK«.
In den 40er-Jahren	entwickelt der amerikanische Psychologe Louis Leon Thurstone (1887–1955) das mathematische Verfahren der »multiplen Faktorenanalyse«. Mit seiner Hilfe ist es möglich, den Zusammenhang (»Korrelation«, »Ladung«) zwischen den verschiedenen Faktoren der Intelligenz und dem Grundfaktor »g« (→ 1904 Spearman) zu berechnen. (Thurstone ist auch der Organisator des »Army Alpha«-Tests, der ersten Massentestung der Intelligenz → 1917.)
1946	wird im britischen Universitätsstädtchen Cambridge ein Klub für Hochbegabte gegründet. Einzige Voraussetzung, um aufgenommen zu werden: Man muss einen IQ von 130 aufwärts vorweisen. Die Website des deutschen Vereins (www.mensa.de/famous/famous.html) führt einige Beispiele bekannter »Mensaner« auf, von denen etliche – wen wundert's – weltberühmt sind: Isaac Asimov (weltbekannter Autor von Science-Ficiton und Sachbüchern), Richard Buckminster Fuller (Universalgelehrter, unter anderem Erfinder der geodätischen Kuppeln), Sir Clive Sinclair

Jahr	Ereignis
	(gilt als Erfinder des Taschenrechners), Jean M. Auel (Autorin von *Ayla und der Clan des Bären*), Joyce Carol Oates (Autorin unter anderem von *Ein Garten irdischer Freuden*), Janusz Majursky (Präsident der polnischen Filmakademie).
1949	erscheint in New York Joseph Campbells mythologische Studie *Die Reise des Helden*.
1951	taucht der Begriff »Hochbegabung« im deutschen Sprachraum (nach Stern → 1928) erneut bei dem Schweizer Psychologen Richard Meili auf, danach bei Peter R. Hofstätter von der Universität Hamburg (1957) und bei Franz Mönks (1963). Die Hochbegabtenforschung selbst spielt bis Anfang der 80er-Jahre praktisch keine Rolle (→ 1984 Heller und → 1987 Rost).
1954	entwickelt Rudolf Amthauer den »Intelligenz-Struktur-Test (IST)«, der heute noch in Deutschland der am häufigsten verwendete Test bei Einstellungsgesprächen sein soll.
1956	adaptiert Curt Bondy (1894–1972) den ab → 1939 vom amerikanischen Psychologen David Wechsler entwickelten Intelligenztest auf deutsche Verhältnisse.
1957	löst der Start des ersten sowjetrussischen Erdsatelliten Sputnik hektische Anstrengungen der westlichen Nationen und insbesondere der USA aus, die kreativen Ressourcen der Bevölkerung zu erkunden und zu aktivieren. Dies gilt als Beginn der modernen Kreativitäts- und nicht zuletzt auch Hochbegabtenforschung und -förderung in den westlich-kapitalistischen Ländern.
In den 60er-Jahren	beginnen Psychologen, die Erkenntnisse und Methoden der Kybernetik auf die Systeme und Abläufe der menschlichen Psychologie zu übertragen, zum Beispiel auf das Denken (Vernetztes Denken nach Vester 1978, 1980).
1967	gründen in England Eltern hochbegabter Kinder mit Problemen die »National Association of Gifted Children (NAGC)«; als Logo des Vereins wählt man das Labyrinth der Kathedrale von Reims. Diese Institution wird einige Jahre später zum Vorbild für die → 1978 auf dem Festland gegründete »Deutsche Gesellschaft für das hochbegabte Kind (DGhK)«.

Jahr	Ereignis
1968	hält Ruth C. Cohn das Gegenübertragungs-Seminar ab, aus dem bald darauf von ihr die ThemenZentrierte Interaktion (TZI) entwickelt wird. Diese Methode, mit Gruppen zu arbeiten, ist ein exzellentes Werkzeug für Hochbegabte, die damit ihr Talent zur Vernetzung von Menschen optimieren können. Zu Beginn der 70er-Jahre veranstaltet Cohn erste Seminare im deutschsprachigen Raum, aus denen das »Workshop Institute for Living Learning (WILL)« entsteht; heute – für den gesamten europäischen Raum – »TZI-Forum« (www.tzi-forum.ch).
70er-Jahre	Aus einem 1969 für das US-amerikanische Militär konzipierten Vorläufer namens Arpanet entsteht das Internet. 2003 hat schon jeder zweite Bundesbürger über 14 Jahren Zugang zu diesem Netzwerk. Nutzeranalysen zeigen deutlich, dass die gebildeteren und besser verdienenden (ergo auch intelligenteren) Menschen insbesondere in den westlichen Industrieländern die größten Nutzer und Nutznießer sind.
1971	schlägt S.P. Marland dem Kongress der USA folgende Definition für Hochbegabung vor: Es sind die durch Experten zu identifizierenden Kinder als hochbegabt anzusehen, die aufgrund ihrer außergewöhnlichen Fähigkeiten zu hohen Leistungen imstande sind. Das hohe Fähigkeitsniveau wird in diesem Sinne als bereits verwirklichte Leistung oder als Leistungspotenzial in einem der folgenden fünf Bereiche angesehen: 1. Intelligenz, 2. Schulleistungen, 3. Kreativität und produktives Denkvermögen, 4. soziale Führungsfähigkeiten und 5. psychomotorische Fähigkeiten.
1975	erscheint in New York das Buch *The Gifted Child*, ein Standardwerk der Begabungs- und Hochbegabungsforschung. Zu diesem Zeitpunkt ahnen es erst einige seiner kritischen Gegner: Der britische Psychologe Cyril Burt hat sich in der Geschichte der wissenschaftlichen Fälschungen einen bedeutenden Platz gesichert: Seine Studien über die erblichen Grundlagen der Intelligenz, die er mit internationalen Zwillingsuntersuchungen untermauerte, bringen ihm in den 60er- und 70er-Jahren des 20. Jahrhunderts viel Ruhm und – als ersten Psychologen – sogar den Ritterschlag der

Jahr	Ereignis
	englischen Königin zum »Sir« ein – aber sie stellen sich nach seinem Tod 1971 weitgehend als Fälschungen heraus. Burt, der lange als eine Art »Superstar« der britischen und internationalen Intelligenzforschung gilt, hatte seine angeblichen statistischen Ergebnisse unter mehr als 20 Pseudonymen veröffentlicht und hat die Intelligenz(erb)forschung sehr in Misskredit gebracht. Das widerlegt nicht, dass Intelligenz auch vererbt wird (die Schätzungen des Anteils schwanken zwischen 50 und 80 Prozent), relativiert jedoch ganz deutlich Burts Überschätzung des Erbfaktors, die sogar die Neufassung des britischen Schulsystems beeinflusst hat. Wie es der Kritiker Gerhard Fröhlich von der Universität Linz in seiner Habilitationsschrift 2003 ausdrückt: »Burts viel gelesenes Hauptwerk wimmelte von krassen statistischen Fehlern. Offenbar hat Burts Ruhm die wissenschaftlichen LeserInnen seiner Werke so geblendet, dass sie alle erlernten Regeln ihrer Zunft vergaßen.« – Im September desselben Jahres organisiert Henry Collins, ein britischer Pädagoge mit speziellem Interesse für hochbegabte Kinder, in London die erste internationale Konferenz zum Thema »Hochbegabung«. Es nehmen mehr als 500 Personen aus 53 Ländern daran teil. Daraus entsteht in den Folgejahren der »World Council for Gifted and Talented Children (WCGTC)«. (Adresse: 18401 Hiawatha Street/Northridge, CA 91326, USA, Tel.: +1-818-368-7501, Fax: +1-818-368-2163, Internet: www.worldgifted.org)
1978	gründen Eltern hochbegabter Kinder mit Problemen in Hamburg nach dem Vorbild der britischen »National Association of Gifted Children (NAGC)« (→ 1967) die »Deutsche Gesellschaft für das hochbegabte Kind (DGhK)« (www.dghk.de). Als Logo wird auch hier das Labyrinth der Kathedrale von Reims gewählt. Der Verein breitet sich rasch in ganz Deutschland aus und hat im Jahr 2003 über 3 000 Mitglieder. Einige Jahre später, 1994, spaltet sich daraus der Verein »Hochbegabtenförderung« in Bielefeld ab und andere Vereine werden gegründet (zum Beispiel »www.hochbegabung-vulkan.de«). Ähnliche Institutionen gibt es im deutschsprachigen Raum in Österreich und der Schweiz

Jahr	Ereignis
	(aktuelle Details über Suchmaschinen wie Google – eine Website mit weiterführenden Hyperlinks zum Thema: »www.hochbegabungs-links.de«) Eine weltweite Organisation ist der »World Council for Gifted and Talented Children« (www.worldgifted.org) (→ 1975).
1981	attackiert der renommierte Paläontologe Steven Jay Gould den amerikanischen Psychologen Arthur Jensen (→ 1999). Dieser ist – schon seit den 60er-Jahren – als Intelligenzforscher ähnlich umstritten wie die Autoren von *The Bell Curve:* Herrnstein und Murray (→ 1994).
1984	beginnt Professor Kurt Heller (München) mit den Vorarbeiten zu der ersten umfassenden Hochbegabtenstudie in Deutschland (s. auch die parallel laufende Studie von Professor Detlef Rost → 1987). Die Daten werden von 1985 bis 1988 erhoben. Zentrale Fragen, die untersucht werden, sind 1. die Identifikation hochbegabter Kinder und Jugendlicher samt den damit verbundenen diagnostischen Überlegungen; 2. Analysen von Begabung und Leistung in Schule und Freizeit bei dieser Gruppe; 3. Fragen zur Entwicklungspsychologie dieser Probanden. Der Bericht über die Studie erscheint → 1991, die Überarbeitung 2001. 1985/86 begleitet Heller außerdem eine baden-württembergische Studie der »Arbeitsgemeinschaften zur Förderung besonders befähigter Schüler«.
1986	gründet Aiga Stapf am Psychologischen Institut der Universität Tübingen die Arbeitsgruppe »Begabung und Persönlichkeitsentwicklung«, deren Ergebnisse → 2003 veröffentlicht werden.
1987	Nach ersten Voruntersuchungen ab 1980 beginnt im Spätsommer unter der Leitung von Professor Detlef H. Rost die große Längsschnitt-Untersuchung der »Marburger Studie«. Sie wird fast 15 Jahre lang fortgeführt; die Ergebnisse werden → 2000 unter dem Titel *Hochbegabte und hochleistende Jugendliche* veröffentlicht. Rost notiert darin: »Noch vor zehn Jahren war die Bundesrepublik ›Entwicklungsland‹ für Hochbegabungsfragen. Das hat sich inzwischen geändert.« (S. 7)

Jahr	Ereignis
1991	kommt in den USA der Film *Das Wunderkind Tate* in die Kinos. Jodie Foster (selbst eine Art Wunderkind der Filmbranche) stellt hier in ihrem ersten Film ein höchstbegabtes Kind (gespielt von Adam Hann-Byrd) mit seinen Möglichkeiten und Nöten vor. Bei aller Melodramatik handelt es sich um eine sehr eindrucksvolle Charakterschilderung, bei der man viel über die Problematik des Daseins als Höchstbegabter erfährt – inklusive Mobbing und Magengeschwüren, weil sich die Betroffenen wegen der extremen Sensibilität zu viel Sorgen um das Schicksal der Menschheit machen. – Im selben Jahr erscheint der Bericht über eine der umfassendsten deutschen Hochbegabungsstudien der Gegenwart unter der Leitung von Professor Kurt A. Heller: *Hochbegabung im Kindes- und Jugendalter.* (2., überarb. und erw. Auflage 2001) Die Erhebung lief von 1985 bis 1988.
1994	erscheint in New York die sofort heftig umstrittene Studie *The Bell Curve: Intelligence and Class Structure in American Life* von Richard J. Herrnstein und Charles Murray. Umstritten ist sie, weil auf unzulässige Weise die getestete Intelligenz von Afroamerikanern, Juden und anderen amerikanischen Bevölkerungsgruppen in Zusammenhang mit Kriminalität und ähnlichen Parametern gestellt wird. Dabei wird zu wenig berücksichtigt, wie sehr ein ungünstiges Milieu die Startbedingungen verfälscht, welche nicht nur vom Erbgut bestimmt werden (s. S. 145 ff. über »Vererbung oder Umwelt«). – »Ich habe eine Aktivitäts- und Aufmerksamkeitsstörung«, beginnt der amerikanische Kinderpsychiater Edward Hallowell sein Buch *Zwanghaft zerstreut,* das er im selben Jahr zusammen mit seinem Kollegen (und ebenfalls ADHS-Betroffenen) John Ratey veröffentlicht. Seitdem reißt die Zahl der Publikationen über diese neue Krankheit »Aufmerksamkeits-Defizit-Hyperaktivitäts-Syndrom (ADHS)« nicht mehr ab. Als Medikament wird das – sehr umstrittene – Ritalin verabreicht.
1996	erscheint in New York die kritische Studie *Hochbegabung* von Ellen Winner (deutsche Ausgabe: 1998). Sie entlarvt neun »Mythen« und Vorurteile über das Thema, unter anderem über Termans Langzeitstudie (→ 1921). Winner merkt an: »Zahlreiche Studien zeigen, dass etwa

Jahr	Ereignis
	die Hälfte der US-amerikanischen Schüler mit einem IQ im obersten 5-%-Bereich Versager sind, die ihr Potenzial nicht ausnutzen.« (S. 332)
1997	initiiert Kurt A. Heller an der Ludwig-Maximilians-Universität München einen (englischsprachigen) internationalen Master-Studiengang zum Thema »Hochbegabung«: »Psychology of Excellence«, der mit 80 Studenten aus 26 Nationen startet. – Robert Lehrke stellt in seinem Buch *Sex Linkage of Intelligence: The X-Factor* die neuesten genetischen Erkenntnisse zur Vererbung der Intelligenz vor. Demnach bestimmt weitgehend die Mutter, ob höhere (oder niedere) Intelligenz vererbt wird. Derselben Studie zufolge kommt sowohl Minder- wie Hochbegabung bei Männern deutlich häufiger vor, während beide Extreme bei Frauen seltener sind und sich bei ihnen in der Normalverteilungskurve (→ 1800 Gauß) die Mittelwerte der Intelligenz häufen. Weil Frauen ein zweites X-Chromosom haben, tritt bei ihnen geistige Behinderung seltener auf. Dieselbe genetische Anomalie des doppelten X-Chromosoms sorgt auch dafür, dass Mütter eine besonders günstige Kombination von Genen weitergeben, die beispielsweise für Hochbegabung verantwortlich sind. Bei der Partnerwahl bevorzugen intelligente Frauen demnach intelligente Männer.
1999	erscheint in den USA *The G Factor: The Science of Mental Ability* von Arthur Jensen. Dieser ist schon seit den 60er-Jahren als Intelligenzforscher ähnlich umstritten wie Herrnstein und Murray, die Autoren von *The Bell Curve* (→ 1994). Vor allem seine schlechtere Einstufung der Intelligenz von Afroamerikanern in den USA gegenüber den Weißen hat ihm böse Angriffe eingebracht. – Im selben Jahr publiziert Niels Galley vom Psychologischen Institut der Kölner Universität die Ergebnisse eines Aufsehen erregenden Experiments: Die Augenbewegungen, mit denen jemand ein Bild oder eine Szene abtastet, liefern erstaunliche Hinweise auf die Höhe der Intelligenz der betreffenden Person: Je schneller jemand einen optischen Eindruck erfasst, umso höher ist sein Intelligenzquotient.

Jahr	Ereignis
2000	erscheint der Ratgeber *Hochbegabte Kinder – Strategien für die Elternberatung* von Professor Eberhard Elbing, dem Leiter der »Begabungspsychologischen Beratungsstelle« der Ludwig-Maximilians-Universität München. – Die Ergebnisse der von Detlef Rost → 1987 initiierten Studie *Hochbegabte und hochleistende Jugendliche* werden veröffentlicht.
2001	erscheint die 2., überarb. und erw. Auflage des Berichts über eine der umfassendsten deutschen Hochbegabungsstudien der Gegenwart unter der Leitung von Professor Kurt A. Heller, München: *Hochbegabung im Kindes- und Jugendalter*. Das Buch dient der Vorbereitung für einen eigenen Test: dem *Münchner Hochbegabungs-Testsystem (MHBT)* von Heller und seinem Rostocker Kollegen Christoph Perleth. Ziel des Tests (der bei Drucklegung dieses Buches noch nicht erschienen war): »... differenzielle Identifizierung und Förderung hochbegabter Kinder und Jugendlicher gegenüber einseitig IQ-basierten Vorstellungen und Praktiken ...«. (Heller 2001, S. 7)
2002	erscheint die von dem Soziologieprofessor Michael Hartmann durchgeführte Studie *Der Mythos von den Leistungseliten*. Darin wird anhand von vier Jahrgangs-Kohorten nachgewiesen, dass in Deutschland nach wie vor die Zugehörigkeit zu den oberen Schichten der Gesellschaft darüber bestimmt, ob jemand als Wirtschaftswissenschaftler, Jurist oder Ingenieur in die Top-Führungspositionen aufsteigt. Allein die Promotion (neben der Habilitation die schärfste Begabungsauslese) genügt offenbar nicht.
2003	veröffentlicht Aiga Stapf vom Psychologischen Institut der Universität Tübingen die Ergebnisse ihrer → 1986 gegründeten Arbeitsgruppe »Begabung und Persönlichkeitsentwicklung«. Von den mehr als 1 200 untersuchten Kindern und Jugendlichen stellen sich 36 Prozent als hochbegabt heraus und 30 Prozent als weit überdurchschnittlich intelligent. – Bernd Dosts TV-Dokumentation *Vier helle Köpfe* zeigt am Beispiel von hochbegabten Kindern aus drei Familien, wie unterschiedlich das Milieu ein Potenzial prägen, fördern – oder hemmen kann.

Glossar

Hochbegabung ist zunächst nur (genetische) Anlage, Potenzial, das gestaltet und verwirklicht werden will. Sie unterscheidet sich deutlich von den Anlagen eines Normalbegabten – ähnlich, wie sich ein Prozessor nach Art des »Pentium IV« (Stand: September 2003) von einem PC-Prozessor »4004« drei Jahrzehnte davor unterscheidet: schneller, komplexer, leistungsfähiger, ausgestattet mit Parallelverarbeitung der Informationen und dadurch fähig zum Multitasking. Es gibt eine Reihe ähnlicher Begriffe, die dennoch recht unterschiedliche Typen von Begabung meinen. Sie sind in diesem Glossar grau unterlegt hervorgehoben.

(Weitere Stichwörter, die hier nicht gesondert behandelt werden, finden Sie bei den Merkmalen des Selbsttests ab S. 187.)

ADHS: **A**bkürzung für **A**ufmerksamkeits-**D**efizit-**H**yperaktivitäts-**S**yndrom. Wie die Bezeichnung schon sagt, handelt es sich bei diesen »Zappelkindern« (wie sie nach einer Geschichte in Hoffmanns *Struwwelpeter* auch genannt werden) um Kinder und Jugendliche, die nicht stillhalten können und Schwierigkeiten haben, sich zu konzentrieren. Eine andere Variante erscheint in sich gekehrt und verträumt. Die Krankheit ist nicht neu, ähnelt sehr dem, was früher »vegetative Dystonie« oder schlicht »Nervosität« genannt wurde, und könnte hysterischen Zügen verwandt sein. Es sieht so aus, als wären viele dieser Kinder hochbegabt und deshalb zapplig, weil sie mit ihrem schnell funktionierenden Gehirn nicht zurechtkommen. Neu ist die – sehr umstrittene – Behandlung mit dem Psychotonikum Ritalin.

Arroganz: Ein Charakterzug, der üblicherweise eher mit Unsicherheit und Misserfolg verbunden ist. Bei Hochbegabten kann er infolge eines Wissens um die eigene hohe intellektuelle Position aus Ungeduld und Überheblichkeit auch bei Erfolgreichen entstehen – wenngleich man bei diesem Anzeichen von psychosozialer Unreife tiefenpsychologisch einen lädierten Bereich des Selbstwertgefühls annehmen darf.

Begabung: Die Befähigung, bestimmte Tätigkeiten in der Außenwelt (Beispiel: Holz schnitzen) oder in der Innenwelt (Beispiel: Kopfrechnen) durchzuführen oder beides zu kombinieren (Beispiel: sich eine Geschichte ausdenken und sie jemand anderem erzählen).

Blockade (existenzielle): Hier im Buch wird unter Blockade speziell das Stocken des Kreativen Prozesses verstanden – eine existenzielle Blockade wäre dementsprechend ein massives Versiegen der Kreativität im Bereich der gesamten Persönlichkeit, zum Beispiel in Form einer Neurose.

BrainSpotting: Neologismus, der eine Art Ferndiagnose des Begabungspotenzials meint – zum Beispiel mithilfe des Selbsttests in Kapitel 6.

Clustering: Die amerikanische Pädagogin Gabriele L. Rico hat 1973 eine bahnbrechende Methode entwickelt, mit der man sich rasch Überblick zu einem bestimmten Thema verschaffen kann. Man schreibt bei dieser Cluster-Methode in die Mitte eines – möglichst großen – Blattes zunächst das Stichwort, über das man sich Klarheit verschaffen möchte. Von diesem Zentrum ausgehend, notiert man möglichst rasch und ohne viel zu überlegen in kleinen Blöcken nach der Art der Sprechblasen in Comics, was einem spontan zum Thema einfällt. Es entsteht ein sternförmiges Netz von Gedankenketten, aus denen man anschließend einen kleinen Text entwirft (von Rico als Miniatur bezeichnet). (Details bei Rico 1984)

Wie das ähnliche → **MINDMAPPING** basiert das Verfahren auf der von Sigmund Freud entwickelten Methode der Freien Assoziation – das heißt, man sollte ohne viel zu überlegen oder gar selbstkritisch zu zensieren, das aufschreiben, was einem gerade so einfällt.

Deformation professionelle: Ein durch den Beruf hervorgerufenes Persönlichkeitsdefizit (Beispiele: Ein Chirurg kann Menschen nur noch als zu operierende Objekte sehen; ein Journalist sieht in seinen Mitmenschen nur noch potenzielle Informanten und bemisst deren Wert nach ihrer Ergiebigkeit für seine Arbeit).

Domän: Das Feld, auf dem jemand seine/ihre Begabungen entwickelt (Beispiel: Einsteins Domän war die Physik, insbesondere die Atomphysik und die Kosmologie).

Doppelbegabung und Meisterschaft auf zwei bzw. drei Gebieten zeigte beispielsweise Sigmund Freud: Er war nicht nur Arzt und Psychologe sowie Begründer der Psychoanalyse, sondern auch ein exzellenter Schriftsteller (kombiniert mit großer Sprachbegabung und einem »fotografischen Gedächtnis«).

Empathie: Einfühlung in die Person und Biografie anderer Menschen – bei (allen?) Hochbegabten besonders ausgeprägt.

Enrichment: Maßnahmen, welche (hochbegabte) Kinder und Jugendliche in der Schule mit zusätzlichen Themen, Informationen, Aufgaben und Projekten versorgen. Dies kann innerhalb oder außerhalb der Klasse, einzeln oder in Gruppen geschehen, Letzteres zum Beispiel in Form einer projektorientierten Arbeitsgemeinschaft, die sich mit Umweltfragen befasst. Sehr häufig suchen sich die Betreffenden solche Herausforderungen jedoch selbst, werden Mitglied im »Chaos Computer Club« oder bereiten sich auf die Teilnahme an den Wettbewerben von »Jugend forscht« vor.

Existenzielle Blockade → BLOCKADE

Expertise: Das Üben einer speziellen Fähigkeit oder Begabung, bis sie beherrscht und Erfolg sichtbar wird. (Beispiel: Ein Autor arbeitet so lange an seiner Fähigkeit zu schreiben, bis sein erstes Buch gedruckt wird.) Man rechnet mit rund einem Jahrzehnt, bis ein Talent gut beherrscht wird.

Falsches Selbst → SELBST

Faszinosum: Eine Idee, welche jemanden so einnimmt, dass er sein ganzes Leben auf ihre kreative Gestaltung ausrichtet. (Beispiel: Einstein erkannte die Möglichkeit der Relativität und setzte alles daran, dies in die vorhandene – Newton'sche – Physik einzubauen.)

Frau(en) im Schatten: Hochbegabte Frauen, die ihre eigenen Fähigkeiten und deren → **EXPERTISE** zurückstellen, um jemand anderem (zum Beispiel Ehemann oder Kindern) bei der Realisierung von deren Begabungen zu helfen.

Genialität, Genie: Eine extrem seltene Hoch- oder Höchstbegabtenklasse für sich, die jedoch stark an soziokulturelle Ausnahmebedingungen gekoppelt ist (Beispiel: der Pionier in einer neuen Domän sein wie Einstein in der Relativitätsphysik oder Freud in der Psychoanalyse), s. Kasten S. 222 ff.

Getarnte Hochbegabte: s. S. 141 f.: »Der Shiras-Effekt«.

Heldenreise: Der amerikanische Mythenforscher Joseph Campbell hat viele Mythen, Märchen und moderne Erzählungen analysiert und daraus ein grundlegendes Modell des Ablaufs dieser abenteuerlichen Reisen entwickelt. Insbesondere inspirierte ihn dabei das Eindringen des athenischen Königssohns Theseus in das Labyrinth von Kreta und sein Sieg über den schrecklichen Minotauros. Die dabei vorkommenden typischen (also immer in irgendeiner Form auftretenden) Stadien finden Sie im achten Kapitel dieses Buches.

Diese virtuelle Reise beschreibt zugleich den Ablauf jedes Kreativen Prozesses – auch beim Schreiben eines Buchmanuskripts. Der amerikanische Dramaturg Christopher Vogler nennt dies in seinem Buch gleichen Titels *The Writer's Journey* (1997).

Helfersyndrom: Ein von dem deutschen Psychologen Wolfgang Schmidbauer in seinem Buch *Die hilflosen Helfer* (1977) geprägter Ausdruck für die Situation von Menschen in helfenden Berufen (zum Beispiel Ärzte, Krankenschwestern, Psychologen), die sich für andere Menschen altruistisch aufopfern und dabei die eigene Bedürftigkeit übersehen.

Hochbegabung g (generell) oder → **MULTITALENT:** Allgemein auf hohem Niveau über mehrere Begabungen verfügen (Beispiel: exzellent malen, Klavier spielen mit Konzertreife, Romane schreiben und Psychotherapeutin sein). IQ-Werte ab 130 in einem der gängigen Intelligenztests mit breiter Streuung.

Hochbegabung s (speziell): Eine der oben erwähnten → **BEGABUNGEN** in Hochform ausüben (Beispiele: gut kopfrechnen, Geschichten von guter Qualität aufschreiben, sodass andere sie lesen können, überdurchschnittliches Schachspiel). IQ-Werte ab 130 in einem der gängigen Intelligenztests.

Höchstbegabung ist gewissermaßen eine Steigerung von Hochbegabung, entweder auf einem Spezialgebiet oder sogar in mehreren Domänen (Beispiele: blitzschnell Quadratwurzeln ziehen oder andere mathematische Höchstleistungen vollbringen, exzellentes Schachspiel im Meisterbereich, Promotion in Physik). IQ-Werte ab 140 in einem der gängigen Intelligenztests.

Hyperaktivität → ADHS

Hyperraum: Neologismus des Autors für jenen Bereich zwischen Bewusstsein und Unbewusstem, in dem neue Ideen entstehen (Freud bezeichnete ihn als Vorbewusstes); die Bezeichnung lehnt sich an ein Konzept der modernen Kosmologie an, das auch in der Science-Fiction eine wichtige Rolle spielt: ein Bereich außerhalb unseres Universums, in welchem dieses (und potenziell andere Universen) in einer Art »Multiversum« enthalten ist.

idiot savant → **SAVANT**

Indigo-Kinder: Ein Begriff, der seit den späten 90er-Jahren des 20. Jahrhunderts durch die esoterische Literatur geistert. Der Beschreibung nach handelt es sich um hochbegabte Kinder, denen man jedoch geradezu übernatürliche Fähigkeiten als Retter der Menschheit zuschreibt. Nicht völlig falsch gesehen, wie ich meine (s. mein neuntes Kapitel), aber völlig übertrieben und vor allem unseriös begründet und propagiert.

Innovative sind → **KREATIVE**, die es schaffen, ihre Domän einen wichtigen Schritt weiterzuentwickeln (wie Einstein mit der Relativitätstheorie und Max Planck mit der Quantentheorie die Physik ihrer Zeit) – oder sogar eine neue Domän zu entdecken und dadurch neue Berufe zu entwickeln (wie Freud mit der Tiefenpsychologie und dem neuen Beruf des Psychoanalytikers, von dem sich alle späteren psychotherapeutischen Schulrichtungen und auch andere Methoden wie die → **TZI** ableiten).

Tim Berners-Lee schuf mit seiner grafischen Oberfläche des »World Wide Web« erst die Möglichkeit, dass auch Menschen ohne Programmierkenntnisse das Internet nutzen können. Gerd Binnig eröffnete mit dem Rastertunnelmikroskop einen völlig neuen Blick in die subatomare Wirklichkeit, wodurch bald darauf die zukunftsträchtige Nanotechnologie möglich wurde. Innovativ war auch der Jazztrompeter Louis Armstrong, der Anfang des 20. Jahrhunderts aus den einfachen Vorläufern des Jazz eine vielschichtige und vielseitige Musikrichtung gestaltete – ähnlich wie der indische Musiker Ravi Shankar die klassischen Ragas seiner Lernzeit umformte und später mit Musikern der klassischen europäischen Richtung (Yehudi Menuhin), Jazzmusikern (John Coltrane) und Popmusikern (George Harrison von den »Beatles«) fruchtbaren Austausch pflegte.

Innovativ war sicher auch William Shakespeare, der die Grundlagen des modernen Theaters legte und einen komplexen Kosmos von Schicksalen auf die Bühne seiner Zeit stellte, die uns heute noch genauso fesseln wie seine Zeitgenossen. Der amerikanische Musiker Chuck Berry schließlich nahm die vorhandenen Formen der schwarzen Popmusik und des Jazz Anfang der 50er-Jahre und schuf daraus den völlig neuen Sound des Rock 'n' Roll, der bis in die Gegenwart andere Musiker inspiriert. Im Rahmen der Unterhaltungsbranche ist das mehr als nur kreativ - nämlich innovativ.

Kreative sind die unangepassten Hochbegabten, die auf unorthodoxe Weise als → **QUERDENKER** neue Lösungen für neue Probleme finden. Viele Buchautoren, Musiker und Maler gehören in diese Kategorie, die vorhandene Formen mit neuen oder intelligent abgewandelten Inhalten füllen. Ihre Leistung könnte man als Mikro-Kreativität bezeichnen, im Gegensatz zur Makro-Kreativität der → **INNOVATIVEN**.

Bill Gates hat mit einem fremden Computerprogramm (das Betriebssystem »DOS«), das er dem Urheber abkaufte und später durch »Windows« ergänzte, seine heute marktbeherrschende Stellung aufgebaut. Als Unternehmer setzte er ebenfalls bereits vorhandene Strategien ein. Aber wie er sein Unternehmen auf- und ausbaute, seine Produkte als Industrie- und Weltstandard durchsetzte und dadurch binnen weniger Jahre zum reichsten Mann des Planeten wurde - das kennzeichnet ihn als einen äußerst einfallsreichen und kreativen Menschen. Zu den Innovativen sollte man ihn nicht zählen. Dazu fehlt ihm der zündende eigene Gedanke, der wenigstens einen kleinen Paradigmenwechsel herbeiführt - wie es Tim Berners-Lee mit dem »World Wide Web« schaffte. (Es sei denn, man zählt bei Gates seine Vision hinzu, dass in wenigen Jahren auf dem Tisch nahezu jedes Menschen ein PC stehen wird, der mit den Programmen von Microsoft läuft - was Gates fast erreicht hat.)

Die Buchautorin Joanne K. Rowling hat mit ihrer Figur des modernen Zauberlehrlings Harry Potter und seinen spannenden Abenteuern ebenfalls auf äußerst kreative Weise vorhandene Formen und Inhalte genutzt und variiert – aber innovativ ist ein Autor wie James Joyce, der völlig neue Erzähltechniken wie den Inneren Monolog einführt.

Labyrinth (Labyrinthos), Labyrinthiade: Das Labyrinth-Symbol entstand vor ungefähr 5 000 Jahren. Wann die Labyrinth-Sagen um Theseus, Ariadne, Minotauros, Daidalos, Ikaros usw. entstanden sind und ob diese überhaupt ursprünglich mit dem Symbol verbunden waren, ist unbekannt. Die älteste geschichtlich gesicherte Überlieferung stammt von Plutarchos (ca. 45–125 n.Chr.) und entstand ungefähr im Jahr 120.

Labyrinthisch-Vernetztes Denken: Neologismus des Autors für die Suchbewegung beim Nachdenken über ein Problem und beim Kreativen Prozess, die sehr verwandt der hin- und herpendelnden Bewegung durch ein → **LABYRINTHOS** kretischen Stils ist.

Latente: Hochbegabte, die aus den verschiedensten Ursachen ihre Begabungen nicht zur größtmöglichen Entfaltung bringen (häufig bei Frauen → **FRAU(EN) IM SCHATTEN**). Wenn Kinder in frühen Jahren schlechte Erfahrungen mit ihren außerordentlichen Fähigkeiten machen – zum Beispiel durch Mobbing in der Schule oder in der Familie –, neigen sie dazu, sich zu »tarnen« und sich buchstäblich »dümmer zu stellen, als sie sind« (s. S. 141 f.: »Der Shiras-Effekt«). Oft bringt erst eine Psychotherapie das verborgene bzw. getarnte Potenzial zum Vorschein (→ **SPÄTENTWICKLER**).

Legasthenie: Kommt bei Hochbegabten auffallend oft vor.

Lernen mit minimaler Anleitung: Ein typisches Merkmal hochbegabter Kinder, die sich in der Schule und in der Freizeit Themen, für die sie sich interessieren, gerne aus eigenem Antrieb erschließen.

Lesen: Frühes und intensives Lesen vor Schuleintritt ist eines der sichersten Hinweise auf Hochbegabung.

mad scientist (englisch »verrückter [Natur-]Wissenschaftler«): Gleich, ob Dr. Heinrich »Faust« in Goethes bekanntestem Drama gleichen Namens, »Dr. Seltsam ...«, der Titelgeber für Stanley Kubricks Film von 1963, oder schon 1818 der berüchtigte Dr. Frankenstein: Alle drei Male handelt es sich um hochkarätige Gelehrte, welche ihre brillanten Fähigkeiten in den Dienst von höchst fragwürdigen bis ausgesprochen bösen Mächten stellen: Faust verantwortet im zweiten Teil des Dramas durch ein gigantisches Landgewinnungsprojekt den Tod vieler Menschen; Dr. Seltsam fördert den Atomkrieg – beide sind ähnlich wie das Ur-Genie Daidalos in allerlei Machenschaften verstrickt; Dr. Victor Frankenstein baut aus Leichenteilen einen künstlichen Menschen zusammen, den (und dessen Opfer) er einem elenden Schicksal überlässt.

Es gibt diese zwiespältigen Wissenschaftler und Ingenieure nicht nur in der Literatur: Professor Dr. Wernher von Braun stellte seine Dienste sowohl dem Dritten Reich für den Bau von Angriffswaffen zur Verfügung wie später den USA für die Eroberung des Mondes und den Rüstungswettlauf ins Weltall.

Mentoring: Spezielle Form von Beratung/Coaching und Karrierebegleitung für Hochbegabte. (Nach Mentor, dem Odysseus seinen Sohn Telemach anvertraute.)

Minderleister → UNDERACHIEVER

Mindmapping: Eine Methode ähnlich dem → **CLUSTERING**: Von einem Zentrum ausgehend werden Gedanken frei assoziiert. Das Verfahren, entwickelt vom britischen Psychologen Tony Buzan

(1996), ist jedoch wesentlich strukturierter als das Clustering. Am besten sammelt man seine Einfälle mithilfe eines Clusters und ordnet sie dann - beispielsweise für ein Buch - mit einem Mindmap.

Multitalent: Eine Person mit herausragenden Leistungen gleich auf mehreren Gebieten (Beispiel: Peter Ustinov, der Schriftsteller, Schauspieler, Regisseur, Entertainer und Promoter für UNICEF und auf allen Gebieten Spitzenklasse war) → **HOCHBEGABUNG G.**

Mutation: Sprungartige Veränderung des Erbguts, die an die folgenden Generationen weitergegeben wird. Solche Mutationen sind meistens negativer Art (krankhafte Degeneration) und äußerst selten eine Verbesserung - wie sie etwa Hochbegabung gegenüber Normalbegabung darstellt. Man unterscheidet winzige Veränderungen dieser Art (Mikro-Mutation) und große Mutationssprünge (Makro-Mutation). Zu Letzterer gehört nach Auffassung des Autors die Hochbegabung.

Neugier (kognitive): Ist bei Hochbegabten sehr ausgeprägt und äußert sich als Erkenntnisstreben (Wissensdurst und Fragelust), oft angetrieben durch ein → **FASZINOSUM**.

Nobelpreisträger (auch → **GENIE, HÖCHSTBEGABUNG**): Eine Menschengattung für sich; gewissermaßen die »Crème de la crème« der geistigen Weltelite. Aber nicht jeder Nobelpreisträger hat diesen Preis verdient (es gibt vor allem ziemlich periphere Schriftsteller wie Selma Lagerlöf und Paul Heyse, die ihn bekamen, aber sicher keine Genies sind, die in der Parallelklasse der Physiker und anderer Wissenschaftler mitspielen könnten) - und nicht jedes Genie, das ihn verdient hätte, hat den Nobelpreis auch bekommen: Sigmund Freud nicht, Karl Marx nicht und Albert Einstein um ein Haar auch nicht.

Normalverteilung: Eine von Carl Friedrich Gauß (1777–1855) entdeckte mathematische Kurve (nach ihrer Form auch Gauß'sche Glockenkurve genannt), welche beschreibt, wie sich zum Beispiel Begabungen in der Bevölkerung verteilen (s. Abb. S. 115).

Overachiever: Das Gegenstück zum → **UNDERACHIEVER**: Normalbegabte, die aufgrund großen Ehrgeizes mehr leisten, als ihrem Intelligenzniveau entsprechend zu erwarten wäre. Diese Schüler und Studenten sind typische Workaholics mit all den dazugehörenden Problemen, vor allem einer unguten Kombination von Ängstlichkeit, die durch große Selbstdisziplin und Ehrgeiz überwunden wird.

Paradigmenwechsel: Von Thomas Kuhn 1962 geprägter Neologismus; er beschreibt damit, wie in der Wissenschaft neue Ideen entstehen und sich durchsetzen.

Perfektionismus: Neigung zu Perfektionismus findet man häufig bei Hochbegabten – in positiver Form als Gründlichkeit, in negativer als fruchtlose »Erbsenzählerei«.

Psychoanalyse: Von Sigmund Freud ab 1895 entwickelte Behandlungsmethode für psychische Störungen. Im weiteren Sinne ein Verfahren, um Blockaden der Kreativität in diesen vier Bereichen abzubauen: *zwischenmenschliche Beziehungen* (Liebesfähigkeit), *Arbeit und Beruf* (zum Beispiel Lern- und Konzentrationsstörungen, Blockaden der Kreativität), *Selbst* (Narzissmus als Beziehung zur eigenen Person, auch im körperlichen Bereich, beispielsweise psychosomatische Unfruchtbarkeit – hier Erweiterung von Freuds Ansatz durch Heinz Kohuts Selbstpsychologie: innere Repräsentanten äußerer Bezugspersonen), *transpersonale Ebene* (Erweiterung von Freuds Ansatz durch Heinz Kohuts Selbstpsychologie: Grandioses Selbst – außerdem Erweiterung durch C.G. Jungs Archetypenlehre).

Psychopathen → SOZIOPATHEN

Querdenker: So bezeichnet man → **KREATIVE** in Firmen und anderen Institutionen, die mit ihren neuen Ideen oft für großen Wirbel sorgen. Unternehmen und auch Regierungen leisten sich solche Leute gerne für ihre »Think Tanks«, wo neue Konzepte ausgebrütet werden.

Sabbatical: Im Alten Testament wird erwähnt, dass die Juden des Altertums (analog zum Sabbat als siebten Tag der Woche, an dem die Arbeit ruht) alle sieben Jahre ein Feierjahr einschalten, damit Mensch und Natur sich erholen können. In dieser Zeit werden etwa die Felder nicht bestellt. Im übertragenen Sinn ist ein Sabbatical heute eine Auszeit von zum Beispiel einem Jahr, die jemand von seinem Beruf nimmt, um seine künftige Tätigkeit zu überdenken oder sich fortzubilden.

Sabbatical mit Begleitung wäre eine solche Auszeit, bei der man von einem Mentor unterstützt wird oder eine Psychotherapie macht, also bei einem schwierigen Selbsterfahrungs- und -findungsprozess von einer kompetenten Person begleitet wird.

Savant (früher: idiot savant): So jemand vermag geradezu Unglaubliches auf einem hoch spezialisierten Gebiet zu leisten (zum Beispiel die Primzahlen erkennenden Zwillinge, von denen Oliver Sacks berichtet), ist aber ansonsten Durchschnitt oder sogar unbeholfen wie ein Kind (deshalb »idiot savant«).

Schlafbedürfnis: Bei manchen Hochbegabten deutlich verringert.

Selbst, Wahres/Falsches: Bezeichnung der Tiefenpsychologie (Selbstpsychologie nach Heinz Kohut) für das Gesamt der Persönlichkeit in Abhebung vom enger verstandenen Begriff des »Ich«. Unter dem *Wahren Selbst* versteht man eine Person, die im Einklang mit sich selbst (authentisch) ist. *Falsches Selbst* wäre dementsprechend eine Fassaden-Persönlichkeit, die hinter sich ein anderes Selbst mit den eigentlichen Bedürfnissen versteckt – eine typische psychische Konstellation bei jeder Psychotherapie. Ein Beispiel wäre ein hochbegabter → **UNDERACHIEVER**, der seine Talente nicht lebt, sondern sich buchstäblich »dumm stellt« (was völlig unbewusst geschehen kann).

Selbsttest: Hier ein vom Autor zusammengestellter Katalog von Merkmalen (s. S. 187 ff.), die typisch für Hochbegabte sind. Dies ist kein richtiger Test im Sinne der Testpsychologie, aber eine Hilfe zum besseren Selbstverständnis: »Bin ich hochbegabt?«

Sensibilität: Bei Hochbegabten oft sehr hoch (»Prinzessin auf der Erbse« - auch bei Jungen zu beobachten).

Shiras-Kinder: s. S. 141 f.: »Der Shiras-Effekt«

Soziopathen: Psychisch schwer gestörte Menchen, die ohne Rücksicht auf ihre schädliche Wirkung andere Menschen manipulieren oder schädigen. Die Schätzungen ihres Anteils in der Gesamtbevölkerung schwanken sehr stark zwischen rund drei Prozent (entsprechend der → **NORMALVERTEILUNG**) und zehn bis 15 Prozent. Ersteres trifft wohl nur auf die völlig gewissenlosen Manipulatoren zu, Letzteres auf leicht verführbare Mitläufer und Sympathisanten.

Beispiele: ein alkoholkranker Vater, der die übrigen Familienangehörigen tyrannisiert; ein skrupelloser Gangsterboss; ein Machtmensch vom Schlage Adolf Hitlers, der sein Charisma missbraucht, um andere Menschen für seine politischen Zwecke zu instrumentalisieren.

Spätentwickler (Spätzünder): Hochbegabte, die aufgrund äußerer Umstände oder innerer Problematik ihr angeborenes Potenzial zunächst nur als → **LATENTE** oder → **UNDERACHIEVER** gestalten, in späteren Jahren jedoch »loslegen« und sich voll entfalten.

Talent: Meint dasselbe wie → **BEGABUNG**. Hier im Buch wird der Begriff »Talent« auch als Synonym für »(beruflich und finanziell) erfolgreicher Hochbegabter« verwendet

Termiten: Psychologen-Jargon für die hoch- und höchstbegabten Teilnehmer an der Langzeitstudie von Lewis Terman (s. S. 120 ff.).

ThemenZentrierte Interaktion (TZI): Eine von Ruth C. Cohn seit den 60er-Jahren des 20. Jahrhunderts entwickelte Methode, Gruppen zu leiten. Die Bezeichnung leitet sich davon ab, dass jede Gruppensitzung unter einem Thema (Es) steht. Es werden jedoch auch stets die Bedürfnisse der Teilnehmer (Ich) berücksichtigt, vor allem wenn es zu Störungen ihrer Mitarbeit kommt (zum Beispiel durch Kopfschmerzen oder weil emotionale Probleme oder ein Kommunikationsproblem die Aufmerksamkeit absorbieren). Zudem wird vom Leiter darauf geachtet, dass der gemeinsame Kreative Prozess der gesamten Gruppe (Wir) vorankommt. Diese drei Elemente Es, Ich und Wir befinden sich außerdem in stetem Kontakt mit der Umwelt (Globus) und bilden eine *Dynamische Balance*, die immer wieder verloren geht und neu gefunden werden muss. Cohn nennt dieses gesamte komplexe Geschehen zu Recht »Lebendiges Lernen«.

Thesauros: griechisch »Goldschatz« (wörtlich »Schatz [thes] von Gold [auros]«): Bezeichnung für etwas Wertvolles, zum Beispiel den Zuwachs an Selbsterkenntnis, den jemand bei seiner/ihrer → **HELDENREISE** entdeckt. (Von »Thesauros« wird das Wort »Tresor« abgeleitet.)

Traumatisierung: Eine physische oder psychische Verletzung. Besonders Letztere wirkt sich nachhaltig auf die seelische Entwicklung aus und kann die Entfaltung des angeborenen Intelligenzpotenzials massiv beeinträchtigen.

Underachiever: Hochbegabter, der seine Fähigkeiten nicht ausreichend realisiert (zum Beispiel in der Schule trotz sehr guter mathematischer Anlagen schlechte Noten in Mathematik schreibt). Eine abgeschwächte Variante ist das Shiras-Kind (s. »Der Shiras-Effekt«, S. 141 f.), ein Gegenstück der → **OVERACHIEVER**.

Verarbeitungsgeschwindigkeit: Ist bei Hochbegabten für Informationen höher (das Gehirn ist schneller »getaktet«, s. S. 149 ff.).

Virtuelles Sabbatical: Ein → **SABBATICAL**, das nur im übertragenen (virtuellen) Sinn eine Auszeit darstellt, zum Beispiel wenn jemand berufsbegleitend eine Psychotherapie macht oder ein Buch schreibt, um sich über sein künftiges Leben klarer zu werden.

Vorbewusstes → **HYPERRAUM**

Wahres Selbst → **SELBST**

wild talent: Ein Hochbegabter, der seine Fähigkeiten autodidaktisch (und nicht unbedingt optimal) entfaltet, weil Elternhaus und/oder Schule ihn nicht als Hochbegabten erkennen: ein typisches Schicksal vieler → **UNDERACHIEVER**. Diesen Begriff »wild talent« hat wahrscheinlich zum ersten Mal 1954 der Autor Wilson Tucker in seiner Science-Fiction gleichen Titels verwendet, von dem ich ihn übernommen habe. In diesem Roman geht es um telepathisch begabte Menschen, die nach ihrer Entdeckung speziell trainiert werden, damit sie ihre Fähigkeiten im Dienste der Gesellschaft sinnvoll ausbilden und einsetzen. Es gibt jedoch auch eine andere Gruppe, die nicht um diese Fähigkeit weiß und erst nach und nach lernt, autodidaktisch damit umzugehen: Sie sind die »wild talents«.

Workaholic, Workaholismus: Wörtlich Arbeitswut – ein Verhalten, das viele erfolgreiche Hochbegabte zeigen, die sich nur in ihrer

Arbeit verwirklichen und dabei ihre zwischenmenschlichen Beziehungen (Familie, Freunde, Kollegen) vernachlässigen; Extremfall einer → **DEFORMATION PROFESSIONELLE.**

Wunderkind: Schon in frühen Jahren werden Leistungen auf dem Niveau von Erwachsenen vollbracht (Beispiele: Leibniz, Mozart). Diese Hoch- und Höchstbegabten sind jedoch selten in der Lage, ihre Leistung zu steigern und auch als Erwachsene noch Gleichaltrige zu übertreffen. Eine Ausnahme ist zum Beispiel das → **GENIE** Mozart: Er spielte schon als Dreijähriger Klavier und schuf bis zu seinem frühen Tod als 35-Jähriger in Höchstform neue Kompositionen, welche die klassische europäische Musik nachhaltig beeinflussten.

Yrrinthos: Meine Bezeichnung für einen Irrgarten – zur Abgrenzung gegen das → **LABYRINTH** (Labyrinthos) kretischer Art, in dem man sich eben nicht verirren kann.

Zweites Erbgut: Die Umwelteinflüsse in den ersten Lebensmonaten programmieren bei jedem Menschen das angeborene Gehirn auf eine Weise, die sich ähnlich festgelegt wie das Erbgut auswirkt und kaum beeinflussbar ist. Vor allem die früh einsetzende Vernetzung der Neuronen des Gehirns wird in einem hohen Maß davon gesteuert, ob die Ernährung stimmt und wie die emotionale wie intellektuelle Zuwendung der Eltern und anderer Pflegepersonen beschaffen ist. Damit lässt sich (Hoch-)Begabung nicht erzeugen – aber optimal entwickeln. Negative Einflüsse gerade in dieser frühen Kindheit (durch mangelnde Ernährung oder psychische Traumatisierung) blockieren hingegen Begabungen.

Zweites Gehirn: Im utopischen Roman *Welt der Null-A* von Alfred E. van Vogt verfügt der Mutant Gilbert Gosseyn über ein zusätzliches Gehirn, dass ihn zu einem superintelligenten Helden macht. In spielerischer Weise könnte man sich vorstellen, dass Hochbegabte über eine Programmierung ihres Gehirns verfügen, die ihnen eine Art zusätzliches virtuelles Gehirn verschafft, mit dessen Hilfe sie schneller und komplexer (vernetzt) denken können.

Bibliografie

Eine Bibliografie ist weit mehr als nur ein Datenfriedhof für recherchierende Experten. Dem aufmerksamen, neugierigen Leser erschließt sie eine Fülle zusätzlicher Informationen.

Apropos Vernetzendes Lesen

Man kann beispielsweise zählen, welcher Autor am häufigsten zitiert wird und dem Autor des jeweiligen Buches entsprechend wichtig war. Dem folgenden Literaturverzeichnis können Sie entnehmen, dass ich vor allem Sigmund Freud (fünf Nennungen), Kurt A. Heller (fünf) und Frederic Vester (sechs) schätze. Etwas schwieriger zu entdecken ist Joanne K. Rowling, von deren Saga um Harry Potter bis jetzt fünf Bände erschienen sind (von denen ich nur den ersten angeführt habe - demnächst sieben Nennungen).

Was Sie vielleicht nur ahnen können - oder durch sehr aufmerksame Lektüre meines Buches wissen, ist, dass Freud und Rowling durch ein zentrales Thema aufs Engste miteinander vernetzt sind: Traumatisierung. Freud entwickelte mit der Psychoanalyse die Methode zu ihrer Behandlung - Rowling hat sie literarisch gestaltet. Dies ist zugleich die Gestaltung ihres eigenes Traumas: des langjährigen Sterbens ihrer Mutter.

Mit Hellers Studien zur Hochbegabung ist das Rowling'sche Werk natürlich ebenfalls dicht verbunden: Harry Potter ist ein Hochbegabter. Wenn Sie auch nur eines seiner Abenteuer gelesen haben, werden Sie sich an den »Sprechenden Hut« erinnern, der die neu angekommenen Schüler der Zauberschule von Hogwarts in die vier Häuser sortiert: Er ist nichts anderes als ein Persönlichkeits- und Intelligenztest (»those, who's intelligence is surest« kommen nach Ravenclaw). Auf einer Website (www.eulenfeder.de) gab die Betreiberin zur selbstgestellten Frage »Was macht Harry mit 40?« die passende Antwort: Er gehe dann »regelmäßig zum Psychiater, um die Traumata seiner Jugend zu verarbeiten«.

Freud ist wiederum mit den Arbeiten von Vester zum Vernetzten Denken verknüpft: Seine Methode der Freien Assoziation, erstmals 1895 von ihm in Zusammenhang mit der Deutung seines Irma-Traums vorgestellt und seit jenem Jahr zentrale Methode der Psychoanalyse, ist nicht anderes – als praktiziertes Vernetztes Denken.

Zur Bibliografie »Hochbegabung« und anderer Quellen

Zur folgenden Bibliografie noch ein Hinweis: Es gibt einige Literatur zum Thema »Hochbegabung«, wovon sich die meisten Titel jedoch mit der Situation von Kindern und Jugendlichen befassen.

Sehr empfehlenswert ist Ellen Winners *Hochbegabt* von 1996 (deutsche Ausgabe von 1998), nicht zuletzt weil sie auch die Perspektive der Erwachsenen immer wieder mit einbezieht. Außerdem kann Ellen Winner das Thema sehr anschaulich vermitteln. Ihre Untersuchung speist sich zwar überwiegend aus Studien, welche die Situation in den USA behandeln, aber diese dürfte sich im Grundsätzlichen von der in Europa wenig unterscheiden, ganz abgesehen davon, dass die Hochbegabtenforschung in den USA die längste Tradition hat und am großzügigsten gefördert wurde.

Die in Deutschland erarbeiteten Untersuchungen von Heller (Münchner Studie) und Rost (Marburger Studie) sind sehr (!) akademisch formuliert, mit vielen statistischen Überlegungen und Beweisführungen und somit für den Laien schwer verständlich. Die für den Nicht-Fachpsychologen verständlichen »Rosinen« muss man mit der Lupe suchen. Das Fehlen eines Registers macht beide Titel für ernsthafte Recherchen nahezu unbrauchbar.

Aiga Stapfs Studie ist sehr viel näher an der Realität und gut lesbar, hat aber ebenfalls kein Register. Diese Tübinger Untersuchung hat den großen Vorteil – zum Beispiel gegenüber der amerikanischen Studie von Winner –, dass sie sich primär mit der deutschen Realität befasst.

Das Beste, was Sie tun können, wenn Sie sich längere Zeit mit dem Thema »Hochbegabung« befassen wollen, ist, Mitglied bei der »Deutschen Gesellschaft für das hochbegabte Kind (DGhK)« zu werden. Dann bekommen Sie jedes Vierteljahr die professionell gemachte Zeitschrift *Labyrinth* mit einer Fülle von Themen, die sowohl die aktuelle (deutsche) Situation beleuchten wie mit sehr gut recherchierten Hintergrundartikeln den Stand der Forschung dokumentieren. Diese Zeitschrift wird, wie der Verein, vor allem von Eltern hochbegabter Kinder gestaltet. Sie ist der beste Beweis, dass hochbegabte Kinder meistens ebensolche Eltern haben.

Redaktionsadresse der Zeitschrift *Labyrinth*: Prof. Dr. Hermann-Josef Rothkötter, c/o Geschäftsstelle der DGhK e.V., Schillerstr. 4–5, 10585 Berlin; E-Mail: h.j.r@rothkoetter.h.shuttle.de

Was meine eigenen Bücher betrifft, so befassen sich die in der Bibliografie angeführten mit Themen, welche in *Das Drama der Hochbegabten* vorkommen oder dafür relevant sind, vor allem die beiden über das Schreiben und das über die Arbeit mit Träumen. Weil viele Underachiever sich mit Drogen einlassen, könnte auch des *Handbuch der Rauschdrogen* interessante Informationen liefern, das ich mit meinem Kollegen Wolfgang Schmidbauer geschrieben habe.

Und eine letzte Vorbemerkung: Werden bei den folgenden Titeln zwei Erscheinungsjahre genannt, benennt die in Klammer angegebene Jahreszahl das Erscheinen der Originalausgabe, die zweite Jahreszahl die deutschsprachige bzw. hier verwendete Ausgabe.

Berners-Lee, Tim: *Der WEB-Report.* (1999). München 1999 (Econ)
Berry, Chuck: *Die Autobiografie.* (1987). München/Mainz 1995 (Piper/Schott)
Bolkers, Joan: *How to write a Dissertation in 15 Minutes a Day.* New York 1998 (Henry Holt)
Bradley, Marion Zimmer: »Nachwort« (1978). In: Shiras, Wilmar: *Children of the Atom* (1953), S. 232–236
Brewer, Gene: *K-PAX.* London 1996 (Bloomsbury)
Busemann, Frank: »Der letzte Akt«. In: *Der Spiegel,* Nr. 37/2003, S. 170
Buzan, Tony u. Barry Buzan: *Das Mind-Map-Buch.* Landsberg 1996 (mvg)
Campbell, Joseph: *Der Heros in tausend Gestalten.* (1949). Frankfurt/M. 1978 (Suhrkamp)
Carroll, Lee u. Jan Tober: *Die Indigo-Kinder.* (1999). Burgrain 2001 (KOHA)
Cohn, Ruth: *Von der Psychoanalyse zur Themenzentrierten Interaktion.* Stuttgart 1973 (Klett-Cotta)
Dies. u. Alfred Farau: *Gelebte Geschichte der Psychotherapie.* Stuttgart 1984 (Klett-Cotta)
Colli, Giorgio: *Die Geburt der Philosophie.* (1975). Frankfurt/M. 1990 (Athenäum-TB)
Csikszentmihalyi, Mihaly: Kreativität. (1996). Stuttgart 1997 (Klett-Cotta)
Deutsche Gesellschaft für das hochbegabte Kind (DGhK) (Hrsg.): *Im Labyrinth. Hochbegabte Kinder in Schule und Gesellschaft.* Münster 2001 (LIT)
Dies.: *Labyrinth.* (Vereinszeitschrift der Deutschen Gesellschaft für das hochbegabte Kind)
Dies.: *Leben mit hochbegabten Kindern.* Berlin 1995 (DGhK)
Durrell, Lawrence: *Das Alexandria-Quartett (Justine, Balthazar, Clea, Mountolive).* (1958). Hamburg 1960 f. (Rowohlt)
Eissler, K.R.: *Talent and Genius.* New York 1971 (Quadrangle)
Elbing, Eberhard: *Hochbegabte Kinder – Strategien für die Elternberatung.* München 2000 (Ernst Reinhardt)
Eysenck, Hans Jürgen: »The Nature and Measurement of Intelligence«. In: Freeman 1985, S. 115–140
Feger, Barbara: *Hochbegabung.* Bern 1988 (Hans Huber)
Freeman, J. (Hrsg.): *The Psychology of Gifted Children.* New York 1985 (Wiley & Sons)

Freud, Sigmund: *Tagebuch 1929–1939.* Basel 1996 (Stroemfeld)
Ders.: »Der Traum von Irmas Injektion«. In: *Die Traumdeutung* (1900). (Kapitel 6)
Ders.: *Das Unbehagen in der Kultur.* GW XIV, Frankfurt/M. (S. Fischer)
Ders.: »Vorwort«. In: *Neue Folge der Vorlesungen,* GW XV. (1933) Frankfurt/M.1964 (S. Fischer)
Ders.: *Die Zukunft einer Illusion.* GW XIV, Frankfurt/M. (S. Fischer)
Fröhlich, Gerhard: »Betrug und Täuschung in den Sozial- und Kulturwissenschaften«. In: Hug, Theo (Hrsg.): *Wie kommt Wissenschaft zu Wissen?* Bd. 4. Hohengehren/Baltmannsweiler 2003 (Schneider)
Funke, Joachim u. Bianca Vaterrodt-Plünnecke: *Was ist Intelligenz?* München 1998 (C.H. Beck)
Gates, Bill: *The Road Ahead.* (Buchtext auf CD-ROM). 1995 (Microsoft)
Grant, Michael u. John Hazel: *Lexikon der antiken Mythen und Gestalten.* (1973). München 1976 (List)
Hallowell, Edward u. John Ratey: *Zwanghaft zerstreut.* (1994). Reinbek 1999 (Rowohlt TB)
Hameister, Horst: »Frau sucht: Intelligenten Mann«. In: *Gehirn und Geist* Nr. 2/2002, S. 47 ff.
Hargreaves: *The Bird and the Others,* London 1961 (Museum Press)
Hartmann, Michael: *Der Mythos von den Leistungseliten.* Frankfurt/M. 2002 (Campus)
Heinbokel, Annette: *Überspringen von Klassen.* Münster 1996 (LIT)
Heißerer, Dirk (Hrsg.): *Lehmkuhl – 100 Jahre Leben mit Büchern.* München 2003
Heller, Kurt A.: »Begabtenförderung – (k)ein Thema in der Grundschule«. In: *Grundschule,* Nr. 5/1996
Ders.: *Hochbegabung im Kindes- und Jugendalter.* (1991). 2. überarb. u. erw. Aufl. Göttingen 2001 (Hogrefe)
Ders.: Interview für Bayerischen Rundfunk, Abt. Bildungspolitik. (Fragen: Jürgen vom Scheidt)
Ders. u. Franz J. Mönks (Hrsg.): *International Handbook of Giftedness and Talent.* Oxford 1993 (Pergamon Press)
Ders. u. Christoph Perleth: *Das Münchner Hochbegabungs-Testsystem (MHBT)* (In Vorbereitung)
Herrnstein, Richard J. u. Charles Murray: *The Bell Curve.* (1994). New York 1996 (Free Press Paperbacks)

Hoffman, Paul: *Der Mann, der die Zahlen liebte.* (1998). München 2001 (Econ)
Hollenbach, Michael: *Die unbeachteten Genies.* Frankfurt/M. 2001 (Fischer-TB)
Jonas, Hans: *Das Prinzip Verantwortung.* (1979). Frankfurt/M. 2003 (Suhrkamp)
Keller, Werner: *... und wurden zerstreut unter alle Völker.* München 1966 (Droemer Knaur)
Kohut, Heinz: »Humor und Weisheit«. In: Ders.: *Narzissmus.* (1971). Frankfurt/M. 1973 (Suhrkamp), S. 364–368
Kunze, Rolf-Ulrich: *Die Studienstiftung des deutschen Volkes 1925 bis heute.* Berlin 2001 (Akademie)
Lange-Eichbaum, Wilhelm u. Wolfram Kurth: *Genie, Irrsinn und Ruhm.* (1927). München 1987 f. (Ernst Reinhardt)
Lehrke, Robert: *Sex Linkage of Intelligence: The X-Factor.* Connecticut 1999 (Praeger). (Zit. n. Hameister 2002)
Miller, Alice: *Das Drama des begabten Kindes und die Suche nach dem wahren Selbst.* Frankfurt/M. 1983 (Suhrkamp)
Mitscherlich, Alexander u. Fred Mielke (Hrsg.): *Medizin ohne Menschlichkeit.* (1949). Frankfurt/M. 1960 (Fischer-TB). [1949: *Wissenschaft ohne Menschlichkeit* (Lambert und Schneider)]
Mönks, Franz J. u. Irene M. Ypenburg: *Unser Kind ist hochbegabt.* München/Basel 1998 (Ernst Reinhardt)
Muller Philippe: »Intelligenz«. In: Ders.: *Die Entwicklung des Kindes.* München 1969 (Kindler)
Neubauer, Aljoscha C.: »Jäten im Gehirn«. In: *Gehirn und Geist,* Nr. 2/2002, S. 44 ff.
Pribram, Karl: »Wir sind ewig, aber es gibt uns nicht«. In: *warum!,* Februar 1979, S. 90
Rheinz, Hanna: »Der unaufhaltsame Aufstieg der Top Ten« In: *Süddeutsche Zeitung* vom 16.4.1994
Rico, Gabriele L.: *Garantiert schreiben lernen.* Reinbek 1984 (Rowohlt)
Rost, Detlef (Hrsg.): *Hochbegabte und hochleistende Jugendliche.* Münster 2000 (Waxmann)
Rowling, Joanne K.: *Harry Potter und der Stein der Weisen.* (1997). Hamburg 1998 (Carlsen)
Scheidt, Jürgen vom: *Geheimnis der Träume.* (1985). Landsberg 1999 (vergriffen; Restexemplare können beim Autor bestellt werden)
Ders.: *Kreatives Schreiben* (1989). Überarb. 7. Aufl. Frankfurt/M. 2003 (S. Fischer)

Ders.: *Kurzgeschichten schreiben.* (1995). Überarb. Neuausgabe München 2002 (Allitera)
Ders. (Hrsg.): *Psychoanalyse.* München 1975 (Nymphenburger)
Schmidbauer, Wolfgang u. Jürgen vom Scheidt: *Handbuch der Rauschdrogen.* (1971). 11., überarb. Aufl. München 2003 (Nymphenburger)
Shiras, Wilmar H.: *Children of the Atom.* (1953). Deutsche Ausgabe: *Kinder des Atoms.* Berlin 1983 (Ullstein)
Soros, George: *Soros über Soros.* (1995). Frankfurt/M. 1996 (Eichborn)
Stapf, Aiga: »Die Frage in den ersten Lebensjahren: Ist mein Kind hochbegabt?«. In: DGhK 1995, S. 11
Dies.: *Hochbegabte Kinder.* München 2003 (C.H. Beck)
Dies.: »Zur Lage hochbegabter Kinder in Deutschland«. In: *Der Bürger im Staat,* Nr. 4/1997: »Bildungspolitik«. Filderstadt 1997 (W.E. Weinmann)
Tschinag, Galsan: *Die Karawane.* (1997). Zürich 2003 (Unionsverlag)
Umbach, Martin u. Michael Seyfried: *Spiel der Sterne.* Reinbek 1999 (Rowohlt)
Vester, Frederic: *Denken, Lernen, Vergessen.* (1975). München 1996 (dtv)
Ders.: *Ecopolicy – ein kybernetisches Strategiespiel.* (1993). Braunschweig 2001 (Georg Westermann)
Ders.: *Die Kunst, vernetzt zu denken.* (1999). Überarb. u. um einige Kapitel ergänzte Neuaufl. München 2002 (dtv)
Ders.: *Leitmotiv Vernetztes Denken.* München 1988 (Heyne)
Ders.: *Neuland des Denkens.* Stuttgart 1980 (DVA)
Ders.: *Unsere Welt – ein vernetztes System.* Stuttgart 1978 (Klett-Cotta)
Vogler, Christopher: *Die Odyssee des Drehbuchschreibers (The Writer's Journey).* (1997). Frankfurt/M. 1998 (Zweitausendeins)
Webb, James T., Meckstroth, Elizabeth A. u. Stephanie S. Tolan: *Hochbegabte Kinder, ihre Eltern, ihre Lehrer.* (1982). Bern 1985 (Hans Huber)
Welsh, Irvine: *Trainspotting.* (1993). München 1999 (Goldmann)
Winner, Ellen: *Hochbegabung.* (1996). Stuttgart 1998 (Klett-Cotta)
Zink, Kurt (Hrsg.): *Wie funktioniert das? Meyers erklärte Medizin. Der Mensch.* Mannheim/Zürich 1968 (Bibliographisches Institut & F.A. Brockhaus AG)

Filmografie

Auf Hochbegabung als Thema von Filmen habe ich im Buch verschiedentlich hingewiesen, speziell bei Science-Fiction und Fantasy im Kasten auf S. 295 f. Die folgenden Titel, aufgeführt nach den verantwortlichen Regisseuren, sind nur eine winzige Auswahl (weitere finden Sie auf meiner Website www.iak-talente.de). Ich vermute, dass in den meisten Filmen das Schicksal eines Hochbegabten vorgestellt wird. Zumindest Regisseur und Hauptdarsteller kann man ebenfalls in dieser Kategorie sehen. Ein Beispiel: Orson Welles, der in *Citizen Kane* den Medienzar selbst spielt und zugleich Regie führt - ein seltenes Doppeltalent. Die Titel, in denen Hochbegabung ausdrücklich Thema ist, habe ich **fett** hervorgehoben.

Faust, nach Goethe, ist zugleich ein Beispiel für ein Drama - für dieses Genre gilt dasselbe, was ich oben über den Film geschrieben habe. Ausdrücklich thematisiert wird ein Underachiever-Schicksal in Gerhart Hauptmanns *Michael Kramer*.

Allen, Woody: *Harry außer sich*. USA 1997. (Ein Schriftsteller steckt in einer Schreibblockade.)

Anderson, Paul Thomas: *Magnolia*. USA 1999. (Mindestens ein Hochbegabter: der junge Gewinner eines Super-Quiz, der zum Loser wird.)

Anderson, Wes: ***Die Royal Tenebaums***. USA 2001. (Eine ganze Familie mit hochbegabten Kindern - die alle dicke Probleme haben.)

Ders.: ***Rushmore***. USA 1998. (Die Geschichte eines frühreifen Schreibtalents.)

Attenborough, Richard: *Gandhi*. England/Indien 1982.

Becker, Harold: ***Das Mercury-Puzzle.*** USA 1997. (Ein autistischer Junge mit speziellen Fähigkeiten.)

Branagh, Kenneth: *Mary Shelley's Frankenstein*. USA 1994. (Der mad scientist par excellence!)

Columbus, Chris: *Harry Potter und der Stein der Weisen*. USA 2002. (Der junge Zauberer muss seine Talente erst noch entdecken und sich damit auf einer langen Heldenreise bewähren.)

Coolidge, Martha: ***Was für ein Genie!*** USA 1985. (Eine ganze Universität für Super-Kids - die nichts als Unsinn im Kopf haben!)

Crowe, Cameron: *Almost Famous*. USA 2000. (Studie eines 15-Jährigen, der sein Debüt als Musikjournalist hat - nach einer wahren Geschichte.)

DeVito, Danny: ***Matilda***. USA 1994. (Turbulente Komödie um ein superkluges Kind mit telekinetischen Fähigkeiten.)

Donaldson, Roger: *Thirteen Days*. USA 2000. (US-Präsident John F. Kennedy und sein Bruder Robert als Justizminister während der Kuba-Krise 1962/63).

Donner, Richard: *Superman*. USA 1978. (Der Emigrant vom fernen Planeten Krypton ist den Erdenbewohnern körperlich und geistig überlegen.)

Fincher, David: *Seven*. USA 1995. (Studie eines Serienkillers und der ihn jagenden Polizeidetektive.)

Forman, Milos: *Amadeus*. USA 1984. (Das schwierige Leben des musikalischen Wunderkinds Wolfgang Amadeus Mozart.)

Foster, Jodie: ***Das Wunderkind Tate***. USA 1991. (Die Regisseurin Foster gilt selbst als Wunderkind - ihre einfühlsam Studie über einen höchstbegabten Jungen vermittelt gut dessen Probleme.)

Frawley, Jamers u.a. (Drehbücher David E. Kelly): *Ally McBeal*. USA ab 1997. (Die hochbegabte, mit vielen Problemen geplagte Rechtsanwältin und Single-Frau Ally McBeal [Calista Flockart] schlägt sich so durchs Leben. Ein anderer Hochbegabter in dieser Kanzlei ist ihr Kollege John Cage.)

Gorski, Peter: *Faust*. Deutschland 1960. (Der brillante Gustaf Gründgens spielt den Mephisto, Will Quadflieg den Gelehrten, den Goethe hellsichtig als Prototyp des nach Sinn suchenden und zugleich rücksichtslosen Forschers gezeichnet hat.)

Hanson, Curtis: *Die Wonder Boys*. USA 2000. (Ein Bestsellerautor kämpft als Lehrer für Creative Writing gegen eine massive Schreibblockade.)

Howard, Ron: ***A Beautiful Mind***. USA 2002. (Spannende Studie des Nobelpreisträgers und Mathematikgenies John Nash, der viele Jahre an einer Art Schizophrenie litt, sich aber selbst heilen konnte.)

Minghella, Anthony: *Der talentierte Mr. Ripley*. USA 1998. (Gedreht nach Patricia Highsmiths Roman über einen Hochbegabten, der zum Mörder wird.)

Sant, Gus van: *Forrester - Gefunden!* USA 2000. (Geschichte der

Freundschaft zwischen einem verbitterten Bestsellerautor, der zum Mentor eines schwarzen Scheibtalents wird und dadurch wieder neuen Sinn in seinem Leben entdeckt.)

Ders.: ***Good Will Hunting***. USA 1997. (Die Geschichte eines mathematisch hochbegabten Underachievers, der aufgrund seiner Traumatisierungen seinem Talent ausweicht - großartig dargestellt von Matt Damon, der auch am Drehbuch mitarbeitete, und von Robin Williams, der den ihn behandelnden Therapeuten spielt.)

Singer, Bryan: ***X-Men***. USA 2000. (Die X-Men sind Mutanten mit Superfähigkeiten - sie befinden sich nicht nur in Auseinandersetzung mit den normalen Menschen, sondern sind auch in zwei sich bekämpfende Fraktionen zerfallen.)

Softley, Iain: ***K-Pax - Alles ist möglich***. USA 2001. (Ein Mann wird in eine psychiatrische Klinik eingewiesen. Er gibt vor, von einem fernen Planeten mit einer den Erdenmenschen weit überlegenen Zivilisation zu stammen. Er verblüfft unter anderem durch unglaubliche astronomische Kenntnisse. Es bleibt letztlich offen, ob er wirklich ein Alien ist - oder ein psychisch gestörter (durch den Mord an seiner Familie traumatisierter) Savant. Nach dem großartigen Roman gleichen Titels von Gene Brewer.)

Making Of

Ich schaue mir mit großem Interesse die Entstehungsgeschichte (Making Of) von Filmen an, wenn sie auf einer DVD enthalten ist. Wenn Sie an der Entstehung dieses Buches interessiert sein sollten: Auf meiner Website www.iak-talente.de finden Sie dort einiges. Zum Beispiel, wie es mir mit dem Ritalin erging, das ich einnahm, um mich besser konzentrieren zu können. Und wie ich die massive Schreibblockade überwand, die mich eines Tages befiel. Auch Details zu meiner Vita und eine Aufstellung meiner Publikationen finden Sie dort, ebenso eine Reihe von Erzählungen und anderen Texten.

Register

Personenregister

Hier im Buch sind nur die wichtigsten Personen und Stichwörter aufgeführt - das komplette Register mit siebenfachem Umfang finden Sie auf meiner Website www.iak-talente.de/ Das Drama der Hochbegabten/ Register.
Kursiv geschriebene Namen sind fiktive Figuren.

Sachregister

Die **fett** ausgezeichneten Stichwörter werden in einem eigenen Kasten oder im Glossar (S. 330 ff.) näher erläutert. Die Merkmale für Hochbegabung, aus denen der Selbsttest (S. 187 ff.) entwickelt wurde, sind hier im Register *kursiv* hervorgehoben.

Warum fallen schlafende Vögel nicht vom Baum?

Wunderbare Alltagsrätsel. Herausgegeben von Mick O'Hare / New Scientist. Aus dem Englischen von Helmut Reuter. Mit Illustrationen von Spike Gerrell. 247 Seiten. Serie Piper

Haben Sie etwa schon einmal einen schlafenden Vogel vom Baum fallen sehen? Warum niesen wir, wenn wir in die Sonne schauen? Warum fliegen fliegende Fische? Warum ist der Himmel blau? Unsere Welt ist voller kleiner Rätsel! Die berühmte englische Zeitschrift »New Scientist« hat für solche Fragen und Antworten eine »letzte Seite« eingerichtet. Dort antworten Leser aus aller Welt den Lesern aus aller Welt. Die schönsten, skurrilsten, hintergründigsten und auch normalsten Fragen und Antworten bietet dieses Buch. Es gibt viel zu staunen und zu lernen über die Welt um uns herum.

»Eine unterhaltsame Lektüre für all jene, die das Staunen über die kleinen Dinge des Alltags noch nicht verlernt haben.«
Die Welt

05/1457/01/L

Wolf Schneider

Deutsch für Kenner

Die neue Stilkunde. 397 Seiten. Serie Piper

In Wolf Schneider, dem journalistischen Profi schlechthin, begegnet man einem Lehrmeister der Spitzenklasse. Sein Katalog der Verfehlungen ist schier grenzenlos, sein Katalog der Hilfsmaßnahmen praktisch und einleuchtend. Am ausführlichsten widmet er sich dem obersten Gebot der Verständlichkeit – ein weites Feld! Mit »Deutsch für Kenner« gelang ihm wiederum ein überaus nützlicher Führer durch die deutsche Sprache, eine Fundgrube für jeden, der die deutsche Sprache liebt.

05/1258/01/R

Peter D'Epiro, Mary Desmond Pinkowish

Sieben Weltwunder, drei Furien

Und 64 andere Fragen, auf die Sie keine Antwort wissen. Aus dem Amerikanischen von Thorsten Schmidt. 443 Seiten mit 8 Abbildungen. Serie Piper

Kennen Sie die 3 Hauptsätze der Thermodynamik, die 3 Instanzen der Psyche und die 3 Furien? Wer sind die 4 apokalyptischen Reiter, und was sind die 5 Säulen des Islam? Können Sie die 10 Gebote aufsagen und die Namen der 12 Ritter der Tafelrunde nennen? Dieses Lexikon gibt, nach der Zahl geordnet, unterhaltsam und fundiert Antwort auf 66 Fragen, die man einmal wußte, inzwischen wieder vergessen hat – und nun in diesem Buch nachschlagen kann.

»Eine amüsante Tour de force durch den klassischen Bildungsfundus.«
Die Presse Wien

05/1252/01/L

Erving Goffman

Wir alle spielen Theater

Die Selbstdarstellung im Alltag. Aus dem Amerikanischen von Peter Weber-Schäfer. Vorwort von Lord Ralf Dahrendorf. 256 Seiten. Serie Piper

An verblüffenden Beispielen zeigt der Soziologe Goffman in diesem Klassiker das »Theater des Alltags«, die Selbstdarstellung, wie wir alle im sozialen Kontakt, oft nicht einmal bewußt, sie betreiben, vor Vorgesetzten oder Kunden, Untergebenen oder Patienten, in der Familie, vor Kollegen, vor Freunden. Erving Goffman gibt in diesem Buch eine profunde Analyse der vielfältigen Praktiken, Listen und Tricks, mit denen sich der einzelne vor anderen Menschen möglichst vorteilhaft darzustellen sucht. Goffman wählt dazu die Perspektive des Theaters. Wie ein Schauspieler einen bestimmten Eindruck vermittelt, so inszenieren einzelne und Gruppen im Alltag »Vorstellungen«, um von den eigenen echten oder vorgetäuschten Fähigkeiten zu überzeugen.

05/1250/02/R

Leben ohne falsche *Glaubenssätze*

Victor Chu
Lebenslügen und Familiengeheimnisse
Auf der Suche nach der Wahrheit

232 Seiten. Kartoniert
ISBN 3-466-30678-7
Kösel-Verlag München

Warum Lebenslügen uns schützen, aber auch behindern: Victor Chu zeigt mit vielen anschaulichen Beispielen, wie Lebenslügen und Familiengeheimnisse entstehen, wie sie sich äußern und welche Wirkung sie haben. Wer sie korrigiert und sich realistische Lebensziele setzt, kann seinen Platz im Leben neu finden und kommt in Frieden mit sich und seiner Umgebung.

KÖSEL

Kompetent & lebendig.
PSYCHOLOGIE & LEBENSHILFE

Kösel-Verlag München, e-mail: info@koesel.de **www.koesel.de**